D1642122

Magento
Das Handbuch für Entwickler

Magento
Das Handbuch für Entwickler

Roman Zenner, Vinai Kopp
sowie Claus Nortmann, Sebastian Heuer,
Dimitri Gatowski & Daniel Brylla
von Visions new media

O'REILLY®

Beijing · Cambridge · Farnham · Köln · Sebastopol · Taipei · Tokyo

Kommentare und Fragen können Sie gerne an uns richten:
O'Reilly Verlag
Balthasarstr. 81
50670 Köln
E-Mail: kommentar@oreilly.de

Copyright:
© 2010 by O'Reilly Verlag GmbH & Co. KG
1. Auflage 2010

Die Darstellung eines Baummarders im Zusammenhang mit dem Thema Magento ist ein Warenzeichen von O'Reilly Media, Inc.

Bibliografische Information der Deutschen Nationalbibliothek
Die Deutsche Nationalbibliothek verzeichnet diese Publikation in der Deutschen Nationalbibliografie; detaillierte bibliografische Daten sind im Internet über *http://dnb.d-nb.de* abrufbar.

Lektorat: Inken Kiupel & Alexandra Follenius, Köln
Fachgutachten: Rico Neitzel
Korrektorat: Sibylle Feldmann, Düsseldorf
Satz: III-satz, www.drei-satz.de
Umschlaggestaltung: Michael Oreal, Köln
Produktion: Karin Driesen, Köln
Belichtung, Druck und buchbinderische Verarbeitung:
Druckerei Kösel, Krugzell; www.koeselbuch.de

ISBN 978-3-89721-928-1

Dieses Buch ist auf 100% chlorfrei gebleichtem Papier gedruckt.

Inhalt

Einführung

Die E-Commerce-Software Magento bleibt eine Erfolgsstory: Die Anzahl der Downloads steigt, die Community wächst und gedeiht, und zunehmend ziehen auch größere Unternehmen Magento als Alternative zu etablierten kommerziellen Softwareprodukten in Betracht. Dieses verstärkte Interesse an dem Shopsystem ist nicht zuletzt der Magento Enterprise Edition (EE) und Professional Edition (PE) zu verdanken, die dem bereits erstaunlichen Funktionsumfang der Community Edition (CE) das Sahnehäubchen aufsetzten.

Magento bietet durch seinen modularen Aufbau und sein flexibles Datenmodell Shopbetreibern die Möglichkeit, komfortabel individuelle Prozesse abzubilden und so die Software den Geschäftsprozessen anzupassen. Durch das Magento-Baukastenprinzip lassen sich eigens programmierte Erweiterungen einfach in die Applikation einfügen, ohne Systemdaten zu überschreiben und damit die Updatefähigkeit des Systems zu beeinträchtigen. Darüber hinaus stehen auf dem Extension-Marktplatz *MagentoConnect* bereits über 2.000 fertige Erweiterungen zur Verfügung, mit denen Sie die Funktionen in Ihrem Shop nachrüsten können, die möglicherweise nach der Standardinstallation fehlen.

Aufgrund des nachhaltigen Erfolgs des Systems wird der Ruf nach erfahrenen Magento-Entwicklern immer lauter. Die zurzeit noch relativ überschaubare Anzahl von Dienstleistern in diesem Bereich kommt den Magento-Projektanfragen kaum noch hinterher, längere Wartezeiten sind längst an der Tagesordnung. Umso wichtiger ist es, Entwicklern, die sich mit Magento auseinandersetzen und es für die eigenen Zwecke einsetzen möchten, die entsprechenden Hilfsmittel an die Hand zu geben. Zwar werden im offiziellen Forum bereits seit Beginn technisch detaillierte Probleme diskutiert, und in den einschlägigen Fachblogs nehmen die Autoren Entwicklerthemen in Angriff, wünschenswert wäre allerdings eine erschöpfende Dokumenation des strukturellen Aufbaus von Magento und der einzelnen Klassen, aus denen die Software besteht. Obwohl dies seit Ende 2009 in Angriff genommen wird, fehlt bislang die nötige technische Fachliteratur zum Thema Magento.

Das vorliegende Buch soll diese Lücke schließen. Es wurde von sechs erfahrenen »Magentoianern« verfasst, die diese Software schon in zahlreichen Projekten eingesetzt und somit Magento bis in den letzten Winkel kennengelernt haben. Insbesondere im zweiten Teil des Buchs, der sich mit der praktischen Arbeit mit dem Shopsystem beschäftigt, lassen wir Erfahrungen aus dem Agenturalltag einfließen und stellen Probleme sowie deren Lösungen vor, die für viele Entwickler relevant sein dürften.

An wen sich dieses Buch richtet

Dieses Buch richtet sich vornehmlich an Entwickler, die bereits Erfahrungen mit objektorientierter Programmierung (OOP) mit PHP sammeln konnten. Da Magento in PHP geschrieben ist und auf dem Zend Framework basiert, haben all diejenigen die Nase vorn, die mit dieser Konstellation schon gearbeitet haben. Die Erfahrung hat jedoch gezeigt, dass dies kein Muss ist: Oft haben es beispielsweise gestandene Java-Programmierer wesentlich einfacher, sich im Magento-Umfeld zurechtzufinden als PHP-Entwickler, die diese Sprache bis dato eher prozedural (Spaghetti-Code) genutzt haben und sich nun völlig anderen Strukturen gegenübersehen.

In den nachfolgenden Kapiteln werden auch all diejenigen, die sich eher mit der Optik eines neuen Magento-Shops beschäftigen, wichtige Hintergrundinformationen zur Arbeit mit dem Magento-Frontend erhalten. Wenn Sie Gestalter oder Designer sind und Ihnen der eine oder andere PHP-Tag im bekannten HTML-Code kein Gräuel ist, werden Sie dieses Buch ebenfalls hilfreich finden.

Beim Verfassen der einzelnen Kapitel sind wir davon ausgegangen, dass die wesentlichen Funktionalitäten von Magento schon bekannt sind und wir bei Ihnen bereits auf Verständnis stoßen, wenn wir Begrifflichkeiten wie *Admin-Panel/Backend*, *MagentoConnect* oder *Systemkonfiguration* in den Ring werfen. Um sich über diese Grundlagen einen Überblick zu verschaffen, sei Ihnen wärmstens das Buch *Online-Shops mit Magento* (O'Reilly Verlag 2009) ans Herz gelegt, das von einem Mitglied dieses Autorenteams geschrieben wurde.

Aufbau dieses Buchs

Dieses Buch ist in zwei Teile unterteilt: Im ersten Teil gehen wir auf die Magento-Architektur ein und beleuchten im Detail die (Programmier-)Konzepte, die Magento zugrunde liegen. Der zweite Teil des Buchs ist anwendungsorientierter und vermittelt anhand vieler kochbuchartiger Rezepte, wie Sie Magento in der Praxis nutzen. Dort erfahren Sie, wie Sie mit Magento eigene Extensions entwickeln und somit individuelle Funktionalitäten realisieren können.

Ziel dieses Buches ist es, dass Sie die wesentlichen Bestandteile des Systems und deren Verknüpfung verstehen und somit in der Lage sind, neue Anforderungen beispielsweise im Rahmen einer eigenen Extension umzusetzen. Die Rezepte aus dem zweiten Teil des Buchs sollen Ihnen dabei Lösungsansätze für Probleme aufzeigen, die Ihnen in der täglichen Arbeit mit Magento so oder so ähnlich sicherlich über den Weg laufen werden.

 In den Praxisbeispielen und Rezepten dieses Buchs wird Ihnen öfter der mysteriöse *Webkochshop* begegnen: Hierbei handelt es sich um einen fiktiven Onlineshop, den wir bereits im Buch *Online-Shops mit Magento* zur Verdeutlichung von Beispielen verwendet haben. Wir sind davon überzeugt, dass dieser Anbieter von Küchenausstattung und feinen Koch- und Backzutaten uns auch in diesem Buch wertvolle Dienste leisten wird.

Im Folgenden möchten wir auf die Themen der einzelnen Kapitel etwas genauer eingehen:

In Kapitel 1, *Der erste Eindruck*, geben wir einen ersten Überblick über die Magento-Software. Dabei gehen wir zunächst auf das Zend Framework als das zugrunde liegende PHP-Framework ein und diskutieren, welche Programmierstrategien und -konventionen Magento von diesem Framework geerbt hat. Anschließend sehen wir uns Magentos modularen Aufbau und die strikte Trennung von Gestaltungs- und Geschäftslogik an und erläutern, wie sich das in der Datei- und Verzeichnisstruktur des Systems niederschlägt. Zum Schluss gehen wir näher auf das MVC-Pattern als Ordnungsprinzip und seine Realisierung im Magento-System ein.

Kapitel 2, *Eigene Extensions entwickeln*, widmet sich im Detail der Programmierung von Magento-Extensions. Sie lernen, wie eine Extension aufgebaut ist und welche obligatorischen Bestandteile erstellt bzw. konfiguriert werden müssen. Anschließend zeigen wir Ihnen verschiedene Strategien, vorhandene Magento-Klassen so zu erweitern oder zu überlagern, dass die von Ihnen geplante Geschäftslogik vom System übernommen wird, ohne tatsächlich Dateien des Kernsystems zu überschreiben. Wir beschließen das Kapitel mit der Frage, wie sich mithilfe von sogenannten Installations- und Update-Skripten Änderungen an der Magento-Datenbank durchführen lassen, die für das Funktionieren Ihrer neuen Extension notwendig sind.

Kapitel 3, *Models und Resource-Models*, steht ganz im Zeichen der Datenhaltung und -bearbeitung. Wir diskutieren die Funktion von Models und Resource-Models und gehen auf das EAV-Modell und seine Nutzung innerhalb von Magento ein. Außerdem untersuchen wir, wie Daten mithilfe sogenannter Collections sortiert und gefiltert werden können, und beenden das Kapitel mit einem Praxisbeispiel, das das Zusammenspiel von Models und Resource-Models veranschaulicht.

Nachdem wir uns in den ersten Kapiteln vornehmlich mit der oftmals nicht sichtbaren Hintergrundstruktur beschäftigt haben, dreht sich in Kapitel 4, *Das Magento-Frontend*, alles um die Benutzeroberfläche des Shopsystems. Wir erklären, was man im Magento-Universum unter Blöcken, Layouts und Templates versteht, erläutern die Bedeutung von Themes und Packages und zeigen anschließend, wie diese Bestandteile zusammenspielen.

Kapitel 5, *Produkte und Kategorien*, läutet den praktischen Teil des Buchs ein. An dieser Stelle haben wir eine Reihe von Rezepten zusammengestellt, die sich konkret mit der Anzeige von Produkten und Kategorien beschäftigen. So diskutieren wir beispielsweise die Erstellung einer vertikalen Navigation oder die Anzeige von zusätzlichen Attributen in der Produktauflistung.

In Kapitel 6, *Angebote und Bestellungen*, stellen wir einen weiteren zentralen Bereich von Magento vor. Wenn Sie wissen möchten, wie man einen neuen Status für Bestellungen einrichtet, Bestelldaten durch zusätzliche Attribute anreichert oder einen produktspezifischen Versandaufpreis realisiert, sind Sie hier an der richtigen Stelle.

Das Ziel von Kapitel 7, *Systemintegration*, ist es, Ihnen den Datenaustausch zwischen einem Drittsystem und Magento näherzubringen. Die Rezepte in diesem Kapitel beschäftigen sich beispielsweise mit der Frage, wie Produktbestände synchronisiert oder Aufträge an ERP-Systeme gesendet werden können.

Magentos Geschwindigkeit ist Thema von Kapitel 8, *Performance und Skalierbarkeit*. Die hier gesammelten Rezepte beschäftigen sich unter anderem mit der Frage, wie sich die Performance von Magento mittels Caching verbessern lässt und wie man einfache Lasttests durchführen kann.

Auch in Kapitel 9, *Deployment*, geht es vor allem um die Realisierung von konkreten Projekten. Wir erläutern im Detail das Deployment eines Magento-Shops und gehen auf Release-Management sowie auf Versionierung ein.

Kapitel 10, *Bezahlung und Versand*, beschäftigt sich mit einer weiteren zentralen Säule von Magento. Alle diejenigen, die eine neue Versand- oder Bezahlart integrieren möchten, finden in den Rezepten dieses Kapitels sicherlich wertvolle Hinweise.

In Kapitel 11, *Das Admin-Panel erweitern*, finden Sie Rezepte, die sich beispielsweise der Frage annehmen, wie sich ein neues Admin-Grid einbinden und gestalten lässt und was Sie benötigen, um bestimmte Skripte Ihrer Extensions mithilfe von Cronjobs automatisiert in regelmäßigen Abständen ausführen zu lassen.

Der Anhang beinhaltet eine Referenz der Attributeigenschaften von Magento. Darüber hinaus finden Sie hier eine Übersicht über die Payment-API von Magento.

Typografische Konventionen

In diesem Buch gelten folgende typografische Konventionen:

Kursivschrift
    Kennzeichnet neue Begriffe, URLs, E-Mail-Adressen, Dateinamen und Dateierweiterungen.

`Nichtproportionalschrift`
    Wird für Programmlistings sowie innerhalb von Absätzen zum Kennzeichnen von Programmelementen wie Variablen-, Klassen- und Funktionsnamen, Datenbanken, Datentypen, Anweisungen und Schlüsselwörtern verwendet.

Nichtproportionalschrift fett

Zeigt Befehle oder anderen Text, der unverändert vom Benutzer eingegeben werden muss.

Nichtproportionalschrift kursiv

Zeigt Text, der durch benutzereigene Werte oder Werte ersetzt werden soll, die sich aus dem Kontext ergeben.

 Dieses Symbol kennzeichnet einen Tipp, einen Vorschlag, einen nützlichen Hinweis oder eine allgemeine Anmerkung.

 Dieses Symbol kennzeichnet eine Warnung oder einen Aufruf zur Vorsicht.

Codebeispiele

Besonders im zweiten Teil des Buchs verwenden wir eine Reihe von Codebeispielen, mit deren Hilfe wir die Funktionen und Zusammenhänge der Magento-Programmierung erläutern möchten. Falls Sie selbst diese verwenden möchten, müssen Sie sie nicht umständlich abtippen, sondern können Sie bequem von der Verlagswebsite unter *http:// examples.oreilly.de/german_examples/magentopaiger/* herunterladen. Tabelle E-1 zeigt eine Übersicht darüber, welche Module in welchen Kapiteln zu finden sind.

Tabelle E-1: Codebeispiele zum Download

Kapitel	Name des Codearchivs
Kapitel 2	Webkochshop_HelloWorld-0.1.0.zip
	Webkochshop_OrderAlert-0.1.0.zip
Kapitel 3	Webkochshop_Rezepte-0.1.0.zip
Kapitel 4	Webkochshop_LayoutUpdates-0.1.0.zip
Kapitel 5	Webkochshop_Navigation-0.1.0.zip
	Webkochshop_Kategorieansicht-0.1.0.zip
	Webkochshop_Vergleichsliste-0.1.0.zip
	Webkochshop_Kundenpreise-0.1.0.zip
	Webkochshop_ProductWidget-0.1.0.zip
Kapitel 6	Webkochshop_QualityAssurance-0.1.0.zi
	Webkochshop_Versandaufpreis-0.1.0.zip
	Webkochshop_GratisArtikel-0.1.0.zip
	Webkochshop_OrderKommentar-0.1.0.zip
	Webkochshop_Import-0.1.0.zip

Kapitel	Name des Codearchivs
	Webkochshop_SOAP.zip
Kapitel 7	Webkochshop_OrderExport-0.1.0.zip
Kapitel 10	Webkochshop_Shipping-0.1.0.zip
	Webkochshop_Payment-0.1.0.zip
Kapitel 11	Webkochshop_Lieferant-0.1.2.zip

Website zum Buch

Die Webseite zum Buch finden Sie unter *www.mage-buch.de*. Dort finden Sie nicht nur alle Listings zum Download, sondern auch einen Entwickler-Blog, weiterführende Links und Errata zum Buch. Wir freuen uns auf Ihren Besuch!

Wichtige Vorbereitungen treffen

Bevor Sie zu Ihren ersten Magento-Abenteuern aufbrechen, sollten Sie auf ein laufendes Magento-Testsystem zugreifen und sich die einzelnen Skripte der Applikation mithilfe einer passenden IDE auch ansehen können. In diesem Abschnitt gehen wir auf die wichtigsten vorbereitenden Maßnahmen ein.

Das Testsystem installieren

Für die Betrachtung und nähere Erläuterung des Systems und das Nachvollziehen der Codebeispiele gehen wir davon aus, dass Sie Zugriff auf eine installierte Version von Magento haben und sich sowohl die Programmdateien als auch die zugrunde liegende Datenbank ansehen können.

Als Grundlage sowohl für die Ausführungen im Architekturteil wie auch für die Rezepte dient uns die Magento-Community-Edition (CE) in der Version 1.4, die seit Ende Februar 2010 als Download verfügbar ist.

Damit während des Entwickelns Fehler angezeigt werden, muss entweder die Umgebungsvariable MAGE_IS_DEVELOPER_MODE in der Apache-Konfiguration für den Host gesetzt werden (mit der Anweisung SetEnv MAGE_IS_DEVELOPER_MODE 1), oder in der *index.php* der Aufruf Mage::setIsDeveloperMode(true); aus der if-Anweisung entfernt werden, sodass er immer aktiv ist. Diese Variante sollte jedoch vor dem Launch des Shops wieder rückgängig gemacht werden!

Zusätzlich ist es sinnvoll, während der Entwicklung das Kommentarzeichen vor dem Befehl ini_set('display_errors', 1); zu entfernen, damit auch schwere PHP-Fehler angezeigt werden.

Die Entwicklungsumgebung einrichten

Es gibt eine Vielzahl von IDEs, mit denen Sie sich die Arbeit mit Magento erleichtern können. Für welche genau Sie sich entscheiden, bleibt natürlich Ihnen überlassen. Sie sollten nur darauf achten, dass ein gut funktionierendes Syntax-Highlighting und ein schneller und übersichtlicher Klassenbrowser vorhanden sind; besonders Letzterer wird Ihnen bei den vielen Klassen und Methoden der Magento-Applikation nützliche Dienste leisten. Ohne Anspruch auf Vollständigkeit haben wir eine kleine Liste von IDEs zusammengestellt, mit denen wir in der Vergangenheit bereits gute Erfahrungen haben sammeln können:

- Zend Studio *(http://shop.zend.com/de/zend-studio-for-eclipse.html)*
- Netbeans *(http:netbeans.org)*
- Eclipse *(http://eclipse.org)*
- Komodo *(http://www.activestate.com/komodo/)*
- Aptana *(http://aptana.org)*

Neben diesen IDEs ist es besonders für die Frontend-Entwicklung enorm hilfreich, auf das *Firebug*-Plug-in für den *Firefox*-Browser zurückzugreifen zu können. Damit lassen sich beispielsweise lokale Änderungen im (X)HTML- und CSS-Code vornehmen, deren Ergebnisse sofort angezeigt werden. Ebenso wichtig ist der integrierte JavaScript-Debugger für alle diejenigen, die an den JavaScript-Dateien Ihres Shopprojekts Änderungen vornehmen wollen.

In diesem Zusammenhang hat die Firma *netresearch* aus Leipzig eine kostenlose Magento-Extension via MagentoConnect veröffentlicht, die den Debugging-Output von Magento optisch aufbereitet und ihn in Firebug darstellt. Weitere Informationen erhalten Sie unter *http://www.magentocommerce.com/extension/949/*.

Eine Versionskontrolle nutzen

Gerade bei größeren Projekten, bei denen mehrere Entwickler gleichzeitig an Erweiterungen und Modifikationen arbeiten, ist es unbedingt empfehlenswert, mit einem Versionierungssystem zu arbeiten. Aber auch als Einzelkämpfer kann es mitunter viel Frust und Zeit sparen, in der Lage zu sein, nach einer glücklosen Codeänderung zu einer älteren, noch funktionierenden Programmversion zurückkehren zu können.

In diesem Zusammenhang haben die Autoren dieses Buchs sehr gute Erfahrungen mit *Subversion (SVN)* und dem moderneren *GIT* machen können. Mit diesem System lassen sich Code-Trunks komfortabel verwalten, außerdem verfügen die oben erwähnten IDEs bereits über entsprechende Plug-ins, sodass nicht extra ein SVN- oder GIT-Client verwendet werden muss und der gewohnte Workflow beibehalten werden kann.

Als Best Practice bei der Verwendung von Versionskontrollsystemen im Magento-Kontext hat sich erwiesen, für jedes neue Projekt einen neuen *Branch* zu öffnen und einen separaten *Vendor Branch* vorzuhalten, der die neuen Magento-Releases enthält. Auf diese Weise können Sie ohne großen Aufwand via *Merge* ein aktuelles Projekt auf den neuesten Stand bringen, wenn eine neue Version von Magento veröffentlicht wird. Weitere Informationen zu GIT, SVN und deren Möglichkeiten finden Sie unter *http://git-scm.com/* und *http://subversion.tigris.org/*.

Wir stellen vor: Die Community

Wenn Sie sich eine Weile mit Magento beschäftigt haben, verfügen Sie über das nötige Rüstzeug, um Erweiterungen für Ihre eigenen Bedürfnisse zu programmieren. Trotzdem gibt es ab und an einen Punkt, an dem Sie möglicherweise feststecken und einen kleinen Hinweis zum weiteren Vorgehen gut gebrauchen könnten. In diesem Zusammenhang ist es gut zu wissen, dass hinter Magento eine stetig wachsende internationale Community steht, die die verschiedensten Probleme aktiv diskutiert und beispielsweise im offziellen Magento-Forum (*http://www.magentocommerce.com/boards/*) Hilfestellung leistet. Aber auch andersherum wird ein Schuh daraus: Wenn Sie eine schöne Lösung oder einen eleganten Ansatz zu einem Problem gefunden haben und davon überzeugt sind, dass dieser Geistesblitz auch anderen Magento-Entwicklern helfen könnte, bloggen Sie vielleicht darüber oder schreiben einen Wiki-Eintrag (*http://www.magentocommerce.com/wiki/*). Oder Sie schauen ab und zu mal ins Forum und beantworten eine Frage, die noch unbeantwortet im Raum steht. Magento ist eine Open Source-Software und basiert per definitionem auf Geben und Nehmen und dem freiwilligen Austausch von Informationen. Zwar steht mit der Firma Varien eine erfahrene E-Commerce-Agentur hinter Magento, die bei der Entwicklung der Software den Hut aufhat sowie professionelle Dienstleistungen rund um die Software anbietet – letzten Endes ist es aber die Community, die solch eine Software erst zu dem macht, was sie ist. Ein gutes Beispiel hierfür ist die in »Magento Contributor Agreement«, auf Seite XVII beschriebene Möglichkeit, selbst Patches zu Magento beizusteuern und sich damit aktiv an der Weiterentwicklung zu beteiligen. Bevor wir auf die wichtigsten Vorgänge innerhalb der Magento-Community eingehen, möchten wir kurz das *Community Advisory Board* vorstellen, das gegenüber Varien als Sprachrohr der Community dienen und sozusagen eine Brücke zwischen den vielen Magento-Enthusiasten weltweit und den Core-Entwicklern bei Varien schlagen soll.

Das *Community Advisory Board* (*CAB*) wurde Ende April 2009 ins Leben gerufen. Es besteht unter anderem aus den Community-Managern verschiedener Länder (zurzeit sind dies Deutschland, die Niederlande und Frankreich), dem CEO von Varien, Roy Rubin und dem offziellen Community-Manager Koby Oz, der ebenfalls bei Varien angestellt ist. Das CAB kommt in regelmäßigen Abständen zusammen, um die weiteren Entwicklungen von Magento abzustimmen und zwischen der weltweiten Community und den Magento-Entwicklern zu vermitteln. Die nun folgenden Bereiche der Community-Arbeit sind im Wesentlichen auf Initiativen des CAB zurückzuführen.

Magento Contributor Agreement

Seit Oktober 2009 haben Entwickler offiziell die Möglichkeit, eigene Codebeiträge, d.h. Bugfixes und Funktionserweiterungen bzw. -verbesserungen in Form von Patches, an Varien zu schicken. Diese werden dort technisch und inhaltlich geprüft und finden, wenn sie für gut befunden werden, ihren Weg in den offiziellen Core. Die rechtliche Basis für diese Art der Mitwirkung ist die Unterzeichnung des sogenannten *Magento Contributor Agreement* (*http://www.magentocommerce.com/images/uploads/MCA-Magento-Contributor-Agreement-230909.pdf*). Dieses Dokument stellt einen Vertrag dar, mit dem Sie zum einen bestätigen, alleiniger Autor dieser Beiträge zu sein und keine Rechte Dritter zu verletzen. Außerdem übertragen Sie der Firma Varien sämtliche Rechte an Ihren Entwicklungen und erklären, in diesem Zusammenhang auch keine weiteren Forderungen geltend zu machen. Nachdem Sie das unterschriebene Dokument per Fax oder E-Mail an Varien geschickt haben, können Ihre Beiträge in jeder erdenklichen Form weiterverwendet werden, z.B. als fester Bestandteil des Programmkerns oder auch in kommerziell vertriebenen Programmteilen. So stellt Varien langfristig sicher, dass nicht irgendwann einmal die Situation auftritt, dass arbeits- und zeitintensiv weite Teile des Cores geändert werden müssen, weil ein Entwickler nachträgliche Forderungen stellt.

Zur Diskussion über diese Einreichungsvorgänge und Code-Patches wurde eine eigene Google-Gruppe eingerichtet. In der *Magento Development Google Group* (*http://groups.google.com/group/magento-devel*) sind aktuell 180 Mitglieder aus der ganzen Welt angemeldet und diskutieren sinnvolle Erweiterungen des Magento-Cores.

Magento Community Documentation

Ein viel zitiertes Manko der täglichen Arbeit mit Magento ist das Fehlen einer offiziellen Dokumentation. Im Gegensatz zu beispielsweise dem Zend Framework, zu dem ein mehrere Hundert Seiten starkes Dokument existiert, das die einzelnen Komponenten im Detail erklärt, findet man außer einer via *phpdoc* (*http://docs.magentocommerce.com/*) automatisch generierten Dokumentation bei Magento nichts Vergleichbares. Die Erfahrung hat zwar gezeigt, dass viele wichtige Informationen für Entwickler in Forenbeiträgen, Wiki-Artikeln, Webinars und Screencasts enthalten sind, die Recherche kann aber genau aus diesem Grund teilweise sehr aufwendig werden.

Zum Ende 2009 hat man sich entschlossen, die Entwicklung einer solchen ausführlichen Dokumentation in geregelte Bahnen zu lenken und in Person von Matt Blackwell das weiter oben bereits erwähnte Wiki mithilfe der Community neu zu strukturieren bzw. zu erweitern. Analog zu den Codebeiträgen (siehe »Magento Contributor Agreement«, auf Seite XVII) unterliegt auch das Einsenden von Dokumenationsteilen dem *Magento Contributor Agreement*, d.h. eigene Wiki-Artikel, die beispielsweise die Funktionen bestimmter Klassen und Methoden im Detail erläutern, werden ohne weitere Forderungen an Varien übergeben.

Magento Community Edition Roadmap

Wer wissen möchte, wohin die Magento-Reise noch gehen wird und welche Funktionen diese Software in Zukunft haben wird, dem sei die *Magento Community Edition Roadmap* (*http://magento.uservoice.com/forums/24441-magento-community-edition-roadmap*) ans Herz gelegt. Dahinter verbirgt sich eine Uservoice-Seite, über die jeder seine Wünsche für zukünftige Magento-Versionen äußern und diese zur gleichen Zeit auch zur Abstimmung freigeben kann. Seit August 2009 kann jedes Mitglied der Community mit seinen Ideen und seinen Stimmen Magentos Entwicklungsrichtung beeinflussen kann (siehe Abbildung E-1).

Abbildung E-1: Die Magento Community Edition Roadmap bei Uservoice

Zurzeit sind dort gut 270 Themen bzw. Wünsche eingestellt, von denen für den Punkt »Optimize the code« gut 1.700 Stimmen abgegeben wurden. Weitere populäre Einträge zielen auf die Bearbeitbarkeit einer Bestellung (»Edit order without creating a new one«) und die oben bereits angesprochene Dokumentation (»Document the system properly«).

Es ist geplant, dass das CAB monatlich die wichtigsten bzw. spannendsten Themen mit dem Magento-Team bespricht, um herauszufinden, ob und in welchem Zeitraum diese implementiert werden können. Dieser Prozess soll dann in eine »offizielle« Roadmap münden, die auf der Magento-Website veröffentlicht wird.

Weitere Quellen

Sollte doch einmal eine Frage offenbleiben, haben wir weiteres Online- und Offlinematerial kurz für Sie aufgeführt, das Ihnen bei der Arbeit mit Magento zusätzlich Hilfestellung geben kann.

Literatur

Wenn Sie sich noch stärker mit den technischen Grundlagen von Magento selbst beschäftigen möchten, seien Ihnen folgende Bücher ans Herz gelegt:

- Hilfreiche Rezepte rund um die objektorientierte Programmierung mithilfe von PHP 5: *PHP5-Kochbuch* von David Sklar et al. (O'Reilly 2009)
- Eine umfangreiche Einführung in das Zend Framework: *Das Zend Framework* von Ralf Eggert (Addison-Wesley 2009)
- Das Handbuch rund um das Thema JavaScript: *JavaScript – Das umfassende Referenzwerk* von David Flanagan (O'Reilly 2007)

Weblinks

Mittlerweile hat sich eine bunte Mischung von technischen und nicht technischen Blogs, Screencasts, Podcasts zum Thema Magento etabliert, von denen hier stellvertretend einige genannt werden sollen.

Magento-Blog
Das offizielle Magento-Blog (*magentocommerce.com/blog*) informiert über neueste Entwicklungen aufseiten Variens und der Community.

Magentofeeds
Über *Magentofeeds.com* wird eine ganze Reihe von Blogs gesammelt, die sich mit dem Thema Magento auseinandersetzen. Wenn Sie diesen RSS-Feed abonnieren, entgehen Ihnen mit Sicherheit keine Neuigkeiten aus dem Magento-Universum mehr.

Magento-Podcast

Dieser Podcast (*magentopodcast.de*) wird von Rico Neitzel und Roman Zenner regelmäßig produziert und setzt sich mit Schwerpunktthemen aus der Magento-Welt auseinander.

Veranstaltungen

Inzwischen haben sich einige regelmäßige Veranstaltungen etabliert, bei denen sich Magento-Interessierte und -Entwickler treffen und in persona austauschen können. Neben diesem Austausch werden in Vorträgen und Workshops verschiedene Aspekte der Shoperstellung auf Basis von Magento erörtert und diskutiert. Zu nennen sind hier vor allem:

* Meet-Magento Deutschland (*meet-magento.de*)
* Meet-Magento Niederlande (*meet-magento.nl*)
* Bargento Frankreich (*bargento.fr*)

Danksagungen

Roman

Ich möchte mich bei meinen Co-Autoren, besonders aber bei Vinai Kopp für den kreativen Austausch und die interessanten Diskussionen rund um Magento bedanken. Ein weiteres Dankeschön geht an unsere Lektorin Inken Kiupel, die uns stets mit Rat und Tat zur Seite gestanden hat. Last – but certainly not least – möchte ich mich bei meiner Frau bedanken, die mich so geduldig an Abenden und Wochenenden entbehrt hat.

Vinai

Mein Dank geht an die Magento-Entwickler-Community für all die Unterstützung. Open Source-Software mit einer lebendigen Community ist das Herz des Internets. Außerdem danke an Rico Neizel und Roman Zenner, ich freue mich auf zukünftige gemeinsame Abenteuer! Danke an meine Frau und meine Kinder, für alles!

Claus, Sebastian, Dimitri und Daniel

Nachdem wir die Entwürfe einiger Kapitel erarbeitet hatten, stießen Roman und Vinai zum Autorenteam hinzu – wir bedanken uns sehr herzlich für ihren zupackenden und unermüdlichen Einsatz bei der Fertigstellung dieses Buches. Alexandra und Inken von O'Reilly danken wir für ihre Geduld und dafür, dass sie die den Glauben an das Buch bis zuletzt behalten haben.

KAPITEL 1

Der erste Eindruck

Ein paar ruhige Minuten sind gefunden, Ablenkungsweltmeister wie die Twitters und Facebooks dieser Welt wurden zum Schweigen gebracht, vor Ihnen befindet sich neben der eingangs im Detail beschriebenen Magento-Entwicklungsumgebung nur noch dieses Buch und wahlweise eine Tasse Ihres bevorzugten Heißgetränks. Kurzum, es spricht nichts dagegen, in die Tiefen Magentos vorzudringen.

In diesem Kapitel möchten wir Ihnen einen ersten Eindruck von Magentos Funktionsweise und innerem Aufbau vermitteln. Dabei gehen wir auf das zugrunde liegende Ordnungsprinzip und die Benennungskonventionen genau so ein wie auf seine Verzeichnisstruktur und seine Gliederung in funktionale Einheiten, die sogenannten *Module*. In den nachfolgenden Kapiteln beschäftigen wir uns mit den einzelnen Bestandteilen des Systems im Detail ein und werden diese im zweiten Teil des Buchs anhand praktischer Beispiele weiter vertiefen.

Es gibt grob gesagt zwei verschiedene Wege, sich dem Aufbau von Magento zu nähern und Ihnen damit – wie es auch der Titel dieses Kapitels andeutet – einen ersten Eindruck von diesem System zu vermitteln. Zum einen lassen sich auf Verzeichnis- und Dateiebene wichtige Zusammenhänge verdeutlichen, ganz nach dem Motto: Wo finde ich was? Alternativ kann man sich dem System auch über das funktionale Prinzip des sogenannten *MVC-Patterns* nähern und zeigen, welche Teile des Systems für die Ausgabe, welche für die logische Steuerung und welche für die Datenhaltung verantwortlich sind. Wir haben uns dazu entschlossen, in dieser Einführung beide Wege miteinander zu kombinieren, um Ihnen den bestmöglichen Zugang zu Magento bieten zu können.

Dazu werden wir als Erstes das zugrunde liegende Zend Framework kurz umreißen, da viele Ordnungsprinzipien und Codestandards von Magento stark an dieses Framework angelehnt sind. Danach beleuchten wir den internen Aufbau eines Magento-Moduls und wie sich dieser in die Gesamtstruktur der Magento-Applikation einfügt. In diesem Zusammenhang werden Sie auch erkennen, wie sich darin die Abstammung vom Zend

Framework widerspiegelt. In der Diskussion der Magento-Verzeichnisstruktur gehen wir auf diejenigen Verzeichnisse ein, die für die tägliche Arbeit mit Magento relevant sind.

Anschließend werfen wir einen Blick auf das sogenannten *Model-View-Controller-(MVC-) Pattern* und wie es in Magento umgesetzt wird. Anhand dieses Patterns werden wir die Komponenten der Magento-Systemlogik erläutern. Mit dieser Basis werden Sie in der Lage sein, den Requestzyklus im Abschnitt »Requestzyklus«, auf Seite 15 nachzuvollziehen, der alle beschriebenen Elemente enthält und diese zueinander in Beziehung setzt.

Das Ziel dieses Kapitels ist es demnach, dass Sie die wichtigsten Begrifflichkeiten aus dem Magento-Universum kennengelernt haben und anhand des Requestzyklus wissen, wie sie einzuordnen sind. Dies bezieht sich sowohl auf die Platzierung innerhalb des Programmablaufs als auch auf Magentos Datei- und Verzeichnisstruktur.

Das Zend Framework

Magentos zugrunde liegende Struktur ist weder vom Himmel gefallen, noch stellt sie per se eine Revolution in der Programmiertechnik dar. Vielmehr orientiert sie sich an etablierten Industriestandards und *Best Practices* moderner, objektorientierter PHP-Programmierung. Sie leitet sich hauptsächlich vom Zend Framework (ZF) ab, das zu den am häufigsten genutzten PHP-Frameworks zählt.

Wozu sollte man überhaupt ein Framework benutzen, und aus welchem Grund entschloss sich Varien vor einigen Jahren, ihre Shopsoftware Magento auf einem solchen basieren zu lassen? Die Antwort auf beide Fragen ist im Grunde dieselbe: Weil es die logische Konsequenz aus den Erfahrungen moderner Webentwicklung ist. Mittlerweile befeuern PHP-basierte Applikationen gut besuchte Websites überall auf der Welt und müssen aus diesem Grund hochperformant und sicher sein; außerdem müssen Neuentwicklungen schnell zu erstellen sein, um den Anschluss an den sich immer schneller entwickelnden Markt nicht zu verlieren. Um nicht jedes Mal das Rad neu erfinden zu müssen, besteht daher der nächste Schritt darin, auf ein standardisiertes Framework zurückzugreifen, um wiederkehrende Aufgaben effizient erledigen zu können. Dazu gehören beispielsweise der Versand von E-Mails, diverse Datenbankkonnektoren sowie PDF- und Formularerstellung. Da moderne Webapplikationen längst nicht mehr ohne zumindest eine Prise AJAX auskommen, sind JavaScript-Frameworks wie *Dojo* ebenfalls angebunden.

Die Entwickler von Magento haben also nicht versucht, das Rad komplett zu erfinden, sondern sich dafür entschieden, auf ein bereits existierendes Framework aufzusetzen und von der Stabilität und Flexibilität der vorhandenen Komponenten, der guten Dokumentation und nicht zuletzt der engagierten Community zu profitieren. Falls Sie das eine oder andere Projekt bereits mit dem Zend Framework umgesetzt haben, sind Ihre Voraussetzungen gut, auch in Magento das Gewünschte umzusetzen.

Zur Geschichte des Zend Framework

Wie es der Name schon vermuten lässt, wurde das angesprochene Framework von der Firma Zend erdacht und entwickelt, die gemeinhin als *die* PHP-Firma gilt und mit der Entwicklung von PHP 5 wesentlich zur aktuellen Version der Sprache beigetragen hat sowie dazu, dass PHP auch auf Enterprise-Niveau seinen Außenseiterstatus verloren hat. Das ZF wurde erstmalig im Herbst 2005 vorgestellt und im Frühjahr 2006 als Pre-Alpha-Version 0.1.1 unter der BSD-Lizenz veröffentlicht. Die erste produktive Version 1.0 erschien ein gutes Jahr später. Das Framework basiert auf PHP 5 und ist strikt objektorientiert aufgebaut. Zur Drucklegung dieses Buchs ist die aktuelle Programmversion die 1.10. Die mit Magento 1.4 genutzte Version ist die Version 1.9.6.

Im Zend Framework und damit auch in Magento hat so ziemlich alles seine Ordnung. Beide folgen dem sogenannten Convention over Configuration-(CoC-)Paradigma, d.h., es wird möglichst vermieden, unnötige programmiertechnische Extravaganzen – z.B. bei der Benennung von Klassen und Methoden – einzusetzen, und sich an den gängigen Standards orientiert. Trotzdem gibt es – wie Sie im Laufe dieses Buchs sicherlich erkennen werden – Bereiche, in denen Magento eher konfigurationsbasiert arbeitet.

Was programmiertechnische Freigeister, die sich zum ersten Mal mit einem PHP-Framework beschäftigen, möglicherweise zunächst als Einschränkung empfinden, wird sich sehr schnell als vorteilhaft erweisen, da diese Konventionen Zeit und Arbeit sparen. Werfen wir zunächst einen Blick auf einen Klassennamen: `Mage_Customer_Block_Form_Login`.

Diesem Namen liegt ein System zugrunde, das, wenn Sie sich ein wenig damit auseinandergesetzt haben, Ihnen die Arbeit mit Magento sehr erleichtern wird. Die durch Unterstriche voneinander getrennten und jeweils mit einem Großbuchstaben beginnenden Bestandteile des Klassennamens lassen sich wie folgt auflösen:

Mage
> Hierbei handelt es sich um den Namespace, dem das jeweilige Modul zugeordnet ist. Mehr zum Thema Namespaces können Sie in »Code-Pools und Namespaces«, auf Seite 8 nachlesen.

Customer
> Der zweite Teil des Klassennamens bezieht sich auf den Namen des Moduls, zu der die Klasse gehört. In Kapitel 2 erfahren Sie weitere Details zum Aufbau von Magento-Modulen.

Block
> Bei der vorliegenden Klasse handelt sich sich um einen Block. Sie ist daher auch im Blockverzeichnis des jeweiligen Moduls abgelegt. Details zum Thema Blöcke finden Sie in Kapitel 4.

Form

Dieser Eintrag bedeutet lediglich, dass innerhalb des Blockverzeichnisses noch ein Formverzeichnis existiert, und ist damit ein weiterer Hinweis auf den Speicherort der erwähnten Klasse.

Login

Dieser letzte Teil bezeichnet den Dateinamen der Klasse.

Dies bedeutet, dass der Klassenname – so lang und sperrig er auf den ersten Blick auch wirkt – gleichzeitig seinen eigenen Speicherort enthält, in diesem Fall */app/code/<code-pool>/Mage/Customer/Block/Form/Login.php*.

 Wir werden uns in diesem Buch lediglich auf die jeweiligen Namen der Klassen beziehen; da der Speicherort der entsprechenden Verzeichnisse daraus resultiert, sind Sie damit in der Lage, die jeweiligen Dateien zu finden und die Erläuterungen nachzuvollziehen.

Konventionen und Best Practices

Entwickler, die sich schon eingehender mit dem ZF beschäftigt haben, werden bei der ersten Durchsicht der Magento-Ordnerstruktur und des Quellcodes viele alte Bekannte wiedertreffen. Die Aufteilung der Module in Models, Controller und Helper beispielsweise begegnen einem auch in einer Zend-Applikation; Gleiches gilt für Klassennamen bzw. deren implizierte Fähigkeit, sich über den Autoloader selbst zu laden, da der Klassenname selbst bereits klarmacht, an welcher Stelle des Filesystems sie gespeichert ist.

Granularer Aufbau durch Module

Ein oft genannter Vorteil und einer der wichtigsten Gründe für den anhaltenden Erfolg von Magento ist sein modularer Aufbau. Wie in Kapitel 2 noch im Detail erläutert wird, werden in Magento bestimmte zueinander gehörende Prozesse zu einem Modul gebündelt. Unter einem Modul versteht man demnach eine funktionale Einheit, die unter dem entsprechenden Namen und innerhalb eines bestimmten Namespace (siehe dazu den Abschnitt »Code-Pools und Namespaces«, auf Seite 8) gespeichert ist und Aufgaben wie die Kundenverwaltung und den Bestellprozess übernimmt. Wichtige Module heißen beispielsweise *Catalog*, *Checkout*, *Sales* oder *Customer*.

Für jedes Modul gelten die gleichen Ordnungsprinzipien hinsichtlich seiner hierarchischen Struktur. Verzeichnisse und die darin enthaltenen Dateien müssen in einer bestimmten Weise benannt und angeordnet sein, um die jeweiligen Funktionalitäten für die Magento-Applikation bereitzustellen. Hierbei gibt es Bestandteile, die obligatorisch sind – ein Modul muss beispielsweise immer eine Konfigurationsdatei *config.xml* enthalten – und andere, die je nach Zweck des Moduls zum Einsatz kommen oder auch nicht.

Man könnte nun erwarten, dass jedes Modul so gekapselt ist, dass in einem dedizierten Modulverzeichnis alle zugehörigen Programmbestandteile abgelegt sind. Dies ist jedoch nicht der Fall, denn jedes Modul besteht aus einem funktionalen und einem gestalterischen Teil. Auch wenn wir hier der näheren Erläuterung in Abschnitt »/app/code/«, auf Seite 8 ein wenig vorgreifen: Ersteren finden Sie in der gesamten Magento-Verzeichnisstrukur in */app/code* und Letzteren in */app/design* wieder.

Der Grund liegt – wie wir bei der Diskussion des MVC-Pattern im Abschnitt »Das MVC-Pattern«, auf Seite 11 noch sehen werden – in der Trennung zwischen Programmlogik und dem Teil, der für die Ausgabe und Formatierung (der sogenannte *View*) zuständig ist.

Module vs. Extensions

Sowohl Varien – die US-amerikanische Firma, die Magento konzipiert hat und dessen Entwicklung aktiv vorantreibt – als auch die gesamte restliche Magento-Welt verfährt mit den technischen Begrifflichkeiten leider nicht so einheitlich, wie man sich das wünschen würde. Es herrscht unter anderem Unsicherheit darüber, worin sich Module und Extension unterscheiden bzw. wann genau der eine oder der andere Begriff verwendet werden soll.

Wir haben uns entschlossen, das Wort *Modul* immer dann zu verwenden, wenn es sich um Core-Module handelt, die nach einer Standardinstallation vorhanden und unter */app/code/core/Mage/* abgelegt sind. Demgegenüber verstehen wir unter einer Extension eine Eigenentwicklung, die ebenfalls Funktionalitäten für Magento bereitstellt, jedoch entweder unter *app/code/community* oder unter *app/code/local* auf Ihrem Server abgelegt ist.

Extensions sind exakt so aufgebaut wie Module, deshalb werden diese beiden Begriffe auch gern synonym verwendet. Erstere sind aber in den meisten Fällen ungleich weniger komplex als die Module, die letztlich den Magento-Kern darstellen.

Die Modul-Programmlogik

Wie Sie Laufe der folgenden Kapitel noch genauer sehen werden, gehören zu den Bestandteilen eines Moduls Klassen für die verschiedensten Einsatzbereiche: Sie sorgen beispielsweise dafür, dass relevante Daten (z.B. Produkt- oder Kundendaten) in Objekten gespeichert und damit der Applikation zur Verfügung gestellt werden. Diese Klassen generieren also die Models bzw. Resource-Models, die Ihnen in Kapitel 3 noch begegnen werden. Eine zweite Art von Klassen generiert die sogenannten Blöcke, also Teile der View-Schicht, die für den Transport der durch die Models bereitgestellten Daten zur Ausgabe im Browser verantwortlich sind. Eine dritte Art von Klassen sind die sogenannten Helper-Klassen, die, wie es der Name vermuten lässt, kleinere und generische Hilfsmethoden bereitstellt, die beispielsweise Übersetzungen übernehmen oder Preise korrekt formatieren.

In Abbildung 1-1 erkennen Sie, wie der Programmteil eines typischen Magento-Moduls aufgebaut ist.

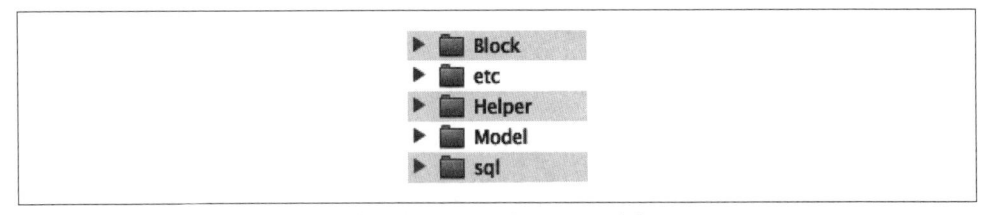

Abbildung 1-1: Verzeichnisstruktur des Programmteils eines Moduls

Neben diesen Klassen finden Sie innerhalb eines Moduls auch eine Reihe von Konfigurationsskripten, die als XML-Dateien die Funktion der einzelnen Module steuern. Last, but not least liegen dort auch Installations- und Update-Skripte, die für die Vorbereitung und Füllung der für das Modul wichtigen Datenbanktabellen zuständig sind.

Im Abschnitt »/app/design/«, auf Seite 9 werden Sie erfahren, in welcher Weise die programmlogischen Bestandteile der Magento-Module ihren Platz im *app/design*-Verzeichnis der Magento-Applikation finden.

Die Modul-Gestaltung

Analog zur Programmlogik jedes Moduls ist auch der Gestaltungsteil in einer fest definierten Weise aufgebaut. Dieser beinhaltet jeweils eine Layoutdatei, mit der die Ausgaben des jeweiligen Moduls vorformatiert bzw. die Strukturblöcke den Inhaltsblöcken zugeordnet werden (siehe Kapitel 4). Ebenso existiert ein Template-Verzeichnis mit einer Reihe von Template-Dateien, über die die HTML-Ausgabe gesteuert wird. Die gestalterischen Teile der Module sind in Magento unter *app/design* abgelegt, worauf wir im weiteren Verlauf dieses Kapitels noch genauer eingehen werden.

Zusammenfassend lässt sich also sagen, dass jedes Magento-Modul seine eigene interne Verzeichnisstruktur hat, die sich in die Gesamtstruktur der Magento-Installation einfügt. Die Struktur ist dabei in einen programmlogischen und einen gestalterischen Teil aufgebrochen, um der Trennung zwischen Logik und Gestaltung Rechnung zu tragen. Im folgenden Abschnitt werden wir nun die Perspektive ändern und Ihnen näherbringen, wie sich die Bestandteile der einzelnen Module in die gesamte Verzeichnisstruktur der Magento-Applikation einfügen.

Die Verzeichnisstruktur von Magento

Frisch nach der Installation werden Sie eine Verzeichnisstruktur auf Ihrem System sehen, in der es insgesamt 11 Verzeichnisse und 13 Dateien auf der Root-Ebene gibt. Was auf den ersten Blick wie eine überschaubare – ja fast bescheidene – Sammlung von Programmdateien aussieht, entpuppt sich nach wenigen Klicks als sehr komplexes Gebilde, das jedoch einem strengen und gut nachvollziehbaren Ordnungsprinzip folgt. Hier hat jede Klasse und jede Konfigurationsdatei ihren fest vorgegebenen Speicherort, um das Arbeiten und das spätere Auffinden zu erleichtern (siehe Abbildung 1-2).

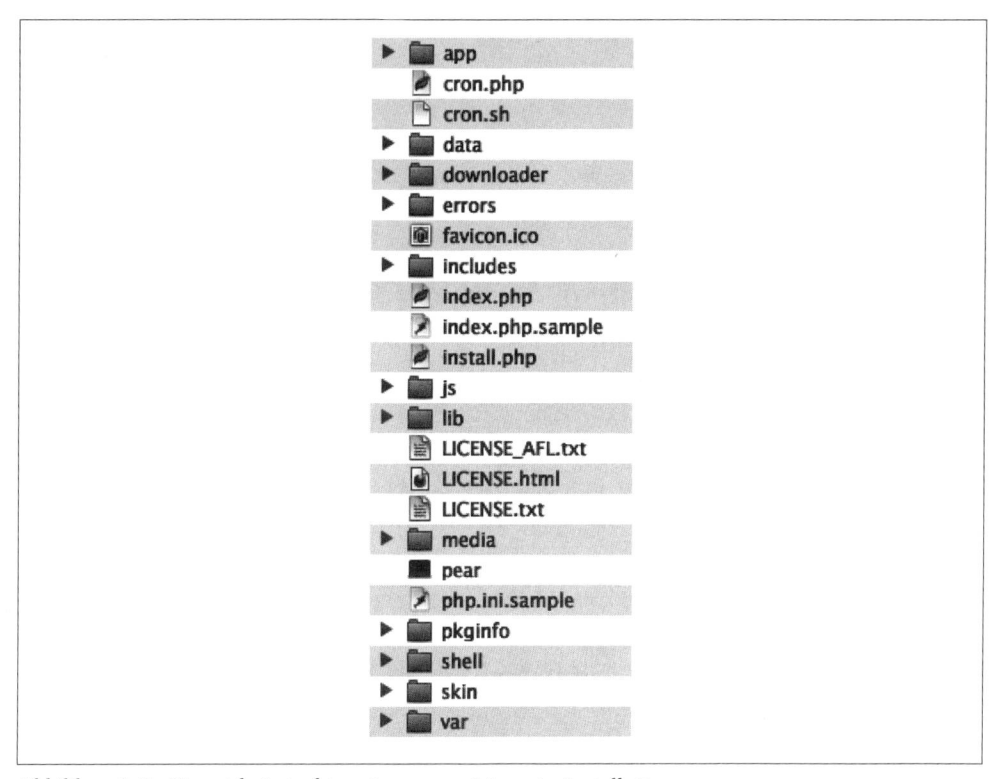

Abbildung 1-2: Verzeichnisstruktur einer neuen Magento-Installation

Insbesondere der */app*-Ordner hat es in sich: Hier sind die Module von Magento untergebracht, die in ihrer Gesamtheit die Funktionalität der E-Commerce-Software ausmachen. Jedes dieser Module besteht seinerseits aus zahlreichen Unterverzeichnissen mit allen Models, Blöcken, Layouts und Templates, aus denen sich Magento zusammensetzt. Mehr zu diesen einzelnen Bausteinen erfahren Sie in den nachfolgenden Abschnitten, weitere Details finden Sie in den nächsten Kapiteln.

 Wir werden nicht auf jedes Verzeichnis und auf jedes einzelne Skript einer Magento-Installation eingehen – schließlich ist der Zweck dieses Buchs, Sie in einem vertretbaren Zeitraum mit den wichtigsten Elementen der Magento-Entwicklung vertraut zu machen, und nicht, in einer mehrbändigen Sammlung von Fachliteratur zu münden.

Wir beginnen damit, uns die Verzeichnisse */app/code* und *app/design* genauer anzusehen, da Sie sich während der Magento-Entwicklung hauptsächlich mit den darin gespeicherten Elementen beschäftigen werden.

/app/code/

In diesem Verzeichnis finden Sie sozusagen den Motor, der die Magento-Maschinerie antreibt. Ein großer Teil der Funktionalität, die in ihrer Gesamtheit letztlich den Onlineshop generiert, ist in diesem Verzeichnis gespeichert.

Code-Pools und Namespaces

Unter einem *Code-Pool* versteht man im Magento-Universum vereinfacht gesagt ein Verzeichnis, in dem Programmteile gespeichert werden. Bildlich gesprochen, handelt es sich dabei um drei verschiedene Behälter namens *community*, *core* und *local*, die Namespaces enthalten, die wiederum mit Modulen gefüllt sind. Während der Ausführung arbeitet Magento nacheinander jeden der drei Behälter ab, um ein Modul zu laden und es in seinen Programmablauf zu integrieren. Wie Sie im weiteren Verlauf noch sehen werden, hat es theoretisch keine Bewandtnis, in welchem Pool Sie Ihre neuen Programmierungen anlegen, praktisch jedoch hat es für die Stabilität und Updatefähigkeit sehr wohl eine wichtige Bedeutung.

Die gezeigten Codebehälter unterscheiden sich also strukturell und inhaltlich nicht voneinander, vielmehr ist die Reihenfolge wichtig, in der die Behälter abgearbeitet werden. Genaueres zu dieser Abarbeitungsreihenfolge finden Sie im Abschnitt »Der PHP include_path«, auf Seite 58.

Im Zusammenhang mit den Code-Pools sei ein weiteres Ordnungskriterium genannt, das der sogenannten *Namespaces*. Magento ist so aufgebaut, dass Sie individuelle programmierte Extensions in einem Verzeichnis unterbringen können, das einen beliebigen Namen trägt. Das bietet Ihnen die Möglichkeit, zu einem Projekt gehörende Extensions zu kapseln und sie leichter auffindbar zu machen. Wenn Sie Extensions via *MagentoConnect* herunterladen, werden Sie feststellen, dass viele Extension-Anbieter ebenfalls von dieser sinnvollen Möglichkeit Gebrauch machen und ihre Extension in ein Verzeichnis, das den Firmennamen trägt, ablegen. Core-Module erkennen Sie in diesem Zusammenhang daran, dass sie im *Mage*-Namespace abgelegt sind

Andere Namespaces sind Ihnen bei Ihrer bisherigen Arbeit wahrscheinlich begegnet, als Sie eine neue Extension über *MagentoConnect* installiert haben. Dabei handelt es sich um die einfache Möglichkeit, Ihrer eigenen Shopinstallation über Magentos hauseigenen Extension-Marktplatz per Mausklick neue Funktionalitäten zu kredenzen. Alles was Sie in dem Zusammenhang tun müssen, ist, über den *MagentoConnect*-Manager in Ihrer Systemkonfiguration den entsprechenden Extension-Code einzutragen und den Installationsprozess zu starten. Nach dieser Installation werden die hinzugekommenen

Extensions in den entsprechenden Code-Pools und den jeweiligen Namespaces angezeigt.

Spätestens jetzt werden Sie erkannt haben, dass hier auch die programmlogischen Bestandteile der einzelnen Module abgelegt sind. Jedes Modul – genauer gesagt der Teil, der für dessen Funktionalität verantwortlich ist – wird also unter seinem eigenen Namen im vorher festgelegten Namespace und Code-Pool gespeichert.

Wie schon erwähnt, werden in Magento die Bestandteile eines Moduls, die die Funktionalität bereitstellen, von denen getrennt, die für die Präsentation zuständig sind. Im nächsten Abschnitt erfahren Sie, an welcher Stelle der zweite, gestalterische Teil eines Moduls innerhalb der gesamten Verzeichnisstruktur abgelegt wird.

/app/design/

Analog zum */app/code/*-Verzeichnis werden Ihnen im */app/design/*-Verzeichnis die Teile der Module begegnen, die verantwortlich sind für Browserausgaben – was nutzt die schönste interne Datenstruktur, wenn sie nicht für den Besucher attraktiv und übersichtlich aufbereitet wird. Mit dem Öffnen von */app/design/* befinden Sie sich damit gleichzeitig mitten in Magentos Theme- und Template-System (siehe Abbildung 1-3).

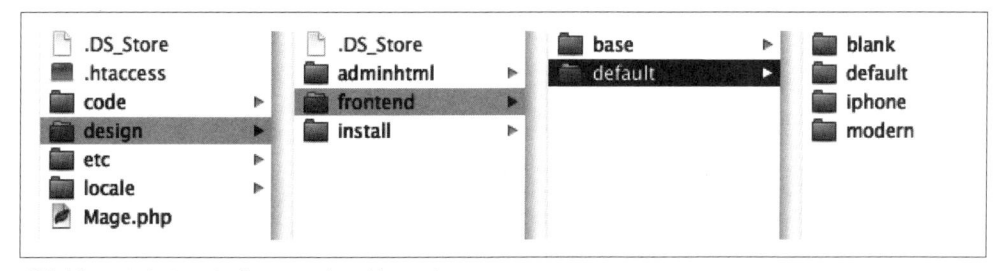

Abbildung 1-3: Der Aufbau von /app/design/

Packages (Interfaces) und Themes

Analog zu den Code-Pools und Namespaces des */app/code*-Verzeichnisses finden sich auch in */app/design* weitere Hierarchieebenen. So unterscheidet Magento zunächst, für welchen Ausgabenbereich die Gestaltungsdateien gelten sollen. Es gibt drei Möglichkeiten:

adminhtml
> In diesem Teil des Designverzeichnisses werden Gestaltungsänderungen gespeichert, die das Admin-Panel betreffen. Möchten Sie beispielsweise den Aufbau der verschiedenen Eingabemöglichkeiten in der Shopverwaltung optisch anpassen, ist dieses Verzeichnis für Sie interessant.

frontend
> Hier finden Sie sämtliche Gestaltungsdateien, die zusammen genommen das komplette Design Ihres Onlineshops steuern. Im Folgenden werden wir uns hauptsächlich auf dieses Verzeichnis konzentrieren, wenn es um die Anpassung des Shopdesigns geht.

install
> Wie der Name schon vermuten lässt, ist dieser Bereich dazu gedacht, etwaige Gestaltungsänderungen des Installationsprozesses abzubilden.

Innerhalb des */frontend*-Verzeichnisses befindet sich nach der Installation ein Unterordner namens */default*. In der Magento-Terminologie handelt es sich dabei um ein *Package* (oder auch *Interface*), das mehrere *Themes* in sich vereint. Es ist also eine übergeordnete Struktur, die – ähnlich den Code-Pools – dazu genutzt werden kann, mehrere kleinere Einheiten zusammenzufassen. Erfahrungsgemäß werden jedoch auch bei größeren E-Commerce-Projekten selten Situationen auftreten, in denen das Anlegen eines neuen Interface nötig ist. In den meisten Fällen ist es vollkommen ausreichend, mehrere verschiedene Themes zu erstellen, von denen es in einer Standardinstallation ebenfalls eins gibt. Sie ahnen es bereits, es heißt natürlich auch *default*.

Für die weiteren Betrachtungen ist also das Verzeichnis */app/design/frontend/base/default/* interessant. Im nächsten Abschnitt lernen Sie den Inhalt dieses Theme-Verzeichnisses genauer kennen.

Layouts und Templates

Wie so oft, wenn es in Magento um Konfigurationen geht, kommt XML zum Einsatz, und so verwundert es auch nicht, dass der grobe Aufbau des späteren Magento-Shops mittels XML-Dateien gesteuert wird. Jedes Modul hat seine eigene Layoutdatei, die dessen Namen trägt und unter */app/design/frontend/base/default/layout/catalog.xml* abgelegt ist. In diesem Fall wird das Modul *Catalog* hinsichtlich seiner Browserausgaben vorstrukturiert. Wie Sie in Kapitel 4 sehen werden, sind die Grundlage für die Gestaltung der Module die sogenannten Blöcke, von denen es in Magento vor allem zwei Arten gibt: Strukturblöcke und Inhaltsblöcke. Unter einem Strukturblock versteht man einen festen Bereich der Seitengestaltung wie beispielsweise den Kopf- oder Fußbereich oder die rechte bzw. linke Seitenleiste. Innerhalb dieser Struktur werden die Ausgaben der Module als Inhaltsblöcke angeordnet. So wird beispielsweise im Checkout-Modul ein Inhaltsblock erzeugt, der eine verkleinerte Warenkorbvorschau darstellt. Diese Vorschau wird anschließend beispielsweise dem Strukturblock *Seitenleiste links* zugeordnet.

Diese Zuordnung wird über Layoutdateien im XML-Format gesteuert. Sie definieren darüber hinaus, mit welchen Template-Dateien die Ausgabe der Inhaltsblöcke formatiert wird. Für jedes Modul findet man daher auch ein nach dem Modul benanntes Template-Verzeichnis, in dem die Template-Dateien abgelegt sind; das *Catalog*-Modul unter */app/code/core/Catalog/* findet demnach seine Entsprechung im Template-Verzeichnis */app/design/frontend/base/default/template/catalog/*.

Der Begriff *Template* wird im Magento-Kontext etwas anders verwendet als bei anderen Shopsystemen. Oftmals bezeichnet man mit einem Template die Gesamtheit aller für die Seitenformatierung zuständigen Dateien; in Magento ist ein Template jedoch eine Datei mit der Endung *.phtml*, die aus PHP- und HTML-Elementen besteht und dazu verwendet wird, den Seitenaufbau feinzujustieren. Jeder der oben angesprochenen Inhaltsblöcke wird durch eine zugehörige Template-Datei gestaltet. Die Produktdetailseite beispielsweise, die das Core-Modul *Catalog* bereitstellt, wird unter anderem von der Datei */app/design/frontend/default/base/template/catalog/product/view.phtml* formatiert. Auch zu den Templates werden Sie in Kapitel 4 nähere Informationen finden.

Das MVC-Pattern

Die Magento-Applikation hält sich strikt an den strukturellen Aufbau des *Model-View-Controller-(MVC-)Patterns*, um die Geschäftslogik in Programmlogik zu übersetzen. Vereinfacht gesagt, beinhaltet das MVC-Konzept, dass die *Präsentationsschicht* (*View*) von der *Datenschicht* (*Model*) losgelöst ist und die Datenströme mittels der *Steuerungsschicht* (*Controller*) gesteuert werden. Abbildung 1-4 zeigt ein vereinfachtes Ablaufdiagramm, das die Datenströme innerhalb eines klassischen MVC-Patterns verdeutlicht.

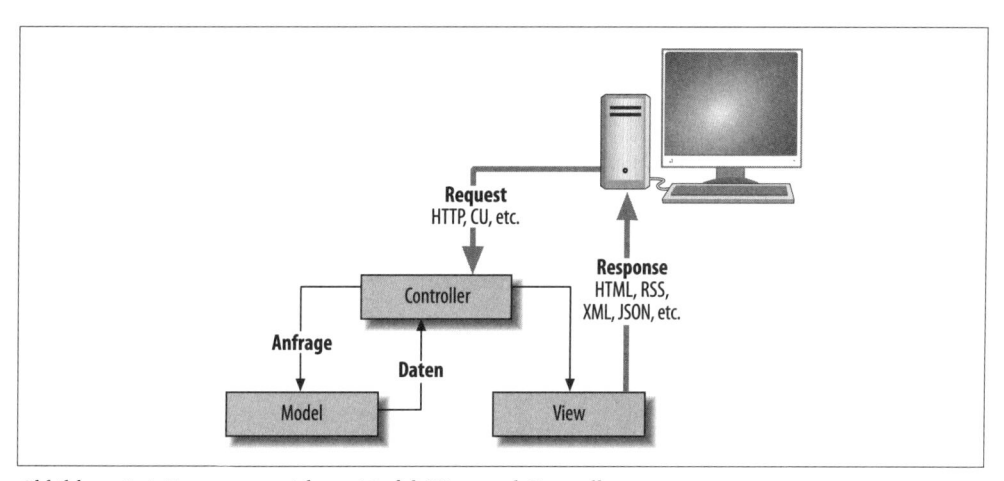

Abbildung 1-4: Zusammenspiel von Model, View und Controller

M wie Model

Im Magento-Kontext versteht man unter einem Model vereinfacht gesagt ein Objekt, in dem Applikationsdaten gespeichert sind. Allgemein spricht man hier auch von der *Datenschicht*. Dabei ist ein Model nicht gleichbedeutend mit einer Datenbank. Zwar ist eine Datenbank wie beispielsweise MySQL ein klassischer und von Magento eingesetzter Model-Typ, der für die Datenorganisation verantwortlich ist, es kommen jedoch auch andere Models in Betracht, wie einzelne Textdateien, RSS-Feeds oder auch Webservices.

Mit der entsprechenen Komponente lässt sich mittels des ZF beispielsweise eine Applikation erstellen, die Daten aus der *Youtube*-API ausliest und bereitstellt: Auch hier spricht man ganz allgemein von einem Model. Weder Controller noch View wissen in dem Zusammenhang, woher das Model die Daten nimmt und wohin sie gespeichert werden, die Art der Datenherkunft spielt für die gesamte Applikation keine Rolle. Das bedeutet damit auch eine größere Flexibilität hinsichtlich der Datenquellen.

In Magento hat man diese Model-Ebene in Models und *Resource-Models* aufgeteilt. Vereinfacht gesagt, ist das Resource-Model unmittelbar mit der jeweiligen Datenquelle verbunden, in den meisten Einsatzbereichen also mit der Datenbank. Jedes Model instantiiert damit auch jedes Mal ein Resource-Model, um den Datenaustausch mit der Persistenzschicht zu gewährleisten. Auf den ersten Blick sieht es vielleicht so aus, als würden die Dinge dadurch komplizierter, bei näherer Betrachtung hat diese Unterteilung aber durchaus ihre Berechtigung. Sollte es beispielsweise erforderlich werden, auf eine andere Art der Datenspeicherung zurückzugreifen – möglicherweise soll statt MySQL ein anderes relationales Datenbanksystem verwendet werden –, müssen lediglich die entsprechenden Resource-Models angepasst werden; die damit verbundenen Models bleiben unangetastet.

Diesen Zusammenhang werden Sie in Kapitel 3 noch genauer kennenlernen, in dem wir detailliert auf die Datenhaltung in Magento eingehen und sie auch anhand von Beispielen veranschaulichen.

Nach den Models wollen wir uns im nächsten Abschnitt mit dem zweiten Teil des MVC-Patterns, dem sogenannten *View*, beschäftigen. Im Magento-Kontext fallen darunter sowohl die durch XML-Layoutdateien vorstrukturierten Blöcke als auch die diversen Template-Files, die die Browserausgabe formatieren.

V wie View

Bei aller technischen Finesse: Ein Onlineshop sollte letztlich seine Besucher davon überzeugen, rege in ihm einzukaufen und sich gut aufgehoben zu fühlen. Für die Aufarbeitung der Inhalte ist die *Präsentationsschicht*, der *View*, verantwortlich. Sie ist im Zend Framework und damit auch in Magento strikt von der eigentlichen Programmlogik getrennt.

In Magento besteht der View – wie weiter oben bereits beschrieben – aus zwei Komponenten: dem Layout, das die Zuordnung von Inhaltsblöcken zu Strukturblöcken übernimmt, und den eigentlichen Template-Dateien, die für die Formatierung der Inhaltsblöcke verantwortlich sind. In Kapitel 4, in dem wir noch genauer auf das Frontend eingehen werden, lernen Sie dessen Aufbau im Detail kennen.

Allgemein gesagt, nimmt der View bestimmte Daten wie z.B. ein Objekt vom Controller entgegen. Über die Datenherkunft wird der View nicht informiert, sondern er erhält lediglich Informationen darüber, wie die übergebenen Daten formatiert werden sollen. In einem View darf streng genommen keine Geschäftslogik enthalten sein, es ist also beispielsweise ein Verstoß gegen die Konvention, eine Funktion zum E-Mail-Versand dort zu integrieren.

In den meisten Fällen formatiert der View die übergebenen Daten in ein (X)HTML-Format und sendet die Ausgaben an den Browser zurück. Es ist aber durchaus möglich, einen View zu erstellen, der diese Daten als *.csv-* oder *.xml-*Datei formatiert. In Magento geschieht das vor allem in der Import-/Exportschnittstelle *DataFlow*, über die Artikel- und Kundendaten in Form strukturierter Dateien exportiert werden können.

C wie Controller

Ein Controller ist wie bereits erwähnt der Teil der Prozesslogik, der zwischen dem View auf der einen und dem Model auf der anderen Seite vermittelt und Informationen austauscht. Im Hinblick auf das MVC-Schichtenmodell spricht man auch von der *Steuerungsschicht*. Er enthält mehrere sogenannte *Actions*, die vom Benutzer angestoßen werden können und die die im System vorher festgelegten Abläufe ausführen.

Allgemein formuliert, gibt es im Prozessablauf zunächst einen *FrontController*, der vom Browser einen HTTP-Request entgegennimmt und weiterverarbeitet. Anschließend wird diese Anfrage an einen Router weitergeleitet, der entscheidet, welcher spezialisierte Controller bzw. welche weiteren Actions gestartet werden. Im Abschnitt »Requestzyklus«, auf Seite 15 gehen wir detailliert auf den Requestzyklus von Magento ein.

Werfen wir zunächst einen Blick auf die Logik eines Controllers. Sie wird bereits in der URL abgebildet, die Magento standardmäßig verwendet. Nehmen wir z.B. die URL, die für den Informationsversand aus einem Kundenformular zuständig ist: *http://webkoch-shop.de/customer/account/login/*. An dieser URL können Sie bereits mehrere Dinge ablesen: Alle Eingaben beziehen sich auf das *Customer*-Modul, sodass damit schon einmal der Speicherort der relevanten Controller, Blöcke und Models festgelegt ist. Der Bestandteil *account* sagt aus, dass wir es mit dem *AccountController.php* zu tun haben, und der letzte Eintrag verweist auf die Action, in diesem Falle `loginAction()`.

Jedes Modul enthält einen oder mehrere Controller, die verschiedene Actions enthalten und damit möglichst genau die zugrunde liegende Geschäftslogik abbilden sollen. Das *Customer*-Modul beispielsweise enthält einen *AccountController*, der im Dateisystem unter */app/code/core/Mage/Customer/controllers/AccountController.php* abgelegt ist.

Dies ist in dem Zusammenhang auch ein schönes Beispiel für das bereits angesprochene *Convention over Configuration*-Paradigma: In Magento haben Controller immer die Benennung *<Name>Controller.php*, die enthaltenen Methoden heißen jeweils `<Aktionsname>Action()`. Mit anderen Worten, die erwähnte (und im Router definierte) URL verweist unter Berücksichtigung dieser Konventionen auf den korrekten Controller und die korrekte Methode. Und vor diesem Hintergrund ist es nur logisch, dass – um bei unserem einfachen Beispiel zu bleiben – der Informationsversand aus dem Kundenformular von *http://webkochshop.de/customer/account/loginpost/* übernommen wird.

Router

Unter einem *Router* versteht man im Magento-Umfeld nicht das an der Wand montierte und verstaubte kleine Kästchen, mit dessen Hilfe die meisten Besucher Ihren frisch aufgesetzten Onlineshop im Internet überhaupt erreichen können. Vielmehr ist damit ein Teil der Prozesslogik gemeint, der vorher fest definierte URLs an die korrekten Controller weiterleitet und ihnen damit den richtigen Weg zeigt. Jeder Router übernimmt also eine Zuordnung zwischen einzelnen Bestandteilen der URL und den entsprechenden Controllern und Actions.

In Magento wird eine lange Liste von Routern vorgehalten, die für jede in die Adresszeile des Browsers eingegebene URL den passenden Controller und die passende Action bereithält. Diese Liste wird zum einen durch die Konfigurationsdateien der einzelnen Module, zum anderen durch die URL-Rewrite-Tabelle gefüllt. Dabei handelt es sich um eine Tabelle in der Magento-Datenbank, in der dynamische URLs für Produkt- und Kategorieseiten ihren statisch aussehenden, suchmaschinenfreundlichen URLs zugeordnet werden.

URL-Rewriting

Ein wichtiges Argument für den Einsatz von Magento ist dessen eingebaute Funktionalität, für Suchmaschinen aufbereitete URLs für Kategorie- und Produktseiten automatisch erstellen zu können. Obwohl dies konstant im Wandel ist, bevorzugen Google & Co. URLs, die keine kryptischen Zeichen und Parameter enthalten, sondern idealerweise die relevanten Schlüsselbegriffe der Produkte und Kategorien.

Im aktuellen Kontext bedeutet dies, dass Magento automatisch optimierte Router für die Bestandteile des *Catalog*-Moduls erstellt und in der Datenbanktabelle core_url_rewrite speichert (mehr zum Aufbau der Datenbank finden Sie in Kapitel 3). Im Admin-Panel können Sie unter *Katalog → URL Rewrite Verwaltung* die Einträge bearbeiten. So wird aus dem Eintrag *http://webkochshop.de/catalog/category/view/id/203*, der den *Category-Controller* mit der Methode viewAction() anspricht und ihm die Product-ID *203* übergibt, die wesentlich elegantere URL *http://webkochshop.de/besteck/*.

Wird eine URL aufgerufen, die nicht in der Liste der gültigen Router enthalten ist, leitet das System den Besucher sofort auf eine 404-Fehlerseite.

Nach dieser kurzen Definitionsrunde sind Sie nun bereit, sich einen Requestzyklus im Detail anzusehen.

Requestzyklus

Erreicht ein Besucher das Frontend Ihres Onlineshops oder legen Sie selbst Hand an die Konfiguration und bewegen sich dazu in das Admin-Panel, wird in der Programmlogik eine Reihe von Prozessen gestartet, die in diesem Abschnitt erläutert werden sollen. Bevor aber anhand eines Beispiels der Requestzyklus verdeutlicht wird, sollen zunächst einige wichtige Begriffe erläutert werden.

Betrachten wir einmal genau, was geschieht, wenn sich ein Kunde über das Frontend Ihres Magento-Shops einloggen möchte. Hinter dem einfachen Aufruf der Log-in-Seite steckt eine ganze Menge Magento-Logik, die wir im Folgenden genauer betrachten wollen. Wir greifen dazu das bereits weiter oben verwendete Beispiel noch einmal auf und vergegenwärtigen uns die folgende URL: *http://webkochshop.de/customer/account/login/*.

Nach der Initialisierung der Applikation wird ein FrontController gestartet, der nachprüft, ob es einen gültigen Router für die Anfrage gibt. Falls das der Fall ist, wird der eigentlich zuständige Controller des entsprechenden Moduls mit der gewünschten Action gestartet. Diese ruft im Zusammenspiel mit der zugehörigen Layoutkonfigurationsdatei das entsprechende Layout auf, das aus den dort referenzierten Block- und Template-Informationen den eigentlichen View erzeugt.

Im Einzelnen werden beim Aufruf der Log-in-Seite folgende Schritte abgearbeitet:

1. Die Datei *index.php* wird im Root-Verzeichnis aufgerufen. Neben der Überprüfung der PHP-Version wird hier die Klasse */app/Mage.php* instantiiert und mit der Methode run() gestartet. Dabei kann über in der Webserverkonfiguration gesetzte Umgebungsvariablen auf das weitere Verhalten von Magento Einfluss genommen werden (mehr dazu später).

2. */app/Mage.php* ist damit der eigentliche Eintrittspunkt. Über Mage::run() wird das Magento-Framework gestartet. (Zu Debugging-Zwecken oder um Magento in externe Applikationen einzubinden, lässt sich auch die Methode Mage::app() aufrufen. Damit wird das ganze Magento-Framework gestartet, ohne jedoch den Front-Controller zu aktivieren.

3. Mage::run() instantiiert das Model Mage_Core_Model_App() und ruft seinerseits die Methode run() auf.

4. In dieser Methode wird über getFrontController()->dispatch() der FrontController gestartet bzw. die Klasse Mage_Core_Controller_Varien_Front instantiiert.

5. Der FrontController leitet die Anfrage an seine Liste von Routern weiter und überprüft, ob sie mit einem der Einträge übereinstimmt. Dieser Abgleich geschieht über Mage_Core_Controller_Varien_Router_Standard::match().

6. Da es in unserem Beispiel eine Übereinstimmung gibt – der Router *customer/account/* existiert –, wird dieser neue Controller *AccountController* aus dem entsprechenden Modul für die weitere Verarbeitung verwendet.

7. Wäre nicht explizit eine Action angegeben, würde nun aus der Klasse */app/code/core/Mage/Customer/controllers/AccountController.php* die Methode `indexAction()` aufgerufen. Da es aber unmissverständlich eine Action in der URL gibt – *login* –, wird stattdessen die Methode `loginAction()` verwendet.

8. Diese Methode startet nun das zugehörige Layout über `$this->loadLayout()`.

9. Da in der Modulkonfiguration von *Customer* definiert wurde, dass das Layout von der zugehörigen Datei *customer.xml* definiert wird, finden sich dort weiteren Angaben für die Ausgabe. Zum einen wird festgelegt, dass der für die Formatierung des Konfigurationsbereichs zuständige Block in `Mage_Customer_Block_Form_Login` zu finden ist. Außerdem werden die Ausgaben an den Browser über das Template */customer/form/login.phtml* gesteuert.

Zusammenfassung

In diesem Kapitel haben wir versucht, Ihnen die wesentlichen Begriffe und Konzepte der Magento-Programmierung näherzubringen und diese zueinander in Beziehung zu setzen. Sie haben gesehen, welche Bedeutung das Zend Framework für den Aufbau und die Nomenklatur der Magento-Applikation hat. Danach haben Sie die Magento-Module kennengelernt und erfahren, wie deren programmlogischen Teile unter */app/code/* und die gestalterischen Teile unter */app/design/* abgelegt sind und sich damit in die gesamte Struktur der Magento-Hierarchie einfügen.

Im Anschluss daran haben wir uns mit dem Ordnungsprinzip des MVC-Patterns beschäftigt und die Beziehungen zwischen der Präsentationsschicht (View), der Steuerungsschicht (Controller) und der Datenschicht (Model) in Magento beleuchtet.

Schließlich haben Sie während der Analyse des Requestzyklus innerhalb von Magento gesehen, welche Prozesse sich bei einem Aufruf der Log-in-Seite für den Kundenbereich hinter den Kulissen abspielen und welche Rolle diese Elemente in diesem Zusammenhang haben.

In den nächsten Kapiteln gehen wir dazu über, die weiter oben kurz angerissenen Bereiche wie beispielsweise Blöcke, Layout und Templates sowie Models und Resource-Models genauer zu erforschen, und beginnen mit der Diskussion der Magento-Module bzw. -Extensions.

Eigene Extensions entwickeln

Die bei Entwicklern wohl beliebteste Stärke von Magento ist der streng modulare Aufbau des Systems, denn er ermöglicht die Entwicklung und Integration eigener Erweiterungen, ohne dass dabei auch nur ein Core-File verändert werden muss. Neben der dadurch gewährleisteten Updatefähigkeit eines laufenden Systems wird so auch eine hohe Wiederverwertbarkeit einmal geschriebenen Codes garantiert. Haben Sie beispielsweise für einen Shop eine Extension entwickelt, die Suchergebnisse nach Kategorien gruppiert anzeigt, können Sie diese problemlos in anderen Shops wiederverwenden. So können Sie im Laufe der Zeit einen umfangreichen Pool fertiger Erweiterungen sammeln, der Ihnen für spätere Projekte viel Arbeit sparen kann.

Dies ist ein großer Vorteil gegenüber anderen gängigen E-Commerce-Systemen, stößt man dort doch häufig auf das Problem, dass die Updatefähigkeit des Systems durch eigene Änderungen beeinträchtigt wird. Der Zeit- und Kostenaufwand beim Wechsel auf ein neues Release steigt so nahezu exponentiell mit dem Umfang der eigenen Erweiterungen und Modifikationen.

 Natürlich befreit Sie das Modulsystem nicht von gewissenhaft durchgeführten Tests Ihrer Extensions gegen neue Releases, denn je nach Art der Erweiterung müssen auch hier Anpassungen vorgenommen werden.

Dieses Kapitel zeigt Ihnen, wie Sie eigene Extensions für Magento entwickeln. Sie erfahren, welche Konventionen Sie bei der Verzeichnisstruktur beachten müssen und wo Sie Ihre Erweiterung innerhalb von Magento aktivieren. Anschließend sehen Sie, wie die modulspezifische Konfigurationsdatei *config.xml* aufgebaut wird und welche Möglichkeiten sie bietet. Nach einem praktischen Beispiel, das Ihnen die Erstellung Ihrer ersten eigenen *Hello World*-Extension zeigt, erfahren Sie, wie Sie bestehende Funktionen am besten erweitern und verändern.

Wie Sie bereits in Kapitel 1 erfahren haben, sind nahezu alle Bestandteile von Magento in Modulen organisiert (abgesehen von einigen Kernfunktionen, die z.B. das Modulsystem selbst bereitstellen). Diese Module befinden sich im Verzeichnis */app/code/core/* und sollten nicht verändert werden, da sie bei einem Update überschrieben werden können und Ihre Anpassungen dann verloren gehen. Das ist aber auch gar nicht nötig, denn genau dafür gibt es Extensions. Sie erweitern Magento um neue Features oder verändern Core-Funktionen.

Auch wenn Sie die Module von Magento nicht verändern, kann Ihnen dieses Kapitel dabei helfen, den Aufbau und die Funktionsweise von Modulen besser zu verstehen. Extensions sind funktional gesehen nichts anderes als Module, sie folgen denselben Konventionen. Alles, was Sie in den kommenden Abschnitten über Extensions lernen, können Sie nutzen, um die Kernmodule Magentos genauer zu analysieren.

Eine Extension konfigurieren

Jede Extension benötigt eine Konfigurationsdatei im XML-Format, in der ihre Eigenschaften definiert werden. Die Datei *config.xml* im Verzeichnis */etc/* ist demnach das zentrale Element einer Extension. Sie verweist auf Verzeichnisse und darin enthaltene Dateien mit Klassen und bestimmt, wie diese Klassen geladen werden. Wollen Sie beispielsweise das Product-Model (Details zu Models und Resource-Models haben wir in Kapitel 3 für Sie vorbereitet) aus dem Magento-Core mit einem eigenen Model erweitern, definieren Sie dies zunächst in der Konfigurationsdatei.

Auch zusätzliche, zu Ihren Extensions gehörende Layoutdateien können auf diesem Weg eingebunden werden. Wie Layoutdateien grundsätzlich aufgebaut sind und welche Rolle sie bei der Formatierung des Frontends spielen, erfahren Sie in Kapitel 4.

Da die Konfigurationsdatei einer Extension durch diese vielfältigen Möglichkeiten sehr umfangreich werden kann, sehen Sie im folgenden Listing eine Beispieldatei, die alle wichtigen Hauptelemente enthält, damit Sie einen ersten Überblick erhalten. Anschließend erfahren Sie mehr über die Funktion der einzelnen Abschnitte.

```xml
<?xml version="1.0"?>
<config>
    <modules>
        <!-- enthält den Modulnamen und Versionsinformationen -->
    </modules>
    <global>
        <blocks>
            <!-- Definition neuer Blöcke oder Block-Rewrites -->
        </blocks>
        <models>
            <!-- Definition neuer Models oder Model-Rewrites -->
        </models>
        <resources>
            <!-- Definition von Install-Skripten und Datenbankzugängen -->
        </resources>
    </global>
```

```
<frontend>
    <!-- Frontend-spezifische Konfiguration -->
</frontend>
<default>
    <!-- Standard-Konfigurationseinstellungen für das Modul -->
</default>
<admin>
    <!-- Standard-Admin-Einstellungen -->
</admin>
<adminhtml>
    <!-- Backend-spezifische Konfiguration -->
</adminhtml>
</config>
```

Jede Konfigurationsdatei wird vom <modules>-Knoten eingeleitet, der den Namen des Moduls und die aktuelle Versionsnummer enthält. Diese Angaben sind absolut essenziell für die korrekte Funktion Ihrer Extension.

Im folgenden Listing sehen Sie den <modules>-Teil unserer Beispiel-Extension. Diese ist im *Webkochshop*-Namespace angelegt, wurde *HelloWorld* genannt und hat die Versionsnummer 0.1.0. Letztere ist vor allem deshalb von Bedeutung, weil darauf die im Abschnitt »Installations- und Update-Skripte«, auf Seite 39 erwähnten Installations- und Update-Skripte basieren.

```
<modules>
    <Webkochshop_HelloWorld>
        <version>0.1.0</version>
    </Webkochshop_HelloWorld>
</modules>
```

Globale Konfiguration

Der Abschnitt <global> enthält alle diejenigen wichtigen Konfigurationen, die sich nicht explizit auf das Frontend oder das Admin-Panel auswirken. Stattdessen können Sie hier allgemein Blöcke, Models und Ressourcen Ihrer Extension definieren und bestehende Core-Klassen mit Ihren eigenen erweitern.

Blöcke

In diesem Knoten definieren Sie den ersten Teil der Klassennamen Ihrer Blöcke, also z.B. Webkochshop_HelloWorld_Block. Diese Angabe nutzt Magento beim Laden eines Blocks zur Vervollständigung des Klassennamens. Wird also z.B. der Block helloworld/product geladen, wird helloworld zu Webkochshop_HelloWorld_Block, sodass sich der Klassenname Webkochshop_HelloWorld_Block_Product ergibt. Zusätzlich können Sie hier Rewrites für Core-Blöcke definieren. Dieser Funktionalität zugrunde liegt die sogenannte Autoloader-Methode, mit deren Hilfe jede Klasse gleichzeitig ihren eigenen Speicherort kennt und damit problemlos geladen und instantiiert werden kann.

Models

Wie Sie in Kapitel 3 noch im Detail erfahren werden, handelt es sich bei Models um die Objekte innerhalb der Magento-Applikation, in denen die Programmdaten abgelegt sind bzw. in die diese geschrieben werden. An dieser Stelle legen Sie den Basisnamen der Models Ihrer Extension fest – das funktioniert ganz genauso wie bei den Blöcken. Auch die Rewrites können hier auf die gleiche Art definiert werden. Zusätzlich können Sie jedem Model ein Resource-Model zuweisen (s.u.).

Resource-Models

Hier werden Resource-Models mit ihrer jeweiligen Datenbankanbindung definiert. In Kapitel 3 erfahren Sie, wie genau ein Resource-Model aufgebaut ist, wie der Datenaustausch mit der Datenbank vonstatten geht und wie Resource-Models mit den oben erwähnten Models verbunden sind.

Frontend-bezogene Konfiguration

Der `<frontend>`-Knoten ist der richtige Ort, um alle diejenigen Definitionen einzutragen, die das Frontend des Shops betreffen, wie z.B. Router, Event-Observer, Layoutdateien und Übersetzungen. Machen Sie sich keine Sorgen, wenn Ihnen zu diesem Zeitpunkt der Ausdruck *Event-Observer* noch unbekannt ist – in den nächsten Abschnitten lüften wir dieses Geheimnis gern.

Layout

Hier definieren Sie Layout-XML-Dateien, die mit Ihrer Extension geladen werden sollen. Somit müssen Sie für Layoutanpassungen, die mit Ihrer Extension zusammenhängen, keine Standard-Layoutdateien verändern. Neben der besseren Übersichtlichkeit gewinnen Sie dadurch weitere Vorteile: Wenn Sie Ihre Extension beispielsweise deaktivieren, werden auch die Layoutanpassungen nicht mehr mitgeladen.

```
<frontend>
    <!--...-->
    <!-- die Layoutdatei einbinden: -->
    <!-- /app/design/frontend/interface/theme/layout/helloworld.xml laden -->
    <layout>
        <updates>
            <helloworld>
                <file>helloworld.xml</file>
            </helloworld>
        </updates>
    </layout>
    <!--...-->
</frontend>
```

Events

Viele Vorgänge in Magento lösen Events aus, die Sie mit einem Event-Observer abfangen können, um eigenen Code ausführen zu lassen. Observer, die auf Frontend-basierte Events reagieren sollen, werden hier definiert. Für Events, die im Admin-Panel ausgelöst werden, gibt es einen eigenen Abschnitt im `<adminhtml>`-Knoten.

```
<!-- beim Login eines Kunden die Methode onLogin() in -->
<!-- Webkochshop/HelloWorld/Model/Customer/Login.php ausführen -->
<events>
    <customer_login>
        <observers>
            <helloworld>
                <type>model</type>
                <class>helloworld/customer_login</class>
                <method>customerLogin</method>
            </helloworld>
        </observers>
    </customer_login>
</events>
```

Router

In Kapitel 1 sind wir bereits darauf eingegangen, wie Router und Controller innerhalb des Magento-Requestzyklus zusammenarbeiten. Router leiten Aufrufe definierter Shop-URLs an Controller weiter. Neben neuen Controllern können darüber auch bestehende URLs umgeleitet werden. Im folgenden Listing sehen Sie, wie Sie einen neuen Controller in Ihrer Extension hinzufügen:

```
<!-- beim Aufruf der Store-URL '/helloworld' auf den -->
<!-- IndexController des Moduls routen -->
<frontend>
    <!--...-->
    <routers>
        <mymodule>
            <use>standard</use>
            <args>
                <module>Webkochshop_Helloworld</module>
                <frontName>helloworld</frontName>
            </args>
        </mymodule>
    </routers>
    <!--...-->
</frontend>
```

Translation

Hier definieren Sie eine CSV-Datei, in der die Übersetzungen für Ihre Extension enthalten sind. Diese Datei wird zusammen mit den anderen Übersetzungen im Verzeichnis *app/locale/* unter der jeweiligen Sprache abgelegt. Die Datei besteht aus zwei Spalten: In der ersten Spalte findet sich der zu übersetzende Schlüssel bzw. Ausdruck, der so auch im Code des Frontends erscheint, in der zweiten ist die jeweilige Übersetzung gespeichert.

Abhängig von der gewählten Sprache des Shops, wird die Datei aus dem passenden Unterverzeichnis geladen. Ist sie dort nicht vorhanden, wird versucht, die Datei im Verzeichnis */app/locale/en_US/* zu laden.

Im folgenden Listing sehen Sie, wie Sie eine Übersetzungsdatei für Ihre Extension definieren:

```
<!-- CSV mit Übersetzungen definieren -->
<frontend>
    <!--...-->
    <translate>
        <modules>
            <Webkochshop_HelloWorld>
                <files>
                    <default>Webkochshop_HelloWorld.csv</default>
                </files>
            </Webkochshop_HelloWorld>
        </modules>
    </translate>
    <!--...-->
</frontend>
```

translate.csv

Zusätzlich zur Möglichkeit, eine separate Übersetzungsdatei für die eigene Extension zu erstellen und diese wie oben gezeigt in der Konfigurationsdatei zu verlinken, hält Magento die Datei *translate.csv* für Sie bereit. Diese ist identisch aufgebaut, wird jedoch im Gegensatz zur moduleigenen Übersetzungsdatei innerhalb Ihres Themes gespeichert, also beispielsweise an der folgenden Stelle:

/app/design/frontend/default/ihrshop/locale/de_DE/translate.csv

Mithilfe dieser Datei lassen sich für das verwendete Theme eigene Übersetzungen einfügen, die sowohl die Standardübersetzungen als auch die Übersetzungen individuell erstellter Extensions überschreiben.

Admin-Panel

Im Abschnitt `<adminhtml>` werden Einstellungen vorgenommen, die mit dem Admin-Panel zusammenhängen. Hier gibt es einige Überschneidungen mit dem `<frontend>`-Abschnitt, den Sie bereits kennengelernt haben. So können auch hier Layoutupdates, Event-Observer und Router definiert werden. Zusätzlich können Sie Menüeinträge und die sogenannten *Access Control Lists (ACL)* festlegen, die seit Magento 1.4 aber besser in die Datei *etc/adminhtml.xml* verlagert werden. Bei Letzteren handelt es um die Steuerungen von Berechtigungen, um genau festlegen zu können, welche Benutzer welche Funktionen, Dienste und Dateien verwenden dürfen.

 Das ‹admin›-Modul ist ein Relikt aus Magentos erstem Admin-Interface, das nie veröffentlicht wurde. Es wird nur noch zur Session- und Rechte-Verwaltung benutzt. Das Admin-Panel, so wie es aktuell existiert, ist das ‹adminhtml›-Modul. In der Konfiguration liegen in ‹admin› viele Mapping-Tabellen und Router-Einträge, unter ‹adminhtml› werden Events, Translate- und Layoutupdate-Einträge (und bis Magento 1.3 auch die Menü- und ACL-Erweiterungen) eingetragen.

Konfigurationsvariablen

Hier können Konfigurationsvariablen für die Extension festgelegt werden. Alle vom Standard abweichenden Werte werden dann in der Datenbank gespeichert.

```
<default>
    <mymodule>
        <configgroup1>
            <myvar1>10</myvar1>
        </configgroup1>
        <configgroup2>
            <myvar2>aValue</myvar2>
        </configgroup2>
    </mymodule>
</default>
```

Damit eine Extension überhaupt von Magento geladen und die Konfigurationsdatei verarbeitet wird, muss sie zunächst aktiviert werden. Wie das funktioniert, erfahren Sie im folgenden Abschnitt.

Eine Extension in Magento aktivieren

Damit eine Extension geladen und aktiviert wird, muss eine XML-Datei im Verzeichnis */app/etc/modules/* angelegt werden, die auf das Extension-Verzeichnis verweist. Während des Ladevorgangs parst Magento automatisch alle XML-Dateien in diesem Verzeichnis.

Das folgende Listing zeigt den Aufbau der Aktivierung unseres Beispielmoduls *Webkochshop_HelloWorld* im Verzeichnis */app/etc/modules/*:

```
<?xml version="1.0"?>
<config>
    <modules>
        <!-- Modul app/code/local/Webkochshop/HelloWorld aktivieren -->
        <Webkochshop_HelloWorld>
            <active>true</active>
            <codePool>local</codePool>
            <depends>
                <Mage_Core />
            </depends>
```

```
        </Webkochshop_HelloWorld>
    </modules>
</config>
```

Beachten Sie das Tag `<Webkochshop_HelloWorld>`. Es wird beim Parsen der Datei in den Speicherort der Extension umgesetzt. Der Teil vor dem Unterstrich entspricht dem Verzeichnis, in dem sich das eigentliche Extension-Verzeichnis befindet. Es ist üblich, eigene Extensions in einem gemeinsamen Verzeichnis zu sammeln, das den eigenen Namen oder den Namen der Firma enthält (siehe dazu den Abschnitt »Code-Pools und Namespaces«, auf Seite 8). Neben einer besseren Übersichtlichkeit verhindern Sie dadurch auch Namenskonflikte mit anderen Extensions, da der Verzeichnisname auch in den Klassennamen Ihrer Extension vorkommt und Sie so ausschließen können, dass eine andere Extension eine Klasse mit dem gleichen Namen enthält.

Innerhalb des `<Webkochshop_HelloWorld>`-Tags werden zusätzliche Optionen gesetzt: Der unter `<codePool>` angegebene Wert bestimmt, in welchem Verzeichnis unter */app/code/* sich die Extension befindet. Da Sie eigene Extensions am besten im Verzeichnis */app/code/local/* anlegen, verwenden Sie hier den Wert *local*.

Über das `<active>`-Tag kann die Extension gezielt deaktiviert werden, wenn Sie den Wert auf `false` setzen. Der Wert `true` aktiviert sie entsprechend. Das kann bei der Problemsuche hilfreich sein, da Sie so eine komplette Extension abschalten können, um zu sehen, ob ein bestimmter Fehler von ihr hervorgerufen wird. Beachten Sie, dass Sie den Magento-Cache erneuern müssen, damit eine Änderung in den XML-Dateien wirksam wird.

Innerhalb der optionalen `<depends>`-Tags können Sie Modulnamen einfügen, die für die korrekte Funktion benötigt werden. Diese Module werden dann vor der Aktivierung geladen. Dies ist besonders wichtig für aufeinander aufbauende Module, da es bei der falschen Aktivierungreihenfolge zu Fehlern kommen kann.

In der Abbildung 2-1 wird deutlich, wie die Informationen in der Datei zum Laden der Extension verwendet werden.

Anstelle einer separaten Datei für jede Extension können Sie auch eine einzelne Datei erstellen, in der mehrere Modulverweise enthalten sind. Im Folgenden sehen Sie den Aufbau einer solchen Datei im Verzeichnis */app/etc/modules/*:

```
<?xml version="1.0"?>
<config>
    <modules>
        <!-- Modul app/code/local/Webkochshop/HelloWorld aktivieren -->
        <Webkochshop_HelloWorld>
            <active>true</active>
            <codePool>local</codePool>
        </Webkochshop_HelloWorld>
        <!-- Modul app/code/local/Webkochshop/Lieferant aktivieren -->
            <Webkochshop_Lieferant>
            <active>true</active>
```

```
            <codePool>local</codePool>
        </Webkochshop_Lieferant>
    <!-- Modul app/code/local/JohnDoe/MyFirstModule ist deaktiviert -->
    <JohnDoe_MyFirstModule>
        <active>false</active>
        <codePool>local</codePool>
    </JohnDoe_MyFirstModule>
    </modules>
</config>
```

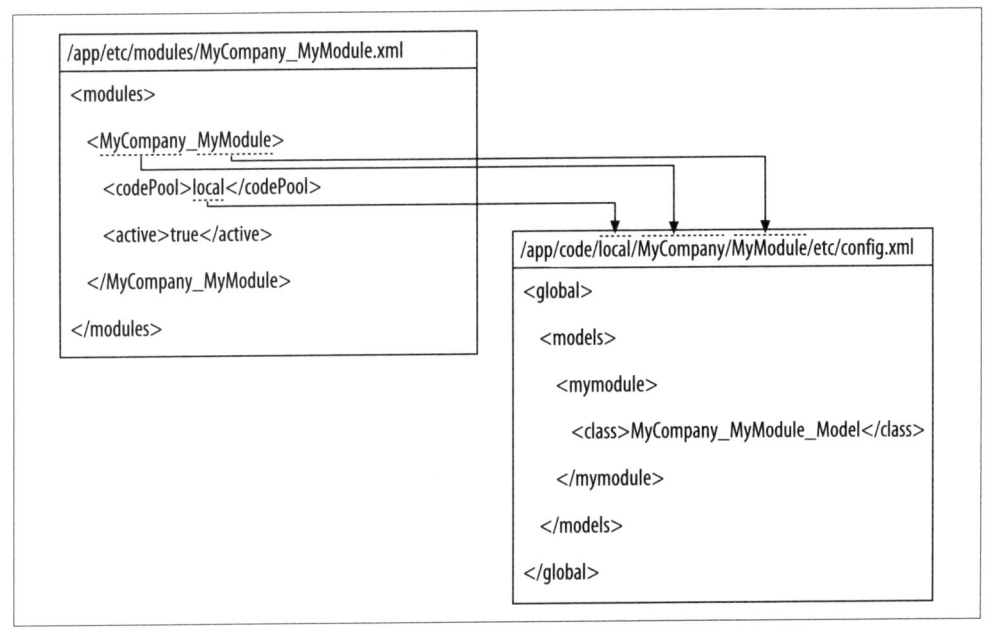

Abbildung 2-1: Laden einer Extension

Dadurch sind Module aber natürlich nicht mehr sauber gekapselt, deswegen emp-fiehlt sich diese Vorgehensweise nur in Ausnahmefällen, wenn bestimmte Module immer zusammen verwendet werden. Nach dem Parsen der XML-Dateien im Ver-zeichnis */app/etc/modules/* werden die Konfigurationsdateien der Core-Module und Extensions gelesen.

Bevor Sie nun Ihre erste eigene Extension schreiben, sollten Sie noch verinnerlichen, wie die Verzeichnisstruktur einer Extension aufgebaut sein muss. Mehr darüber erfahren Sie im folgenden Abschnitt.

Die Verzeichnisstruktur einer Extension

Zwei Verzeichnisse stehen für die Ablage von eigenen Extensions zur Verfügung: */app/code/local/* und */app/code/community/*. Für die Funktion der Extension spielt es keine

Rolle, in welchem der beiden sie abgelegt wird. Unter */community/* werden alle Extensions aus MagentoConnect installiert, */local/* ist für eigene Erweiterungen vorgesehen. Das Verzeichnis */app/code/core/* enthält die Core-Module von Magento und ist daher – wie bereits erwähnt – für eigenen Code tabu. Was es noch mit diesen sogenannten Code-Pools auf sich hat, haben Sie bereits in Kapitel 1 erfahren.

Eine Extension besteht immer mindestens aus der Konfigurationsdatei *config.xml* im Verzeichnis */etc/*. Sie bestimmt, welche Klassen enthalten sind und wie sie geladen werden. Anhand der Konfiguration werden die entsprechenden Dateien der Extension zur Laufzeit geladen. Dabei greift Magento auf die Methode `loadClass()` des Zend Framework zurück. Abbildung 2-2 zeigt den typischen Verzeichnisaufbau einer Extension.

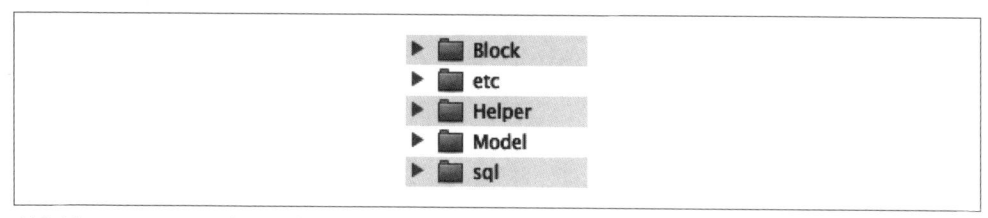

Abbildung 2-2: Verzeichnisaufbau einer Extension

Nachdem Sie nun erfahren haben, wie eine Extension samt Konfiguration angelegt wird, ist es an der Zeit, Ihr neu gewonnenes Wissen in die Praxis umzusetzen. Dafür eignet sich natürlich nichts besser als eine *HelloWorld*-Extension. Im folgenden Beispiel schreiben Sie Ihre erste eigene Extension und erfahren weitere Details zu Aufbau und Konfiguration.

Praxisbeispiel 1: HelloWorld

Im folgenden Beispiel wird mithilfe einer Extension eine Seite mit dem Text *Hello World* und der aktuellen Uhrzeit ausgegeben, wenn man im Shop die URL */helloworld* aufruft. Abbildung 2-3 zeigt das gewünschte Ergebnis.

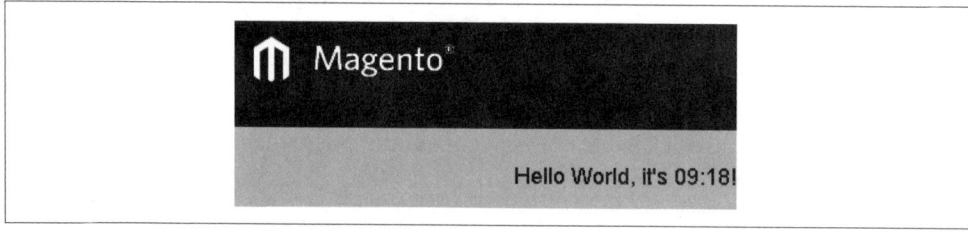

Abbildung 2-3: Die neue Extension HelloWorld in Aktion

Die Lösung in diesem Beispiel ist in mehrere Bereiche aufgeteilt. Dieses Muster werden Sie auch in den anderen Beispielen innerhalb dieses Kapitels wiederfinden. Zunächst erfahren Sie, welcher Lösungsansatz gewählt wurde, anschließend wird die Erstellung und Konfiguration der Extension erläutert, bevor es dann an die eigentliche Logik in Form von Controllern, Blöcken, Helpern oder Models geht. Abschließend wird die Anpassung des Shoplayouts und die Aktivierung der Extension behandelt.

Eine Extension anlegen und konfigurieren

Dieses Beispiel ist vergleichsweise simpel: Der Lösungsansatz besteht darin, einen neuen Controller zu erstellen, der beim Aufruf der URL geladen wird und die aktuelle Uhrzeit an ein Template übergibt. Für das Template wird außerdem eine Layoutdatei benötigt. Diese Funktionalität kapseln wir anschließend in einer eigenen Extension.

Die Beispiel-Extension wird im Verzeichnis */app/code/local/Webkochshop/HelloWorld* abgelegt. Erstellen Sie die Konfigurationsdatei *config.xml* im Verzeichnis */etc/* der Extension und definieren Sie mit ihr die benötigten Funktionen. Hier sehen Sie den Aufbau der Datei:

```xml
<?xml version="1.0"?>
<config>
    <modules>
        <Webkochshop_HelloWorld>
            <version>0.1.0</version>
        </Webkochshop_HelloWorld>
    </modules>
    <frontend>
        <routers>
            <helloworld>
                <use>standard</use>
                <args>
                    <module>Webkochshop_HelloWorld</module>
                    <frontName>helloworld</frontName>
                </args>
            </helloworld>
        </routers>
        <layout>
            <updates>
                <ProductWidget>
                    <file>helloworld.xml</file>
                </ProductWidget>
            </updates>
        </layout>
    </frontend>
</config>
```

Einen neuen Controller definieren

Erstellen Sie die Datei *IndexController.php* im Verzeichnis */controllers/* Ihrer Extension. Sie enthält die Controller-Klasse mit der Methode IndexAction(), die ausgeführt wird, wenn Sie im Browser die in der Konfiguration angegebene URL öffnen. Dabei wird die aktuelle Zeit über die PHP-Funktion date() abgefragt und über die Methode assign()

dem Layoutblock übergeben. Um Letzteren auch eindeutig referenzieren zu können, wird er *helloworld* genannt.

```php
<?php
/*
 * neuen Controller vom Standard-Frontend-Controller ableiten:
 */
class Webkochshop_HelloWorld_IndexController
    extends Mage_Core_Controller_Front_Action
{
    function indexAction()
    {
        $currentTime = date("H:i", time());

        /*
         * Laden des Layout-XML
         */
        $this->loadLayout();

        /*
         * Layoutblock des Layouts laden und Variable $currentTime übergeben:
         */
        $this->getLayout()
            ->getBlock('helloworld')
            ->assign('currentTime', $currentTime);

        $this->renderLayout();
    }
}
```

Wie Sie in der vorletzten Zeile der Funktion `indexAction()` sehen können, ist es in Magento üblich, in der gezeigte Weise Methoden zu schachteln; dies wird Ihnen auch noch an vielen anderen Stellen der Applikation begegnen.

Layout

In Kapitel 4 erläutern wir, wie mithilfe von Layoutdateien Inhaltsblöcke den Strukturblöcken zugeordnet werden und wie dort auch den Inhaltsblöcken Templates zugeordnet werden. Damit also beim Aufruf der URL überhaupt etwas angezeigt wird, erstellen Sie als Nächstes die Layoutdatei *helloworld.xml* im Verzeichnis */app/design/frontend/default/default/layout/*:

```xml
<?xml version="1.0"?>
<layout version="0.1.0">
    <helloworld_index_index>
        <reference name="content">
            <block type="core/template" name="helloworld"
                    template="webkochshop/helloworld/index.phtml" />
        </reference>
    </helloworld_index_index>
</layout>
```

Um zu erfahren, welche Funktionen jeder einzelne Knoten in dieser XML-Datei erfüllt, empfehlen wir Ihnen die Lektüre des Kapitels 4. Wichtig zu verstehen an dieser Stelle ist, wie hier dem Strukturblock content – immerhin möchten wir die Ausgabe der Beispiel-Extension gern im Hauptinhaltsbereich unseres Shops sehen – der Inhaltsblock helloworld zugeordnet und Letzterer mithilfe des Templates *index.phtml* formatiert wird. Dieses erstellen Sie im nächsten Schritt.

Template

Legen Sie die Template-Datei *index.phtml* im Verzeichnis */app/design/frontend/base/default/template/webkochshop/helloworld/* an und schreiben Sie folgende Zeile hinein.

```
<h2>Hello World, it's <?php echo $currentTime ?>!</h2>
```

Einfacher könnte es doch fast gar nicht sein, oder? Mithilfe dieses kleinen, aber feinen Einzeilers geben Sie die Uhrzeit aus, die vorher im Controller abgefragt und als Variable $currentTime bereitgestellt wurde. Anhand dieses einfachen Beispiels erkennen Sie auch, wie eine *.phtml*-Datei aus einer Mischung aus HTML- und PHP-Elementen besteht, wobei die PHP-Ausgabe möglichst keine HTML-Formatierungen enthalten sollte.

Im letzten Schritt müssen Sie Ihre Extension nur noch aktivieren. Damit das geschieht, legen Sie eine passende Konfigurationsdatei unter */app/etc/modules* an, wie in »Eine Extension konfigurieren«, auf Seite 18 beschrieben.

Die Ausgabe des Moduls wird angezeigt, wenn Sie die URL */helloworld* in Ihrer Magento-Testumgebung aufrufen. Denken Sie daran, den Cache zu löschen, damit die Änderungen in den Konfigurationsdateien wirksam werden.

Herzlichen Glückwunsch! Sie haben soeben Ihre erste Magento-Extension erfolgreich geschrieben und aktiviert – wenn das kein Grund zu einem kleinen Freudentänzchen ist! Und wenn dieser abgeschlossen ist, haben Sie sicherlich genügend Motivation gesammelt, um im nächsten Abschnitt in Erfahrung zu bringen, welche verschiedenen Möglichkeiten es gibt, Magento zu erweitern.

Magento richtig erweitern

Bei der Erweiterung von Magento sollten Sie auf die Wahl der richtigen Mittel achten, um die Updatefähigkeit nicht zu beeinträchtigen. Durch die große Flexibilität des Modulsystems gibt es häufig mehr als einen Weg zum Ziel, daher ist es umso wichtiger, die verschiedenen Vor- und Nachteile der unterschiedlichen Herangehensweisen zu kennen. Im folgenden Abschnitt erfahren Sie, was Rewrites und Event-Observer sind und in welchen Fällen Sie sie am besten einsetzen. Der im Anschluss vorgestellte dritte Ansatz, bei dem Core-Dateien komplett ersetzt werden, ist zwar nicht zu empfehlen, kommt aber aufgrund der vergleichsweise simplen Umsetzung leider häufig zum Einsatz.

Rewrites

Alle in Magento vorhandenen Blöcke, Helper und Models können in eigenen Extensions überschrieben werden, um sie um zusätzliche Funktionen zu erweitern oder auch um bestehende Funktionen zu verändern. Diese Art der Erweiterung ist sehr mächtig, mit ihr können Sie nahezu jede erdenkliche Aufgabe umsetzen. Ein Nachteil dieser Methode ist eine mögliche Einschränkung der Kompatibilität zu anderen Extensions, da dieselbe Klasse nicht mehrmals überschrieben werden kann. Das wird z.B. dann zu einem Problem, wenn Sie in Ihrem Shop zwei Extensions haben, die beide das Product-Model überschreiben.

Bei der Verwendung vieler Extensions kann es somit zu Problemen kommen. In Projekten mit zahlreichen umfangreichen Anpassungen hat es sich daher bewährt, eine große Extension zu entwickeln, in der alle projektspezifischen Entwicklungen zusammengefasst werden. Dies vereinfacht auch spätere Erweiterungen.

Die Definition der Rewrites wird in den <global>-Abschnitt der Extension-Konfiguration eingefügt. Das folgende Listing zeigt das am Beispiel des Models *Catalog_Product* und des Blocks *Catalog_Product*:

```
<global>
    <models>
        <!-- Ein Model im Core-Modul Catalog soll überschrieben werden. -->
        <catalog>
            <rewrite>
                <!-- Das Model Catalog_Product wird mit einer -->
                <!-- eigenen Klasse überschrieben. -->
                <product>Webkochshop_Helloworld_Model_Catalog_Product</product>
            </rewrite>
        </catalog>
    </models>
    <blocks>
        <catalog>
            <rewrite>
                <!-- Der Block Catalog_Product wird mit einer -->
                <!-- eigenen Klasse überschrieben. -->
                <product>Webkochshop_Helloworld_Block_Catalog_Product</product>
            </rewrite>
        </catalog>
    </blocks>
</global>
```

Die neue Klasse sollten Sie immer von der Core-Klasse, die sie überschreibt, ableiten. Dadurch stehen alle Core-Funktionen zur Verfügung; es müssen nur die veränderten bzw. neuen Methoden in die Klasse aufgenommen werden. Beispiel: Im Product-Model soll die neue Methode getUppercaseName() eingefügt werden, die den Namen des Produkts in Versalien zurückgibt. Im folgenden Listing sehen Sie, wie die Model-Datei der Extension dazu aussieht:

```php
<?php

/*
 * Die neue Klasse wird vom Core-Model abgeleitet.
 */
class Webkochshop_HelloWorld_Model_Catalog_Product extends Mage_Catalog_Model_Product
{
    public function getUppercaseName()
    {
        /*
         * Dank der Vererbung steht die Methode getName() des Core-Models
         * zur Verfügung.
         */
        $name = $this->getName();
        return strtoupper($name);
    }
}
```

Das Überschreiben von Blöcken funktioniert nach demselben Prinzip:

```php
<?php

/*
 * Die neue Klasse wird vom Core-Block abgeleitet.
 */
class Webkochshop_HelloWorld_Block_Catalog_Product
    extends Mage_Catalog_Block_Product
{
    /*
     * Die Core-Methode getPrice() wird überschrieben.
     */
    public function getPrice()
    {
        /*
         * Anstelle des tatsächlichen Preises wird 3 zurückgegeben.
         */
        return 3;
    }
}
```

Das Überschreiben von Blöcken werden wir in Kapitel 4 noch einmal aufgreifen. Falls Sie stattdessen ein Model überschreiben möchen, werden Sie diesbezüglich sicherlich dort fündig.

Vor Magento 1.3 mussten Controller umständlich mithilfe eines regulären Ausdrucks umgeschrieben werden. Varien hat jedoch auf vielfachen Wunsch das Umschreiben von Routern stark verbessert. Jetzt funktioniert es mit einem kleinen Config-Eintrag:

```xml
<frontend>
    <routers>
        <checkout>
            <args>
```

```
<modules>
    <helloworld before="Mage_Checkout">Webkochshop_HelloWorld_
        Checkout</helloworld>
    </modules>
        </args>
    </checkout>
</routers>
</frontend>
```

Durch diesen Eintrag sucht Magento bei einem Aufruf einer Route aus dem Checkout-Modul zuerst in unserem Modul nach einem passenden Controller. Wenn wir eine Klasse *CartController.php* im Verzeichnis */controllers/Checkout/* anlegen, wird diese statt der Core-Datei geladen.

Die dazugehörige Controller-Klasse *CartController.php* im Verzeichnis */controllers/Checkout* sehen Sie hier:

```php
<?php

/*
 * Da der Autoloader den Klassennamen nicht auf den Dateinamen mappen kann, muss
 * die Core-Klasse manuell eingebunden werden:
 */
require_once 'Mage/Checkout/controllers/CartController.php';

class Webkochshop_HelloWorld_Checkout_CartController
    extends Mage_Checkout_CartController
{
    public function indexAction()
    {
        parent::indexAction();
    }
}
```

Zusammenfassend lässt sich also sagen, dass das Überschreiben von Blöcken, Models, Controllern und Helpern eine sehr mächtige Methode ist, Modifikationen innerhalb eigener Extensions vorzunehmen. Da Sie von den Core-Klassen ableiten, stehen Ihnen alle Methoden der Elternklasse(n) zur Verfügung, und Sie müssen nur diejenige überschreiben, die für Ihre Zwecke nötig ist. Diese Herangehensweise stellt zudem sicher, dass keine Core-Dateien geändert werden und die Updatefähigkeit des Systems sichergestellt ist.

Zu Problemen kommt es mit diesem Verfahren aber leider dann, wenn mehrere Extensions versuchen, die gleiche Klasse zu überschreiben: Das funktioniert nicht und kann daher zu Kompatibilitätsproblemen zwischen einzelnen Extensions führen. Diese Probleme vermeiden Sie, wenn in Magento ein passendes Event vorhanden ist, an dem Sie sich mit Ihrer Extension gleichsam in den Magento-Programmablauf einschalten können. Wir präsentieren: die Event-Observer-Methode.

Das fertige Modul *Webkochshop_HelloWorld-0.1.0.zip* finden Sie im Download-Code zum Buch unter *http://examples.oreilly.de/german_examples/magentopaiger*.

Event-Observer

Viele Aktionen in Magento lösen Events aus, die von eigenen Extensions mit einem Event-Observer abgefangen werden können. Der Vorteil dieser Observer liegt darin, dass keine Core-Klassen überschrieben werden müssen, sodass Updatefähigkeit und Kompatibilität zu anderen Extensions nicht beeinträchtigt werden. Allerdings eignen sich Event-Observer nicht zur Veränderung des Cores, sondern vielmehr für die Implementierung neuer Funktionen. Abbildung 2-4 zeigt, wie ein Event-Observer in den Ablauf eingreift.

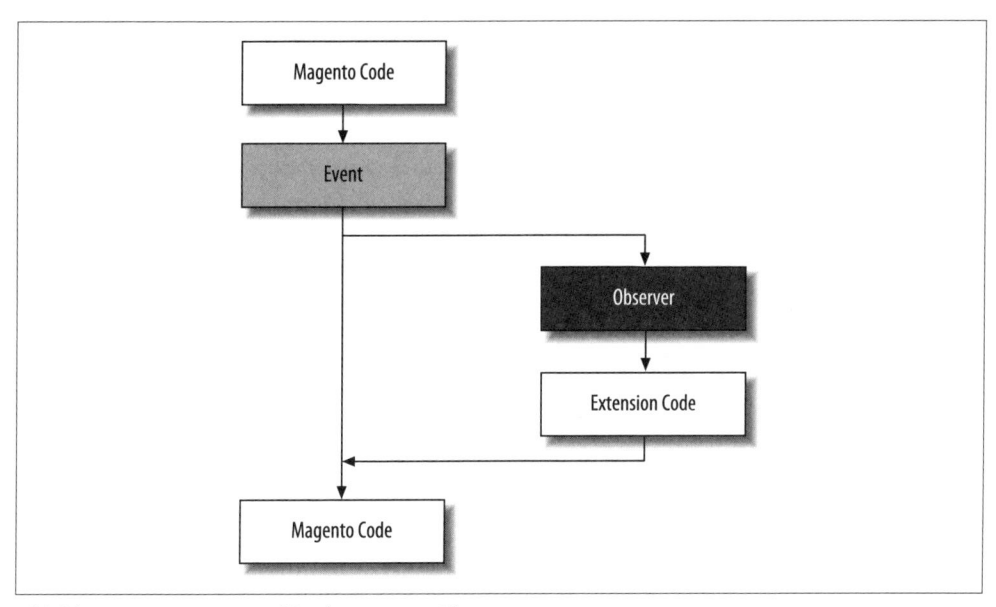

Abbildung 2-4: Programmablauf mit Event-Observer

Event-Observer werden in der *config.xml* einer Extension im Abschnitt <events> definiert:

```
<events>
    <magento_event_name>
        <observers>
            <mycompany_mymodule_observer_name>
                <type>singleton</type>
                <class>mymodule/my_observer</class>
                <method>observerMethod</method>
            </mycompany_mymodule_observer_name>
        </observers>
    </magento_event_name>
</events>
```

Event-Observer sind im Prinzip nichts anderes als Models, daher bezieht sich der unter <class> angegebene Name auf das Model-Verzeichnis der Extension. So wird aus *mymodule/my_observer* der Pfad *MyModule/Model/My/Observer.php*.

Externe Dokumentationen sind nicht immer aktuell, da mit neuen Magento-Releases auch häufig neue Events hinzugefügt werden. Eine aktuelle Liste von Events können Sie relativ leicht selbst erstellen, unter Linux genügt hier die Eingabe von *grep -r -i Mage::dispatchEvent . > magentoEvents.txt* im Magento-Verzeichnis unter */app/code/core/Mage*. Die dabei erzeugte Textdatei lässt sich z.B. leicht in OpenOffice.org als Tabelle aufbereiten.

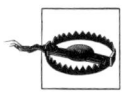 Leider funktioniert diese Herangehensweise nicht bei allen Dateien, da oftmals der Event-Code in einer anderen Zeile steht und somit vom *grep*-Befehl nicht ausgegeben wird.

Replacements

Der Vollständigkeit halber sei hier eine dritte Methode erwähnt, die jedoch nicht empfehlenswert ist, sondern Ihnen vielmehr zeigen soll, dass die große Flexibilität Magentos auch Möglichkeiten bietet, die bei genauerer Betrachtung mehr Nach- als Vorteile für Ihr Projekt bringen. Core-Dateien können als Kopie in dem Pfad *app/code/local/* unter Beibehaltung der originären Verzeichnisstruktur abgelegt werden; es wird also lediglich der Code-Pool geändert. Diese Dateien werden dann anstelle der Core-Files geladen. Dieses Vorgehen beeinträchtigt jedoch die Updatefähigkeit deutlich. Der Pfad eines Core-Models wäre beispielsweise */app/code/core/Mage/Catalog/Model/Abstract.php*. Diese abstrakte Klasse könnte mit diesem einfachen, aber nicht empfohlenen Trick mit der folgenden überlagert werden: */app/code/local/Mage/Catalog/Model/Abstract.php*.

Um die hier vorgestellten Möglichkeiten, Magento zu erweitern, zu verdeutlichen, folgen zum Abschluss dieses Kapitels zwei Beispiele, die Ihnen typische Anwendungsfälle für Event-Observer und Rewrites zeigen.

Praxisbeispiel 2: Eine Bestellbenachrichtigung per E-Mail verschicken

Dem folgenden Beispiel liegt die Aufgabe zugrunde, bei einer Bestellung im Shop automatisch eine Benachrichtigungs-E-Mail an einen vorgegebenen Empfänger zu versenden. Da es ein Event gibt, das nach dem erfolgreichen Abschluss des Checkout-Prozesses ausgelöst wird, ist die Event-Observer-Methode für die Lösung dieser Aufgabe am besten geeignet. Somit benötigen wir nur einen Observer, der auf das passende Event reagiert und die E-Mail versendet.

Die Extension konfigurieren

Zunächst wird die Konfigurationsdatei der Extension angelegt, in der ein Observer für das Event `sales_order_place_after` definiert wird. Das folgende Listing zeigt den Inhalt der Datei *config.xml*:

```
<?xml version="1.0"?>
<config>
    <modules>
        <Webkochshop_OrderAlert>
            <version>0.1.0</version>
        </Webkochshop_OrderAlert>
    </modules>
    <global>
        <models>
            <orderalert>
                <class>Webkochshop_OrderAlert_Model</class>
            </orderalert>
        </models>
    </global>
    <frontend>
        <events>
            <sales_order_place_after>
                <observers>
                    <orderalert>
                        <type>singleton</type>
                        <class>orderalert/observer</class>
                        <method>salesOrderPlaceAfter</method>
                    </orderalert>
                </observers>
            </sales_order_place_after>
        </events>
    </frontend>
</config>
```

Tritt also das Event sales_order_place_after nach der Beendigung des Bestellprozesses
ein, wird die Methode sendMail() des Observers *Observer.php* (s.u.) aufgerufen. Im Folgenden werden Sie sehen, dass diese Methode den angestrebten E-Mail-Versand auslöst.

Den Observer anlegen

Anschließend wird der Observer, der die eigentliche Logik enthält, mit dem Dateinamen
Observer.php im Verzeichnis */Model/* angelegt. Der Funktion salesOrderPlaceAfter()
wird zunächst ein Objekt übergeben, in dem die für das Event relevanten Daten enthalten sind. In unserem Beispiel befinden sich in diesem Objekt auch sämtliche Daten der
Bestellung, auf die wir so zugreifen und für unsere E-Mail weiterverarbeiten können.

```
<?php

class Webkochshop_OrderAlert_Model_Observer
{
    /**
     * @param Varien_Event_Observer $observer
     */
    public function salesOrderPlaceAfter($observer)
    {
        /*
```

```
 * Das Event sales_order_place_after übergibt alle nötigen Daten,
 * darunter auch das Order-Objekt.
 */
$order = $observer->getEvent()->getOrder();

$emailAddress = Mage::getStoreConfig(
    'trans_email/ident_general/email',
    $order->getStoreId()
);

$mail = Mage::getModel('core/email')
    ->setSubject('Neue Bestellung')
    ->setFromEmail($emailAddress)
    ->setToEmail($emailAddress)
    ->setBody('Neue Bestellung ' . $order->getRealOrderId())
    ->send();
    }
}
```

Event-Observer werden in der Regel nicht von anderen Klassen abgeleitet, da sie beim Aufruf ein Objekt mit allen relevanten Daten als Parameter – in diesem Fall den Order-Datensatz $observer->getEvent()->getOrder() – übergeben bekommen.

Wie Sie sehen, ist die Nutzung eines Event-Observers mit wenigen Zeilen Code machbar. Die vorliegende Lösung reagiert allerdings nur auf Frontend-Events, sodass Bestellungen, die über das Admin-Panel angelegt werden, hier nicht berücksichtigt werden – was natürlich durchaus erwünscht sein kann. Um das zu ändern, könnten Sie einfach einen zweiten Observer im <adminhtml>-Bereich der Extension-Konfiguration definieren.

Das Modul zur Bestellbenachrichtigung finden Sie im Download-Code zum Buch im Archiv *Webkochshop_OrderAlert-0.1.0.zip*.

Eigene Backend-Konfigurationsoptionen

Stellen Sie sich vor, Sie möchten eine Extension entwickeln, für die bestimmte Konfigurationswerte gespeichert und über das Backend verwaltet werden sollen. Möglicherweise muss auf diese Weise die URL eines bestimmten Webservice eingetragen werden, die nicht hartcodiert in Ihrer Extension stehen soll – dies lässt sich sehr einfach über eine zusätzliche Konfigurationsdatei erreichen.

Neben der bereits bekannten Datei *config.xml* kann es im */etc/*-Verzeichnis einer Extension auch eine weitere XML-Datei namens *system.xml* geben, die es erlaubt, Konfigurationsvariablen einer Extension im Admin-Panel konfigurierbar zu machen. Hier erfahren Sie, wie die Datei aufgebaut ist und wie Sie sie für Ihre eigenen Extensions sinnvoll nutzen.

Zunächst sehen Sie exemplarisch den Aufbau der *system.xml*, anschließend erfahren Sie, wofür die einzelnen Zeilen stehen und welche Werte gesetzt werden können:

```xml
<?xml version="1.0"?>
<config>
    <sections>
        <helloworld translate="label" module="helloworld">
            <label>Hello World</label>
            <tab>general</tab>
            <sort_order>90</sort_order>
            <show_in_default>1</show_in_default>
            <show_in_website>1</show_in_website>
            <show_in_store>1</show_in_store>
            <groups>
                <general translate="label">
                    <label>General</label>
                    <sort_order>1</sort_order>
                    <show_in_default>1</show_in_default>
                    <show_in_website>1</show_in_website>
                    <show_in_store>1</show_in_store>
                    <fields>
                        <config_var1 translate="label">
                            <label>Config Var 1</label>
                            <frontend_type>text</frontend_type>
                            <sort_order>10</sort_order>
                            <show_in_default>1</show_in_default>
                            <show_in_website>1</show_in_website>
                            <show_in_store>1</show_in_store>
                        </config_var1>
                        <config_var2 translate="label">
                            <label>Config Var 2</label>
                            <frontend_type>text</frontend_type>
                            <sort_order>20</sort_order>
                            <show_in_default>1</show_in_default>
                            <show_in_website>1</show_in_website>
                            <show_in_store>1</show_in_store>
                        </config_var2>
                        <config_var3 translate="label">
                            <label>Config Var 3</label>
                            <frontend_type>text</frontend_type>
                            <sort_order>30</sort_order>
                            <show_in_default>1</show_in_default>
                            <show_in_website>1</show_in_website>
                            <show_in_store>1</show_in_store>
                        </config_var3>
                    </fields>
                </general>
            </groups>
        </helloworld>
    </sections>
</config>
```

Das vorliegende Beispiel fügt im Tab *Allgemein (General)* des Konfigurationsmenüs den Punkt *Hello World* ein. Wird dieser Punkt ausgewählt, stehen drei Konfigurationsvariab-

len in der Gruppe *Allgemein* (*General*) zur Verfügung. Andere mögliche Werte für den
<tab>-Knoten sind *catalog, customers, sales, services* und *advanced*.

Dabei spielt es funktional keine Rolle, in welchem Tab Sie Ihren Menüpunkt platzieren,
die Unterteilung dient lediglich der besseren Übersicht. Abbildung 2-5 zeigt das Ergebnis
der Einträge in der *system.xml*.

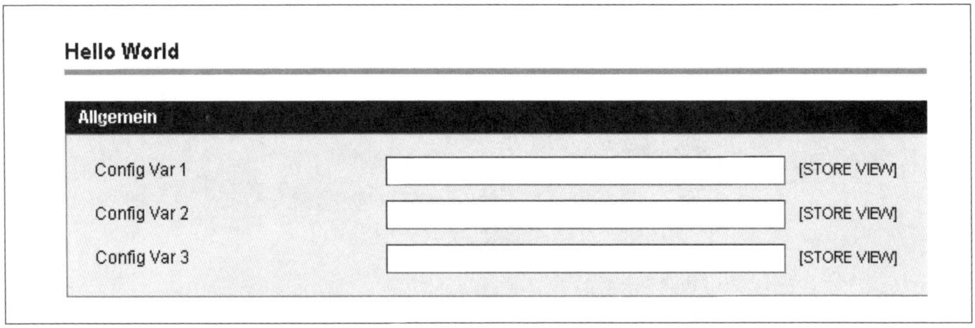

Hello World

Allgemein		
Config Var 1		[STORE VIEW]
Config Var 2		[STORE VIEW]
Config Var 3		[STORE VIEW]

Abbildung 2-5: Neue Konfigurationsmöglichkeiten im Admin-Bereich

Damit Sie im Backend Zugriff auf Ihren neuen Menüpunkt haben, muss in einer Datei
namens *adminhtml.xml* der Extension ein *ACL-*(*Access Control List-*)Eintrag hinzugefügt
werden. Ansonsten kann Magento beim Aufruf der Seite nicht feststellen, ob der einge-
loggte Benutzer die entsprechenden Zugriffsrechte besitzt. Dies gilt auch für Benutzer,
die volle Administratorrechte im Backend besitzen. Fehlt der ACL-Eintrag, erhält man
beim Aufruf des Menüpunkts nur eine *Access Denied*-Fehlermeldung. Hier sehen Sie, wie
die *adminhtml.xml* für das obige Beispiel aussehen muss:

```
<?xml version="1.0" ?>
<config>
    <acl>
        <resources>
            <admin>
                <children>
                    <system>
                        <children>
                            <config>
                                <children>
                                    <helloworld translate="title" module="helloworld">
                                        <title>Hello World</title>
                                    </helloworld>
                                </children>
                            </config>
                        </children>
                    </system>
                </children>
            </admin>
        </resources>
    </acl>
</config>
```

Die einzelnen Knoten repräsentieren dabei die Menüstruktur im Admin-Panel. Der letzte `<children>`-Knoten `<helloworld>` muss dabei dem Knoten entsprechen, der in der *system. xml* für den Menüpunkt festgelegt wurde. Ein kleiner Stolperstein ist die Tatsache, dass die Extension zwingend den Helper `Webkochshop_HelloWorld_Helper_Data` haben muss. Dabei genügt es, den eigenen Helper von der Klasse `Mage_Core_Helper_Data` abzuleiten, da diese bereits alle nötigen Funktionen mitbringt. Hier sehen Sie die Datei */Helper/Data. php*:

```php
<?php

class Webkochshop_HelloWorld_Helper_Data extends Mage_Core_Helper_Abstract
{
    /*
     * Da alle benötigten Methoden von Mage_Core_Helper_Data geerbt werden,
     * kann diese Klasse leer bleiben.
     */
}
```

Damit Magento auch unseren Helper finden kann, muss ein entsprechender Abschnitt in die *config.xml* eingefügt werden, und zwar in der Form, wie wir es auch schon bei `<models>` und `<blocks>` gemacht haben.

```
<!--...-->
<helpers>
    <helloworld>
        <class>Webkochshop_HelloWorld_Helper</class>
    </helloworld>
</helpers>
```

Nachdem Sie nun auch wissen, wie Sie eigene Einträge in die Magento-Konfiguration im Backend einfügen, haben Sie bereits fast alle Aspekte der Extension-Entwicklung kennengelernt. Bevor sich dieses Kapitel dem Ende zuneigt, gibt es noch eine nicht unwichtige Funktion, die Sie kennen sollten, bevor es im praktischen Teil des Buchs an die Umsetzung des erworbenen Wissens geht. Dabei handelt es sich um die Installations- und Update-Skripte, mit denen Sie zum Beispiel bestehende Datenbanktabellen um neue Felder erweitern oder komplett neue eigene Tabellen erstellen können. Wie das genau funktioniert, erfahren Sie im nächsten – und letzten – Teil dieses Kapitels.

Installations- und Update-Skripte

Für einige Erweiterungen ist es oftmals nötig, zusätzliche Daten in der Datenbank zu speichern, wie z.B. eine Liste der Mitarbeiter, die der Besucher Ihres Shops kontaktieren kann. Für diesen Zweck bietet das Modulsystem von Magento Installationsskripte, in denen abhängig von der Versionsnummer der Extension neue Tabellen, Tabellenspalten oder Attribute angelegt werden können. Diese Skripte liegen im Verzeichnis */sql/<modulname>/setup/* im Hauptpfad Ihrer Extension.

Für die erste Installation ist die Datei *mysql4-install-x.x.x.php* vorgesehen, wobei *x.x.x* der Versionsnummer in der *config.xml* der Extension entspricht, die in der <modules>-Sektion im <version>-Element eingetragen wird. Müssen in späteren Versionen weitere Änderungen an der Datenbank vorgenommen werden, können Update-Skripte nach dem Muster *mysql4-upgrade-x.x.x-y.y.y.php* angelegt werden; bei einem Update von Version 0.1.0 auf Version 0.1.1 lautet der Dateiname also *mysql4-upgrade-0.1.0-0.1.1.php*. Bei einer Neuinstallation einer Extension wird immer erst das Installationsskript ausgeführt, anschließend werden alle Update-Skripte bis zur aktuellen Versionsnummer abgearbeitet.

 Lassen Sie sich nicht von dem Bestandteil *mysql4* in den Dateinamen der Setup-Skripte irritieren – die Installatonsroutinen gelten natürlich auch für MySQL 5-Datenbanken. Der Name hat historische Gründe (genau wie der Verzeichnisname *sql*). Ursprünglich waren die Magento-Install- und Upgrade-Skripte reines SQL. Später wurden daraus PHP-Skripte. Die Namenskonventionen sind erhalten geblieben.

Nach erfolgter Installation wird für jedes Core-Modul und jede Extension ein Eintrag in der Datenbanktabelle *core_resources* gespeichert, der den Namen der Modul-Setup-Resource, der in der jeweiligen *config.xml* festgelegt wurde, sowie die derzeitig installierte Versionsnummer enthält. Wird dieser Eintrag für ein Modul entfernt, führt Magento die Installation beim nächsten Aufruf einer beliebigen Seite im Front- oder Backend erneut aus.

Um ein besseres Gefühl für die Funktionsweise der Installationsskripte zu bekommen, folgt nun ein Beispiel, in dem die *Category-Entität* eines Shops um eine zusätzliche Spalte erweitert wird.

Praxisbeispiel 3: Die Category-Entität erweitern

In diesem Beispiel erfahren Sie, wie Sie mit einem Installationsskript einer Entität ein neues Attribut hinzufügen können. Die Entität catalog_category soll das neue Attribut color bekommen, in dem ein Farbwert gespeichert werden soll, der dann im Frontend als Hintergrundfarbe genutzt wird.

Eine Setup-Ressource in die config.xml eintragen

Damit Magento Installations- und Upgrade-Skripte eines Moduls ausführt, wird eine Setup-Resource in der <global>-Sektion der *config.xml* benötigt.

```
<resources>
    <helloworld_setup>
        <setup>
            <module>Webkochshop_HelloWorld</module>
            <class>Mage_Catalog_Model_Resource_Eav_Mysql4_Setup</class>
```

```
        </setup>
      </helloworld_setup>
    </resources>
```

Der Modulname muss angegeben werden, damit Magento eine Setup-Resource auf ein dazugehöriges Modul mappen kann. Nach dem Zusammenführen aller *config.xml*-Daten in eine Datenstruktur würde diese Information sonst fehlen. Der `<class>`-Knoten gibt an, welche Klasse zum Ausführen des Setup-Skripts genutzt werden soll. Es ist wichtig, die korrekte Klasse zu verwenden. In unserem Beispiel fügen wir einer Entität aus dem Catalog-Modul ein Attribut hinzu, deswegen benutzen wir die zugehörige Setup-Klasse `Mage_Catalog_Model_Resource_Eav_Mysql4_Setup`. Würden wir eine andere Klasse verwenden, zum Beispiel die des Customer-Moduls, würde das Anlegen des Attributs nicht korrekt funktionieren. Eine Übersicht über die wichtigsten Setup-Klassen zeigt Tabelle 2-1.

Tabelle 2-1: Setup-Klassen

Modul	Setup-Klasse
Mage_Catalog	Mage_Catalog_Model_Resource_Eav_Mysql4_Setup
Mage_Customer	Mage_Customer_Model_Entity_Setup
Mage_Sales	Mage_Sales_Model_Mysql4_Setup
Generische Setup Klasse	Mage_Eav_Model_Entity_Setup

Wenn Sie später mal eigene Entitäten anlegen möchten oder ein Modul ohne eigene Setup-Klasse bearbeiten, kann die generische Setup-Klasse `Mage_Eav_Model_Entity_Setup` verwendet werden, die auch von den spezifischen Klassen vererbt wird.

Der Name des Verzeichnisses für Installations- und Upgrade-Skripte entspricht genau dem Knoten in der Setup-Resource der *config.xml* – in unserem Beispiel also bedeutet der Knoten `<helloworld_setup>`, dass die Skripte in */sql/helloworld_setup/* liegen müssen.

Erstellen Sie nun ein Installationsskript für Ihre Extension. Bedenken Sie, dass die in der Konfiguration angegebene Versionsnummer wichtig ist – an Ihr müssen Sie sich bei der Vergabe des Dateinamens für das Skript orientieren. Die Extension in diesem Beispiel trägt die Versionsnummer 0.1.0 und hatte bisher noch kein Installationsskript. Somit lautet der korrekte Dateiname *mysql4-install-0.1.0.php*.

Ein Installationsskript anlegen

Erstellen Sie die Datei *mysql4-install-0.1.0.php* im Verzeichnis */sql/helloworld_setup/* und fügen Sie den folgenden Inhalt ein:

```php
<?php

/*
 * Das Skript wird von der in der config.xml angegebenen Setup-Klasse ausgeführt.
```

```
 *
 * @var $installer Mage_Catalog_Model_Resource_Eav_Mysql4_Setup
 */
$installer = $this;

/*
 * startSetup() schaltet einige automatische Prüfungen in MySQL ab, um Fehler
 * während Datenbankänderungen zu vermeiden.
 */
$installer->startSetup();

/*
 * Hinzufügen des neuen Attributs
 */
$this->addAttribute('catalog_category', 'color', array(
    'label' => 'Hintergrundfarbe',
    'type' => 'varchar',
    'required' => 0
));

/*
 * endSetup() schaltet die Prüfungen wieder ein.
 */
$installer->endSetup();
```

Jedes Setup-Skript sollte mit dem Aufruf von startSetup() beginnen und mit endSetup() abgeschlossen werden. Die Methode addAttribute() fügt einer Entität ein neues Attribut hinzu.

Der erste Parameter, im Beispiel catalog_category, bestimmt die Entität, die die neue Eigenschaft bekommt. Der zweite Parameter ist der Attributcode – ein interner Bezeichner, der innerhalb einer Entität einzigartig sein muss. Eine Kategorie kann keine zwei Attribute mit dem Code color haben. Der dritte Parameter bestimmt die Eigenschaften des neuen Attributs. Es gibt viele mögliche Eigenschaften für Attribute, die zum Teil abhängig sind von der Entität – so hat ein Kundenattribut zum Beispiel nicht die Eigenschaft is_comparable. Die Attributeigenschaften haben alle Standardwerte und sind somit optional.

Das Skript wird beim nächsten Laden einer Seite von Magento ausgeführt. Wenn Sie den Cache aktiviert haben, denke Sie daran, ihn zu erneuern, damit die Ergänzungen zu der *config.xml* wirksam werden. Das neue Attribut kann nun im Admin-Panel unter *Katalog → Kategorien verwalten* benutzt werden.

Weitere Möglichkeiten in Setup-Skripten werden unter anderem in Rezept 11.1, »Eine Lieferanten-Entity erstellen«, auf Seite 239, vorgestellt. Im Anhang haben wir außerdem eine Tabelle für Sie vorbereitet, in der alle derzeit möglichen Attributeigenschaften aufgelistet sind.

Zusammenfassung

In diesem Kapitel haben wir Ihnen die Grundlagen der Extension-Entwicklung nähergebracht. Sie haben gesehen, aus welchen Komponenten eine Extension besteht und wie die interne Hierarchie einer Extension aufgebaut sein kann. Extensions zeichnen sich durch die gleiche Struktur wie Core-Module aus, sind aber meistens weit weniger komplex. Neben dem internen Aufbau einer Extension haben Sie gelernt, wie Extensions so konfigurierbar gestaltet werden können, dass sie generell zum Einsatz kommen und dabei auch alle erforderlichen Models, Blöcke, Controller usw. sinnvoll definiert werden.

Anschließend haben wir Ihnen mit der Rewrite- und der Even-Observer-Methode zwei Varianten gezeigt, mit denen Sie elegant in den Funktionsablauf Magentos eingreifen können, ohne dabei Core-Dateien modifizieren müssen – wenn es ein Tabu bei der Magento-Programmierung gibt, dies ist eins!

Zum Schluss haben wir erläutert, auf welche Weise Sie mit Installations- und Update-Skripte die für Ihre Extension nötigen Modifikationen vornehmen können und wie Sie Ihre Extension über die *system.xml*-Konfigurationsdatei des Backends administrierbar machen.

In Kapitel 3 gehen wir im Detail auf das Thema Datenhaltung und -bereitstellung ein, das wir bislang nur kurz angeschnitten haben.

KAPITEL 3

Models und Resource-Models

Nachdem Sie in den vorangegangenen Kapiteln einen ersten Eindruck von Magentos strukturellem Aufbau gewonnen haben und bereits wissen, wie Module bzw. Extensions intern aufgebaut sind, möchten wir Ihnen nun die Aufgabe der sogenannten Models und Resource-Models vorstellen. Bei der Erläuterung des MVC-Pattern in Kapitel 1 haben wir ja bereits das *M* erklärt, dessen Funktion die Datenhaltung und -bereitstellung ist. Wenn in einer Applikation eine Seite im Browser angezeigt werden soll, geschieht das unter anderem unter Zuhilfenahme von Daten, die von einem Datenobjekt – dem Model – bereitgestellt werden. In der Model-View-Controller-Architektur ist das Model also zum Formen der zur Darstellung benötigten Daten in Objekte verantwortlich. Zusätzlich enthält das Model die Geschäftslogik. Diese Logik entscheidet beispielsweise, ob ein Produkt zurzeit bestellbar und welchen Kategorien es zugeordnet ist.

Jedes Model, das Daten laden und speichern soll, benötigt dazu jedoch ein Resource-Model. Letzteres stellt nämlich die konkrete Verbindung mit der Datenbank her – Magento unterstützt von Haus aus das relationale Datenbank-Management-System MySQL. Um uns der Frage zu nähern, wie das Zusammenspiel zwischen Models und Resource-Models funktioniert und wie die anfallenden Daten in der Datenbank gespeichert bzw. aus dieser wieder ausgelesen werden, bewegen wir uns in der Folge entlang dreier Buchstaben: *EAV*. Hiermit ist nicht der Name der österreichischen Popband gemeint, die vor allem in den 80er- und 90er-Jahren erfolgreich war, sondern es ist die Abkürzung für *Entity-Attribute-Value*. Dabei handelt es sich um eine Art der Datenmodellierung, mit deren Hilfe sich beliebig viele Attribute, die jeweils einen bestimmten Wert annehmen können, an ein Objekt – die *Entity (=Entität)* – gehängt werden können.

Magento verwendet jedoch nicht ausschließlich Tabellen, die nach dem EAV-Prinzip aufgebaut sind. Bei einigen Entitäten greift die Software auf *flache Tabellen (flat tables)* zurück, wie beispielsweise bei Kundengruppen, Reviews oder Orders. Außerdem finden sich aus Performancegründen auch Beispiele, in denen eine *Flat Table* zusätzlich zu einer EAV-Konstruktion verwendet wird, wie es bei der optional einstellbaren *Product Flat Table* der Fall ist.

Entity-Attribute-Value (EAV)

Sie haben sicherlich nach der Diskussion der Funktionserweiterungen durch Extensions ein Gefühl dafür bekommen, wie in Magento Architekturentscheidungen so getroffen werden, dass eine möglichst hohe Flexibilität des Systems erreicht werden kann. Durch Event-Observer-Methoden und Rewrites sind Sie in der Lage, Magento so zu »verbiegen«, wie es im konkreten Einzelfall gerade notwendig ist, ohne den Kern der Software in irgendeiner Weise zu ändern.

Das Pendant dieser Flexibilität im Bereich der eigentlichen Datenhaltung ist die Art und Weise, wie flexibel Magento mit Datenobjekten verfährt. Ohne strukturelle Umbauarbeiten lassen sich einem Objekt weitere Attribute hinzufügen. In den folgenden Abschnitten werfen wir einen genaueren Blick auf das *Entity-Attribute-Value-Modell* (das auch unter dem Namen *Objekt-Attribute-Value-Modell* bekannt ist) und wie es in Magento implementiert ist.

Entitäten

Entität ist ein Begriff aus der Datenmodellierung und bezeichnet ein eindeutiges Objekt, dem Informationen zugeordnet werden. Beim Modellieren einer relationalen Datenbank ist z.B. ein Produkt ein Entitätstyp, das die Eigenschaften beinhaltet, die jede Entität dieses Entitättyps hat (z.B. Name, Beschreibung usw.).

In Magento beschreibt das Model nur einen Teil des Objekts. Es können flexibel weitere Attribute zu einem Objekttyp hinzugefügt werden, ohne etwas am Sourcecode ändern zu müssen. Diese moderne Architekturentscheidung ermöglicht einen hohen Anpassungsgrad von Magento mithilfe von zusätzlichen Modulen oder sogar durch Aktionen in der Administration von Magento (Hinzufügen von weiteren Produktattributen).

Hierfür hat jedes Model-Objekt eine Entitäts-ID, durch die gekennzeichnet ist, welcher Entität im Resource-Model bzw. Datenbankmodell das Objekt zugeordnet ist. Daraus ergeben sich alle Attribute und Beziehungen zu anderen Entitäten.

Zur Erklärung der EAV-Thematik werden wir uns einmal komplett von allen Aspekten der Magento-Programmierung verabschieden und uns auf die Art und Weise konzentrieren, wie die Daten in Magento strukturiert, d.h. wie die einzelnen Datenbanktabellen aufgebaut sind. Beginnen wir dazu mit den Attributen.

Attribute, Attributsets und Attributtypen

Stellen Sie sich einen Onlineshop vor, der sowohl Kochzubehör als auch Kleidung verkauft. Die Attribute *Deckeldurchmesser* und *Bundweite* sind beide der Entität *catalog_ product* zugeordnet und beschreiben damit grundsätzlich ein Produkt. Da es jedoch beispielsweise bei einem Deckel wenig Sinn ergibt, ein Attribut *Bundweite* zu pflegen, und das Attribut *Deckeldurchmesser* für eine Hose allenfalls kabarettistischen Wert hat, unterteilt man Attribute in Attributsets. Somit lassen sich einzelne Produktgruppen auseinanderhalten und sich jeweils nur die relevanten Attribute pflegen.

In Magento stehen mehrere Attributtypen zur Auswahl, mit denen Sie Produkte genau beschreiben können. Wenn Sie im Backend beispielsweise ein neues Attribut anlegen möchten, müssen Sie sich in dem entsprechenden Drop-down-Menü für eine Variante entscheiden (siehe Abbildung 3-1).

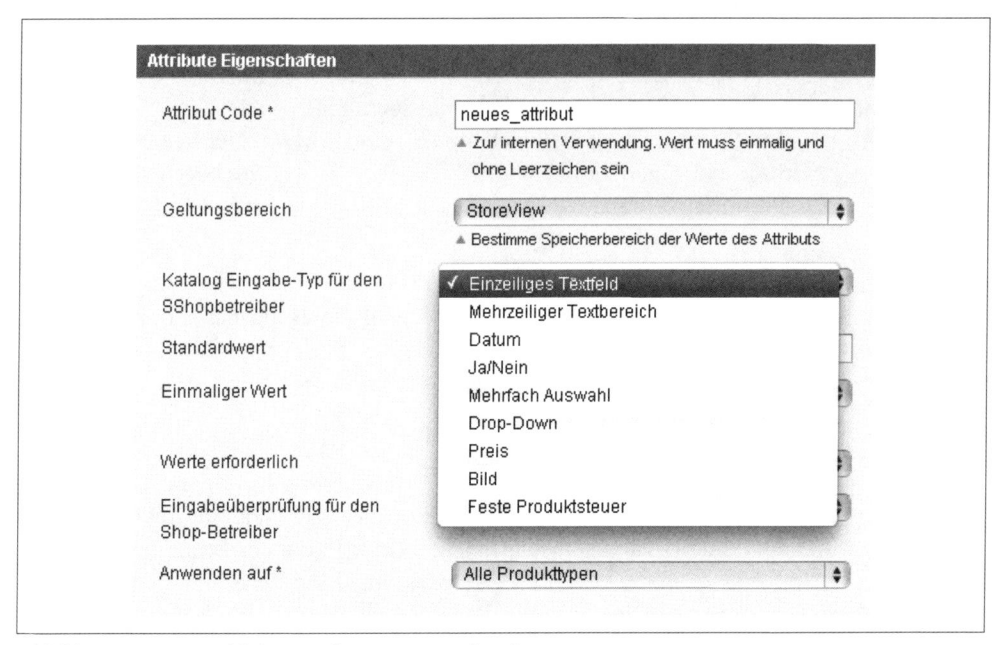

Abbildung 3-1: Auswahl des Attributtyps im Backend

Der Attributtyp hat nicht nur Einfluss darauf, wie das Attribut im Frontend des Shops, beispielsweise zur Filternavigation, verwendet werden kann. Wie Sie in den »EAV-Tabellen«, auf Seite 51 sehen werden, bestimmt der Attributtyp auch die Datenbanktabelle, in der die jeweiligen Attributinformationen abgelegt werden.

Attributwerte

Ein Attribut ergibt aber nur dann wirklich einen Sinn, wenn ihm ein Attributwert zugewiesen wird, der im Frontend angezeigt und beispielsweise für das Filtern von Produkten verwendet werden kann. Diese Attributswerte werden ebenfalls im EAV-System gespeichert und mithilfe verschiedener JOINs im Frontend angezeigt.

Eine auf den ersten Blick möglicherweise zunächst verwirrende, bei näherer Betrachtung jedoch äußerst sinnvolle und praktische Eigenschaft von Attributwerten ist es, dass sie sich den sogenannten *Geltungsbereichen* (*scopes*) von Magento zuordnen lassen. Diese

Geltungsbereiche, in denen sich letztlich Magentos Multishop-Fähigkeit manifestiert, lauten *Global*, *Website* und *StoreView* und sollen kurz umrissen werden. (In der Shopverwaltung wird Ihnen an einigen Stellen noch die Hierarchieebene *Store* begegnen, die unterhalb der Website angesiedelt ist. Da ein Store jedoch letztlich nur zur Darstellung einer Root-Kategorie dient und es auch keine Store-spezifischen Attribute gibt, haben wir diese Stufe in der folgenden Diskussion nicht berücksichtigt.)

Global

> Es steckt schon im Namen: Dieser Geltungsbereich repräsentiert in Magento die oberste Hierarchiestufe, d.h. Website und StoreView sind *Global* untergeordnet. Attributwerte, die auf der *Global*-Ebene angelegt sind, gelten für die gesamte Magento-Installation. Ein gutes Beispiel für ein globales Attribut – oder genauer gesagt ein Attribut, das einen globalen Attributwert trägt – ist die SKU, also die eindeutige Artikelnummer innerhalb des Produktkatalogs. Jede SKU ist eindeutig und gilt für die gesamte Magento-Instanz.

Website

> Die nächste Hierarchiestufe innerhalb der Magento-Geltungsbereiche bezeichnet man mit *Website*. Ganz im Sinne der angesprochenen Multishop-Fähigkeit lässt sich in Magento eine beliebige Anzahl von Websites anlegen, mit deren Hilfe Shopbetreiber ihr Angebot weiter strukturieren können. Eine der wichtigsten Eigenschaften des Geltungsbereichs *Website* ist die Tatsache, dass alle Stores, die einer Website zugeordnet sind, sich denselben Warenkorb teilen. Aus diesem Grund ist es auch wenig überraschend, dass Attribute wie Preis und Steuerklasse auf *Website*-Ebene angelegt werden – stellen Sie sich das heillose Durcheinander vor, dass entstünde, wenn jeder Store bzw. StoreView einen eigenen Preis für dasselbe Produkt erhielte und diese im Warenkorb kollidieren würden!

StoreView

> Ganz unten in der Hierarchie der Geltungsbereiche steht Ihnen der *StoreView* zur Verfügung. Der Name impliziert es bereits, auf dieser Ebene geht es in erster Linie darum, Attribute zu versammeln, die in ihrer Gesamtheit die jeweilige *Sicht* auf einen Store ergeben. Klassischerweise setzt man unterschiedliche *StoreViews* dazu ein, verschiedene Sprachen zu realisieren. Ganz in diesem Sinne sind demnach alle Attribute, die von unterschiedlichen Spracheinstellungen betroffen sind, als *StoreView*-Attribute innerhalb von Magento konzipiert. Dazu gehören also beispielsweise die Attribute *Produktname* und *-beschreibung*, die je nach Sprachkontext andere Attributwerte annehmen können.

Sie können unschwer erkennen, wie wichtig es bei der Planung eines konkreten E-Commerce-Projekts und der Erstellung eigener Extensions ist, sich Gedanken darüber zu machen, mit welchem Geltungsbereich die jeweiligen Attribute verknüpft sind.

Datenbankstruktur

Stellen Sie sich der Einfachheit halber ein Produkt vor, das nur aus drei Eigenschaften besteht: dem Produktnamen, einer Artikelnummer und einem Bild. Wenn Sie dies klassisch in einer Datenbanktabelle abbilden müssten, würden Sie wahrscheinlich eine Tabelle *products* erstellen, die für jede Eigenschaft eine Spalte besitzt. Diese Tabelle könnte so aussehen wie die in Tabelle 3-1.

Tabelle 3-1: Eine einfache Produkttabelle

Interne ID	Produktname	Artikelnummer	Bild
1	Kochtopf »Hubertus«	DG123	images/dg.jpg
2	Kochmütze	ST01-1	images/st.jpg

So einfach ist die Welt des E-Commerce jedoch auf Dauer nicht: Ein Produkt wird in Wirklichkeit von einer ganzen Reihe von Attributen beschrieben, die sich im Lauf der Zeit durchaus auch ändern können. Falls das erwähnte Beispielprodukt ein Kochtopf ist, möchte ein Shopbetreiber sicherlich auch Eigenschaften wie Material, Durchmesser usw. angeben. Und sollte er sich dazu entschließen, in seinem Onlineshop für Kochzubehör aus irgendeinem Grund auch Kleidung zu verkaufen, wären wiederum neue Attribute gefordert. Um dies in der in Tabelle 3-1 gezeigten Tabelle abbilden zu können, müsste für jedes weitere Attribut eine neue Datenbankspalte hinzugefügt werden. Diese Art der Tabellenstruktur wird allgemein als *Flat Tables (flache Tabellen)* bezeichnet. Man kann sich leicht ausrechnen, dass diese Form in kurzer Zeit zu einer schwer administrierbaren Tabelle führen würde, die Dutzende, wenn nicht sogar Hunderte von Spalten enthielte.

Um das zu vermeiden, wird entsprechend dem EAV-Modell die flache Tabelle in mehrere Tabellen aufgespalten. Die *products*-Entität kann somit unendlich viele Attribute besitzen, ohne dass eine Tabelle horizontal immer weiter wächst. Um neue Attribute hinzuzufügen, müssen nur neue Einträge in die entsprechenden EAV-Tabellen geschrieben werden, die Grundstruktur der Tabellen ändert sich nicht.

Vereinfacht sähe die Struktur aus, wie in Tabelle 3-2 dargestellt. Die Entitätstabelle enthält nur sehr wenige Daten, im einfachsten Fall nur die *entity_id*:

Tabelle 3-2: Eine EAV-Entitätstabelle: Attribute und Werte werden in eigene Tabellen ausgelagert.

entity_id	attribute_set_id	parent_id
1	1	1
2	1	0

In diesem Beispiel wird sowohl dem Kochtopf als auch der Kochmütze eine *entity_id* zugewiesen, die das Produkt eindeutig beschreibt. In einer eigenen Attributtabelle werden alle Attribute gespeichert, wie in Tabelle 3-3 zu sehen. Kommt ein neues Attribut hinzu, wird es als eigene Zeile (*Row*) unten angehängt.

Tabelle 3-3: Die EAV-Attributtabelle

Attribut-ID	Attributname
1	Produktname
2	Bild

Der Vorteil dieser Anordnung liegt auf der Hand: Werden im Laufe des Shoplebens neue Attribute erforderlich, werden diese einfach als neue Datensätze gespeichert. An der grundlegenden Struktur der Tabelle – wie es in Tabelle 3-1 erforderlich gewesen wäre – ändert sich nichts.

Fehlen nur noch die entsprechenden Attributswerte. Wie man sich mittlerweile leicht ausrechnen können dürfte, geschieht dies über eine dritte Tabelle (siehe Tabelle 3-4).

Tabelle 3-4: Die Attribute-Value-Tabelle

Value-ID	Entity-ID	Attribut-ID	Value-Wert
1	1	1	Kochtopf »Hubertus«
2	2	1	Kochmütze
3	1	2	images/dg.jpg
4	2	2	images/st.jpg

Über die Entity-ID und die Attribut-ID ist jeder Wert einer eindeutigen Entität zuzuweisen. Auch hier finden Sie das oben vorgestellte flexible Prinzip wieder: Wenn bedingt durch hinzukommende Attribute neue Attributswerte gespeichert werden müssen, werden sie einfach als neue Datensätze gespeichert. An dieser Stelle wird ebenfalls keine Änderung der Tabellenstruktur nötig.

Flat Tables vs. EAV -Tabellen

So viel Flexibilität hat jedoch auch leider seinen Preis: Um im Frontend Produkte darstellen zu können, müssen die Daten über eine Reihe von JOINs erst aus den ganzen Tabellen gesammelt werden. Gerade auf Seiten, bei denen eine Reihe von Produkten ausgegeben wird, wie beispielsweise auf der Kategorieseite oder bei Suchergebnissen, stellt dies hohe Anforderungen an die Leistungsfähigkeit der Datenbank und der gesamten Serverhardware.

In der Tabellenvariante, mit der wir diesen Abschnitt begonnen haben, würde nur eine einzelne Tabellenzeile ausgelesen werden müssen, um sämtliche Produktinformationen abrufen zu können.

Nach diesem etwas vereinfachten Beispiel möchten wir Ihnen zum Abschluss unserer kleinen Datenbankexkursion vorstellen, wie das EAV-Modell von Magento angewendet wird. Eine erschöpfende Diskussion jeder einzelnen Tabelle der Datenbankstruktur würde mit Sicherheit den Rahmen dieses Buchs sprengen, wir beschränken uns aus diesem Grund lediglich auf die grundlegenden Funktionalitäten.

Öffnen Sie zunächst das MySQL-Verwaltungstool Ihrer Wahl – es reicht auch das PHP-basierte und frei verfügbare phpMyAdmin – und sehen Sie sich die Datenbank Ihrer Magento-Testinstallation an. Keine Angst, wenn Sie diese Struktur, die Sie nun vor Augen haben, auf den ersten Blick als verwirrend und zu komplex empfinden: Mit dem Grundprinzip, das Sie eben kennengelernt haben, wird es Ihnen wesentlich leichter fallen, sich zu orientieren. Im Folgenden möchten wir Sie auf einige spezielle Tabellen aufmerksam machen.

EAV-Tabellen

Zunächst stellen wir Ihnen die Tabellen vor, die grundsätzlich das Attributsystem von Magento bilden. In der Tabelle *eav_entity_type* werden alle Entität-Arten definiert, die in der Magento-Applikation vorhanden sind, wie beispielsweise *customer* (Kunde), *order* (Bestellung), *catalog_category* (Kategorie) und *catalog_product* (Produkt). Neben dem eindeutigen Code (*entity_type_code*), dem zugehörigen Model (*entity_model*) und dem entsprechenden Attribut-Model (*attribute_model*) ist auch noch die zugehörige Entitäts-tabelle (*entity_table*) von Bedeutung. Möchten Sie also bei der Konzeptionierung und der späteren Entwicklung eigener Extensions wissen, welche Entitäten von Magento überhaupt benutzt werden, sei Ihnen ein Blick in diese Tabelle sehr ans Herz gelegt (siehe Abbildung 3-2).

Eine Liste aller in Magento verfügbaren Attribute stellt die Tabelle *eav_attribute* dar. In einer Standardinstallation sind bereits mehrere Hundert Attribute vorhanden, die die Magento-Objekte näher beschreiben, diesen damit also zugeordnet sind. Wichtig in dieser Tabelle sind zum einen die Spalten *attribute_id* und *attribute_code*. Die *attribute_id* ist global einzigartig, der Attribut-Code ist innerhalb einer Entität einzigartig. Das bedeutet zum Beispiel, dass es viele Attribute mit dem Code *description* geben kann, aber nur in Verbindung mit unterschiedlichen Entitäten. Mithilfe der Attribut-ID oder der Kombination aus Entity-Code und Attribut-Code lassen sich also alle Attribute eindeutig identifizieren.

Die Verknüpfung von Attributen mit Entitäten findet durch die Spalte *entity_type_id* statt, die einen Fremdschlüssel zu der oben beschriebenen *eav_entity_type*-Tabelle enthält. Die Attribute *firstname* und *lastname* beispielsweise sind der *entity_type_id* 1 zugeordnet, was dem Objekt *customer* entspricht. Analog dazu gehören die Attribute *street* und *city* zu *customer_address* und *price* und *sku* zu *catalog_product*.

Sie haben gesehen, wie die Entitäten *(E)* gespeichert und die Attribute *(A)* abgelegt sind, es fehlen also nur doch die Attributwerte *(V)*, um das EAV-Modell zu vervollständigen.

entity_type_code	entity_model	attribute_model	entity_table
customer	customer/customer		customer/entity
customer_address	customer/customer_address		customer/address_entity
catalog_category	catalog/category	catalog/resource_eav_attribute	catalog/category
catalog_product	catalog/product	catalog/resource_eav_attribute	catalog/product
quote	sales/quote		sales/quote
quote_item	sales/quote_item		sales/quote_item
quote_address	sales/quote_address		sales/quote_address
quote_address_item	sales/quote_address_item		sales/quote_entity
quote_address_rate	sales/quote_address_rate		sales/quote_entity
quote_payment	sales/quote_payment		sales/quote_entity
order	sales/order		sales/order
order_address	sales/order_address		sales/order_entity
order_item	sales/order_item		sales/order_entity
order_payment	sales/order_payment		sales/order_entity
order_status_history	sales/order_status_history		sales/order_entity
invoice	sales/order_invoice		sales/order_entity
invoice_item	sales/order_invoice_item		sales/order_entity
invoice_comment	sales/order_invoice_comment		sales/order_entity
shipment	sales/order_shipment		sales/order_entity
shipment_item	sales/order_shipment_item		sales/order_entity
shipment_comment	sales/order_shipment_comment		sales/order_entity
shipment_track	sales/order_shipment_track		sales/order_entity
creditmemo	sales/order_creditmemo		sales/order_entity
creditmemo_item	sales/order_creditmemo_item		sales/order_entity
creditmemo_comment	sales/order_creditmemo_comment		sales/order_entity

Abbildung 3-2: Auflistung der Entitätstypen aus eav_entity_type

Für Attribute vom Typ *Select* und *Multiselect* werden die möglichen Werte in den zwei Tabellen *eav_attribute_option* und *eav_attribute_option_value* gespeichert. In den zuvor genannten Value-Tabellen wird dann die jeweilige ID abgelegt.

In der Tabelle *eav_attribute_option* ist zum einen die Spalte *option_id* zu finden, in der eine eindeutige Options-ID jede Option identifiziert. Zum zweiten sorgen die Einträge in der Spalte *attribut_id* dafür, dass die Optionswerte mit ihren zugehörigen Attributen verknüpft werden; hier finden sich also die Fremdschlüssel zu der oben besprochenen Tabelle *eav_attribute*. Die ersten beiden Einträge in dieser Tabelle mit den Option-IDs *1* und *2* sind beide dem Attribut *32* – *gender* – zugeordnet. Die eigentlichen Werte für die Optionen werden in der nächsten Tabelle gespeichert.

In der Tabelle *eav_attribute_option_value* verstecken sich die einzelnen Werte der Optionen, die in der zuvor beschriebenen Tabelle *eav_attribute_option* lediglich durch eine ID angedeutet wurden. Die Spalte *option_id* ist ein Fremdschlüssel auf *eav_attribute_option*, womit die Verknüpfung zwischen Option und dem Optionswert vollzogen ist. Bei dem oben beschriebenen Fall des Attributs *gender* findet in dieser Tabelle die Zuordnung *1 Male* und *2 Female* statt.

Die Tabelle *eav_attribute_sets* hat im eigentlichen Sinn nichts mit der Zuordnung von Entitäten, Attributen und Values untereinander zu tun, sondern sorgt vielmehr für eine Ordnung der Attribute. Wie Sie bereits festgestellt haben, können Attribute mittels des EAV-Modells ihren jeweiligen Entitäten zugeordnet werden. Durch die Zuordnung von Attributen zu Attributsets können diese nochmals in Untergruppen sortiert zusammengefasst werden. Mittels der Spalte *attribute_set_id* erhält jedes Attributset eine eindeutige ID und wird über einen Fremdschlüssel in der Spalte *entity_type_id* mit einem Entitätstyp verknüpft. Last, but not least kann ein Attributset benannt werden, wobei dieser Name in der Spalte *attribute_set_name* seinen Platz findet und letztlich dazu dient, die Benutzung im Admin-Panel zu vereinfachen. Zum Glück muss im Magento-Alltag nur in Ausnahmefällen direkt mit der Datenbank gearbeitet werden. In den meisten Fällen ist es völlig ausreichend, einfach einen Wert für ein Model zu setzen und die save()-Methode aufzurufen. Magento weiß aufgrund der (allerdings komplexen) Konfigurationsdaten in den eben besprochenen Tabellen dann genau, was zu tun ist.

Zum Schluss dieses Abschnitts möchten wir Ihnen das Beschriebene anhand des Diagramms Abbildung 3-3 verdeutlichen.

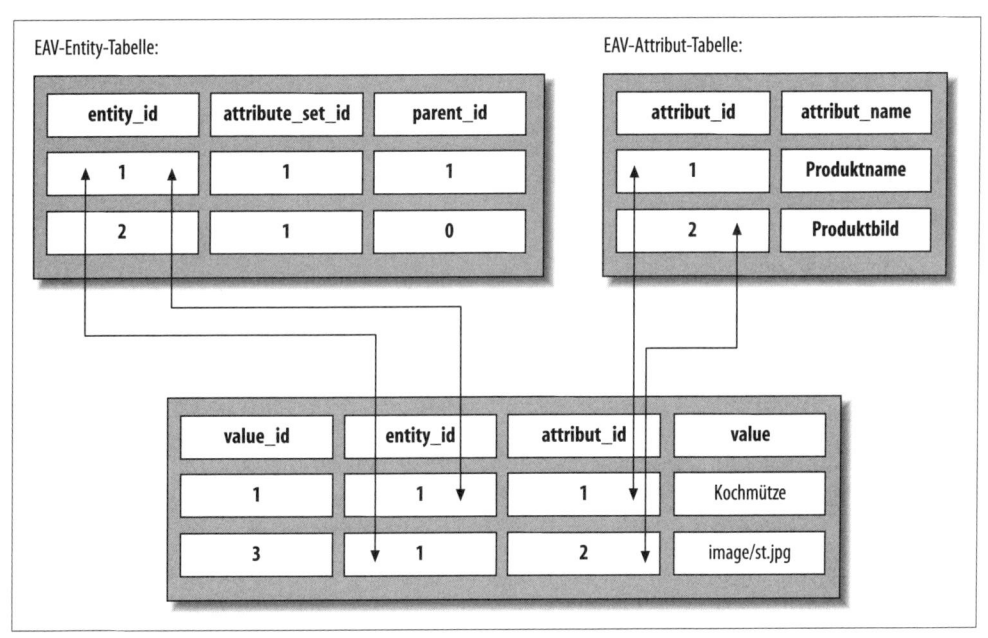

Abbildung 3-3: Das EAV-Prinzip in Magento

Im nächsten Abschnitt werden wir die sogenannten Tabellensets oder Tabellen-Collections besprechen, die die weiter oben bereits kurz angeschnittenen Entitätstabellen repräsentieren.

Tabellensets

Haben wir uns bisher in puncto Datenbankstruktur haupsächlich mit der Frage beschäftigt, wo und wie Entitäten und Attribute definiert werden, geht es in diesem Abschnitt darum, wie die einzelnen Entitäten selbst gespeichert werden.

Bei der Besprechung der Tabelle *eav_entity_type* ist unter anderem die Spalte *entity_table* in den Vordergrund gerückt, die darüber Auskunft gibt, wo die Entitäten gespeichert sind. Tauscht man bei den gespeicherten Werten den Schrägstrich gegen einen Unterstrich aus und hängt das Suffix *_entity* an, erhalten Sie den gewünschten Tabellennamen. (Magento selbst macht das nicht so, sondern benutzt die Informationen, um über die *config.xml*-Datei den Namen der Tabelle nachzuschlagen. In der Praxis funktioniert dieser einfachere Weg jedoch sehr gut.) Bei der Entität *catalog_product*, die wir im Folgenden exemplarisch diskutieren möchten, lautet dieser folgerichtig *catalog_product_entity*. Damit ist eindeutig die Tabelle – um genauer zu sein, sogar ein ganzes Tabellenset – referenziert, das Sie jetzt kennenlernen werden.

Alle in Magento gespeicherten Produkte sind in der Tabelle *catalog_product_entity* gespeichert. Sie enthält zahlreiche Verweise auf die anderen, oben beschriebenen EAV-Tabellen und entspricht der vereinfachten Tabelle 3-1, die wir zum Ausgangspunkt unserer Reise durch die EAV-Datenstruktur erklärt haben.

Jedes Produkt ist durch eine eindeutige *entity_id* und eine *sku (Stock Keeping Unit, Lagerhaltungseinheit)* gekennzeichnet, wobei Erstere automatisch fortlaufend vom System vergeben und Letztere im Magento-Backend pro Produkt beim Anlegen angegeben wird. Außerdem enthält die Tabelle mittels Fremdschlüsseln Verweise auf die Tabellen *eav_entity_type* und *eav_attribute_set*, sodass jede hier gespeicherte Entität unmissverständlich zum einen als *catalog_product* identifiziert und zum anderen einem Attributset zugeordnet werden kann.

Wahrscheinlich stellen Sie sich nun die Frage, was mit all den anderen Attributen geschieht, die wie gesehen im EAV-Kontext ihren Platz finden. Als Attribut ist die *sku* sicherlich nicht abendfüllend. Magento wäre aber nicht Magento, wenn es nicht noch eine zusätzliche Komplexitätsstufe für Sie bereithielte: die Tabellensets. Die Magento-Datenbankstruktur sieht nämlich vor, dass für jeden Attributtyp eine eigene Tabelle vorgehalten wird:

- *catalog_product_entity_datetime*
- *catalog_product_entity_decimal*
- *catalog_product_entity_gallery*
- *catalog_product_entity_int*

- *catalog_product_entity_media_gallery*
- *catalog_product_entity_media_gallery_value*
- *catalog_product_entity_text*
- *catalog_product_entity_tier_price*
- *catalog_product_entity_tier_price_value*
- *catalog_product_entity_varchar*

Eine EAV-Entität wird demnach immer von seiner Grundtabelle nur grob beschrieben – in unserem Fall von der *catalog_product_entity*. Zusätzlich werden Attributtypen in den jeweiligen entsprechend benannten Tabellen zusammengefasst, die in der Summe das Tabellenset bilden. Während der Erläuterung der Attributtypen im Abschnitt »Attribute, Attributsets und Attributtypen«, auf Seite 46 haben wir bereits darauf hingewiesen, dass sich jedes Attribut durch einen bestimmten Datentyp beschreiben lässt. Anhand dieser Auflistung der Tabellen lässt sich sehr einfach folgern, wohin Attribute vom Typ *Datum*, *Integer*, *Varchar* oder *Text* gespeichert werden.

Nach der Diskussion des EAV-Modells und wie es in Magentos Datenbankstruktur repräsentiert ist, wenden wir uns nun den eigentlichen Hauptdarstellern dieses Kapitels zu: den Models und den Resource-Models.

Models

In der Diskussion des MVC-Patterns in Kapitel 1 sind Ihnen Models bereits begegnet. Es handelt sich dabei um Objekte, die für die Datenverarbeitung in Magento zuständig sind. In den folgenden Abschnitten gehen wir genauer darauf ein, wie diese Models aufgebaut sind, welche Vererbungshierarchie sich hinter ihnen verbirgt und welche wichtigen Methdoden im Magento-Alltag zum Einsatz kommen.

Abstrakte Model-Klassen und Vererbung

Jedes Model-Objekt in Magento, das Daten lädt und speichert, erbt die Eigenschaften von Mage_Core_Model_Abstract, einer abstrakten Klasse, die die grundlegenden Eigenschaften jedes Model-Objekts beschreibt. Egal ob Produkt, Kunde oder Bestellung, all diese Models vererben diese Klasse. Im folgenden Beispiel sehen Sie, wie sich ein spezielles Model von der zugrunde liegenden abstraken Model-Klasse ableitet:

```
class Mage_Customer_Model_Customer extends Mage_Core_Model_Abstract {
}
```

Das Model Mage_Customer_Model_Customer beinhaltet Methoden, die zur Verarbeitung von kundenbezogenen Daten in Magento dienen. Es erbt mithilfe der Ableitung die Methoden der abstrakten Klasse und erweitert diese für den jeweiligen speziellen Einsatzbereich. Wie Sie sich sicherlich noch erinnern können, ist diese Art der Ableitung auch eine Methode zur Erstellung eigener Extensions (siehe Kapitel 2).

In der Magento-Verzeichnisstruktur haben Models einen durch Konventionen festgelegten Platz: Innerhalb eines Moduls werden sie im */Module/*-Verzeichnis abgelegt.

Der Ursprung des Magento-Model-Objekts

In der Objekthierarchie steht die Klasse `Mage_Core_Model_Abstract` nicht an oberster Stelle. Über ihr steht `Varien_Object` mit weiteren Eigenschaften, die von vielen Objekten in Magento vererbt wird. Die Klasse `Varien_Object` ist im Verzeichnis in *lib/Varien/Object.php* zu finden.

Die Magie von Varien_Object

Weiter oben in diesem Kapitel war die Rede von Attributen, die einem Objekttyp flexibel hinzugefügt werden können, ohne etwas am Sourcecode ändern zu müssen. Wie kann man aber auf Attributwerte eines Objekts zugreifen, wenn gar keine Getter-Methode existiert?

Die in Magento implementierte Lösung sind *magische* Funktionen in PHP: Beim Aufruf einer nicht existenten Methode wird die magische Funktion `__call` aufgerufen. Diese Funktion erhält den Namen der aufgerufenen Methode und die mitgeschickten Argumente. Fängt der Name mit set oder get an, weiß die magische Methode, was zu tun ist. Der Rest des Methodennamens wird nach einem bestimmten Schema übersetzt, um eine Zuordnung zum gewünschten Attribut herzustellen:

```
// Setzen des Attributs height mittels des magic Setters.
$product->setHeight(2.3);

// Auslesen des Attributs height mittels des magic Getters.
echo $product->getHeight();
```

Das Verwenden dieser Getter- und Setter-Methoden ist also im Grunde nur eine alternative Schreibweise für `getData()`- und `setData()`-Methodenaufrufe. Oben genanntes Beispiel ließe sich auch so schreiben:

```
// Setzen des height-Attributs
$product->setData('height', 2.3);

// Auslesen des height-Attributs
echo $product->getData('height');
```

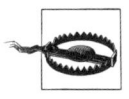 Wichtig in diesem Zusammenhang ist die korrekte Schreibweise im sogenannten *CamelCase*: Enthält das der Methode übergebene Attribut einen Unterstrich, also beispielsweise *number_rooms*, heißt die korrekte Getter-Methode `getNumberRooms()`. Jedes neue mit einem Unterstrich abgetrennte Wort beginnt also mit einem Großbuchstaben, der Unterstrich entfällt!

Die magische Methode __call deckt außerdem noch Funktionsaufrufe der Form has*
und uns* ab:

```
// Wenn kein Attributwert gesetzt ist,
if (!$product->hasMeinNeuesAttribut()) {
    // wird ein Wert gesetzt.
    $product->setMeinNeuesAttribut(1);
}
// Dies erzeugt die Ausgabe 1.
echo $product->getMeinNeuesAttribut();

// Dies entfernt den Attributwert.
$product->unsMeinNeuesAttribut();
```

Schaut man sich die Methode Varien_Object::__call an, sieht man, dass trotz des ein-
schüchternden Namens *magic Getter* und *Setter* auch nur mit Wasser gekocht wird. Die
eigentliche Arbeit erledigen die Methoden getData, setData oder unsetData.

Wichtige Hilfsmethoden

Neben der magischen Methode bietet Varien_Object einige sehr wichtige und hilfreiche
Methoden, die wir in der folgenden Liste zusammengefasst haben:

addData(array $arr)
Schreibt alle Felder aus dem assoziativen Array $arr in entsprechende Attribute.
Dabei werden Attribute auf dem Objekt, die nicht in dem Array $arr vorkommen,
erhalten.

setData(array $arr)
Ersetzt alle Attribute des Objekts mit den Werten aus $arr. Dabei werden auch Attri-
bute, die nicht in $arr vorkommen, gelöscht.

setData($key, $value)
Schreibt $value in das Attribut $key.

getData($key)
Gibt den Attributwert des Attributs $key zurück.

getData()
Gibt alle Attribute des Objekts als assoziatives Array zurück.

toArray(array $arrAttributes)
Gibt ein Array mit allen Objektattributen aus $arrAttributes zurück.

toJson(array $arrAttributes)
Gibt die Rückgabe von toArray als im Json codierten String zurück.

toString(array $arrAttributes, $valueSeparator)
Gibt die Rückgabe von toArray als String zurück.

toXml(array $arrAttributes)
Gibt die Rückgabe von toArray als XML zurück.

Die Modulfabrik von Magento

Bis auf wenige Ausnahmen wird man in Magento keine Stelle finden, an der ein Model-Objekt direkt mit new instantiiert wird. Stattdessen wird eine statische Methode der Klasse Mage aufgerufen:

```
// So wird ein Produktobjekt erzeugt.
$product = Mage::getModel('catalog/product');
// Produkt mit der ID 1 laden
$product->load(1);
```

Diese Vorgehensweise ist als *Factory-Pattern* bekannt. Anstelle des Klassennamens wird der Factory ein String übergeben. Im Beispiel ist dieser String catalog/product und bezieht sich auf die Klasse Mage_Catalog_Model_Product im Modul *Catalog*. Beim Aufruf erzeugt Magento aber nicht direkt ein Objekt der Klasse aus dem Magento-Core, sondern schaut in der Konfiguration nach einem Rewrite auf catalog/product. Ein Rewrite überschreibt die Standardkonfiguration und ermöglicht das Laden einer anderen Klasse, die die Rolle von catalog/product einnimmt.

Wenn Sie Modifikationen an einer Klasse in Magento vornehmen wollen, dessen Objekte mithilfe der Factory erzeugt werden, ist das Verwenden von Rewrites der eleganteste Weg. Erstellen Sie einfach eine eigene Klasse, die von der Klasse im Magento-Core abgeleitet ist. In dieser neuen Klasse können Sie Methoden überladen und neue Methoden hinzufügen, wobei Sie die Coderedundanz minimal halten.

In manchen Fällen macht ist es sinnvoll, dass nur genau ein Objekt eines bestimmten Typs erzeugt wird, beispielsweise bei der Kunden-Session. Hierfür wird die Methode Mage::getSingleton() verwendet. Sie sorgt dafür, dass beim ersten Zugriff ein Objekt eines bestimmten Typs erzeugt wird und beim nächsten Aufruf eine Referenz auf das bereits erzeugte Objekt zurückgegeben wird. Dies erinnert an das Singleton-Pattern, jedoch ist das Erzeugen weiterer Objekte weiterhin durch Mage::getModel() möglich. Verwenden Sie Singletons nur mit Bedacht, da durch jedes Singleton eine globale Variable erzeugt wird.

Der PHP include_path

Der Magento-Include-Pfad beinhaltet die folgenden Verzeichnisse:

1. *app/code/local,*
2. *app/code/community,*
3. *app/code/core*
4. *lib*

Wenn eine Datei eingebunden werden soll, durchsucht PHP in dieser Reihenfolge die Verzeichnisse nach der Datei. Dabei können Klassendefinitionen von einer höheren Ebene überschrieben werden. Legt man im */community-/local*-Pfad eine Klasse namens

`Mage_Catalog_Model_Product` an, wird PHP diese Klasse statt der aus dem */core*-Verzeichnis laden. Dieses Prinzip haben Sie bereits in Kapitel 1 bei der Diskussion der Code-Pools kennengelernt.

Zum Anpassen und Erweitern von Magento ist diese Vorgehensweise nicht empfehlenswert, da durch das Kopieren von ganzen Klassen viel redundanter Code entsteht. Änderungen nach Upgrades müssen manuell integriert werden. Benutzen Sie also besser Rewrites.

Für alle Klassen, von denen nicht direkt ein Objekt erzeugt wird, ist diese Möglichkeit unter Umständen nützlich. Anstatt jede Ausprägung einer Klasse mit Rewrites zu erweitern, können Sie die Elternklasse so direkt überlagern. Jedoch sollte dies wie bereits gesagt vermieden werden, da bei Upgrades und beim Installieren von Zusatzmodulen viel wahrscheinlicher Probleme auftreten können.

Collections

Allgemein formuliert, versteht man unter Collections PHP-Objekte, die mehrere verschiedene Model-Instanzen von Magento beinhalten. Collections wurden in Magento eingeführt, um trotz des EAV-Models der Datenbank einfach mit Datensammlungen arbeiten zu können. Anstatt Datensätze mit dem SQL-Befehl `SELECT` aus einer flachen Tabelle zu sammeln, benutzt man in Magento Collections.

Collections implementieren sowohl das *IteratorAggregate*- als auch das *Countable*-Interface. Damit lassen sich Collections komfortabel in *foreach()*-Schleifen verwenden. Vereinfacht gesagt, kann man sich unter einer Collection auch ein Array vorstellen, an dem noch Methoden angehängt sind.

Ein Collection-Objekt lässt sich sehr einfach mithilfe eines Models erzeugen. Um beispielsweise eine Collection von Product-Models zu bekommen, nutzen Sie `Mage::getModel('catalog/product')->getCollection();`

Diese Listen können über Parameter gesteuert werden und funktionieren damit ähnlich wie SQL-Abfragen, ohne dass Sie tatsächliches SQL schreiben müssen. Dieses Vorgehen wäre wegen Magentos komplexer Datenbankstruktur häufig sowieso sehr aufwendig. Bitte sehen Sie sich das folgende Beispiel an:

```
$model = Mage::getModel('catalog/product');
$collection = $model->getCollection();
$collection->addAttributeToSelect('name');
$collection->load();
```

Als Erstes instantiieren Sie hier hier ein *Catalog_Product*-Model und rufen seine Methode `getCollection()` auf. Dann spezifizieren Sie über `addAttributeToSelect()` diejenigen Attribute, die Sie gern in Ihrem Ergebnis sehen möchten; tun Sie das nicht, enthalten die Models in der Collection nur die Entity-ID. Dieser Schritt entspricht dem Angeben der gewünschten Tabellenspalten bei einem SQL-Query, z.B. `SELECT `entity_id`, `name`` `FROM ...`

Bisher wurden keine Entität-Daten aus der Datenbank in die Collection geladen. Erst über die Methode `load()` erzeugt die Collection dann das nötige SQL und sammelt die gewünschten Daten aus der Datenbank. Nun steht die Collection wie ein Array zur Verfügung, über das Sie beispielsweise in einem Template folgendermaßen Weise iterieren können:

```
<ul>
<?php foreach($collection as $product) : ?>
    <li><?php echo $product->getName() ?></li>
<?php endforeach; ?>
</ul>
```

Auf diese Weise lässt sich sehr leicht eine Liste aller Produktnamen generieren, die in Ihrer Magento-Installation gespeichert sind.

Vielleicht haben Sie sich schon gefragt, warum die gewünschten Attribute einzeln angegeben werden müssen und nicht einfach immer alle Attribute geladen werden. Da eine Entität dank der EAV-Struktur der Datenbank über viele Tabellen verstreut gespeichert sein kann, bedeutet jedes zusätzliche Attribut ein bis zwei Tabellen-JOINs. Damit Magento keine unnötigen Ressourcen verbraucht, sollten Sie also möglichst immer nur die Attribute laden, die Sie wirklich brauchen. Sollten Sie trotzdem einfach alle Attribute einer Entität laden wollen, können Sie `addAttributeToSelect('*')` benutzen (analog zu `SELECT * FROM ...`).

In diesem Zusammenhang möchten wir noch eine alternative Schreibweise vorstellen, die Ihnen vielleicht schon bei Streifzügen durch den Magento-Code oder im Zend Framework begegnet ist. Das erste Codebeispiel dieses Abschnitts lässt sich auch wie folgt darstellen:

```
$model = Mage::getModel('catalog/product')
    ->getCollection()
    ->addAttributeToSelect('name')
    ->load();
```

Laut Magento-Konvention geben alle Methoden, die keine Getter sind, $this als Rückgabewert zurück. Damit können direkt weitere Methoden des Objekts aufgerufen werden. Diese Schreibweise wird *Method Chaining*, also Methodenverkettung, genannt.

Sortieren

Da mit Collections häufig Daten für eine Listenansicht gewonnen werden, ist es wichtig, die Reihenfolge bestimmen zu können. Im folgenden Beispiel sortieren Sie eine Collection anhand des Attributs name alphabetisch in absteigender Reihenfolge:

```
$collection->setOrder('name','DESC');
```

Falls erforderlich, können Sie auch nach mehr als einem Attribut sortieren lassen. Dazu verwenden Sie einfach die entsprechenden Methoden hintereinander und können so beispielsweise erst nach Name und dann nach Preis sortieren:

```
$collection->setOrder('name','DESC');
$collection->setOrder('price','ASC');
```

Eventuell begegnet Ihnen in Magento auch mal die alternative Schreibweise `addAttribu-teToSort()`.

Filtern

Häufig muss nach einem bestimmten Attribut gefiltert werden. Hier wird wieder die Nähe zur SQL-Syntax deutlich, die ja auf ganz ähnliche Weise mit WHERE-Bedingungen arbeitet. Die einfachste Art zu filtern ist, alle Entitäten zu sammeln, bei denen ein Attribut einem bestimmten Wert entspricht. Zum Beispiel erhalten Sie alle konfigurierbaren Produkte in einer Collection wie folgt:

```
$collection->addFieldToFilter('type_id', 'configurable');
```

Im folgenden Beispiel filtern Sie Ihre Collection, sodass nur diejenigen Produkte gesammelt werden, die mit dem Buchstaben T beginnen:

```
$collection->addFieldToFilter(array(
    array('attribute'=>'name','like'=>'T%'),
));
```

Damit des Filterns aber noch lange nicht genug. Soll eine UND-Verknüpfung zwischen mehreren Bedingungen erzeugt werden, lässt sich das ebenfalls sehr einfach realisieren, indem Sie beide Filter hintereinander definieren. Im folgenden Beispiel werden sich alle Produkte in Ihrer Collection befinden, deren Namen mit einem T beginnen und deren Preis größer ist als 5 (Euro).

```
$collection->addFieldToFilter(array(
    array('attribute'=>'name','like'=>'T%'),
));
$collection->addFieldToFilter(array(
    array('attribute'=>'price','>'=>5),
));
```

Falls Ihnen mehr an einer ODER-Verknüpfung gelegen ist, kann Ihnen ebenfalls auf einfache Weise geholfen werden. Zu diesem Zweck schachteln Sie mehrere Filter-Arrays in einem Haupt-Filter-Array:

```
$collection->addFieldToFilter(array(
    array('attribute'=>'price','>'=>'5'),
    array('attribute'=>'name','like'=>'T%')
));
```

In diesem Beispiel werden alle diejenigen Produkte aus der Datenbank geholt, auf die eine der beiden Filterkonditionen zutrifft.

Wie Sie anhand dieser Beispiele sehen können, bieten Collections eine einfache, aber sehr effektive Möglichkeit, Produktlisten zu generieren und diese nach Attributen zu sortieren und zu filtern. Wenn Sie sich intensiver mit diesem Thema beschäftigen möchten, sei Ihnen ein Blick in die Klasse `Varien_Data_Collection_Db` ans Herz gelegt, die Sie in der Datei *lib/Varien/Data/Collection/Db.php* finden.

Events

In Magento gibt es Event-Handler, die auf Ereignisse reagieren und bestimmte Prozesse auslösen. Um als Publisher zu agieren, hat jedes Objekt ein Event-Präfix (Präfix für alle Ereignisnamen, die vom Objekt verschickt werden) und ein Event-Objekt (Name des Objekts, das das Ereignis veröffentlicht).

Konkrete Beispiele für Event-Codes in Magento sind `customer_login`, `catalog_product_load_after`, `sales_order_place_after` und `controller_action_layout_load_before`. Damit ein Observer auch genau an die von einem Model ausgelösten Events angehängt werden kann, werden die Präfixe als Instanzvariablen gesetzt. Das gilt ebenfalls für selbst erstellte Models:

```
class Webkochshop_Rezepte_Model_Rezept extends Mage_Core_Model_Abstract
{
    protected $_eventPrefix = 'rezept';
    protected $_eventObject = 'rezept';
}
```

Die von diesem Model generierten Events heißen nun unter anderem `rezept_load_after`, `rezept_save_before`, `rezept_save_after` und `rezept_delete_after`.

Die Möglichkeit, sich mit einem Observer an bestimmte Ereignisse zu knüpfen, kann in Magento in vielfältiger Weise genutzt werden, wie im Rezept-Teil dieses Buchs deutlich werden wird.

Resource-Model

Das Resource-Model ist die Schicht zwischen Model und Datenbank. Sie definiert, wo und in welcher Form Daten gelesen und geschrieben werden. Die Models, die Sie im vorherigen Abschnitt kennengelernt haben, enthalten keinen Code, um sie mit der Datenbank oder einer anderen Quelle zu verbinden. Dafür verfügt jedes Model, das Daten speichert oder lädt, ein Resource-Model. Dieses wiederum verfügt über zwei Datenbankressourcen: eine, die schreibend auf die Datenbank zugreift, und eine, die Daten aus der Datenbank liest. Bei der Planung der Magento-Architektur wurde also die Model-Logik von der Resource-Logik getrennt, um beispielsweise im Fall einer Modifikation der Datenschicht nicht die Models ändern zu müssen. Wird Magento mit einer anderen Datenbank als MySQL verbunden, müssen nur die Resource-Models modifiziert werden. Ebenso könnten Resource-Models implementiert werden, die die Daten mittels Textdateien oder über Webservices speichern und laden.

Persistenz

Die Daten eines Objekts müssen geladen, gespeichert und gelöscht werden können. Hierfür definiert `Mage_Core_Model_Abstract` die Methoden `load`, `save` und `delete` sowie für jede dieser drei Aktionen eine `before*`- und eine `after*`-Methode, um Prozesse unterzubringen, die jeweils vor oder nach einer der drei Aktionen durchgeführt werden sollen.

Wie und in welcher Form Objekte in Magento geladen, gespeichert und gelöscht werden, ist von der Model-Schicht abgetrennt und wird in der Resource-Model-Schicht definiert. Durch diese Trennung wird in einem Model-Objekt nur der Verweis auf das zuständige Resource-Model festgehalten.

Collections sind ebenfalls den Resource-Models zuzuordnen. Diese Resource-Model-Variante implementiert die Logik zum Arbeiten mit multiplen Datensätzen einer Entität.

Zum Abschluss dieses Kapitels werden wir Schritt für Schritt eine Extension entwickeln, in der Sie Model, Resource-Model und Collection im Einsatz sehen.

Praxisbeispiel: Eine Extension zur Verwaltung von Rezepten

Im folgenden Beispiel erstellen Sie Schritt für Schritt eine Extension, mit der Sie Rezepte in einer Magento-Umgebung verwalten können. Die Idee dahinter ist, bei den Produkten im Webkochshop passende Rezepte anzeigen zu können. Dabei wird eine Liste von Rezepten gepflegt, die über das Frontend erreichbar sein soll. Der Übersichtlichkeit halber gehen wir nur auf die wesentlichen Dinge ein; wenn Sie erfahren möchten, welche Bestandteile in einer Extension vorhanden sind bzw. sein müssen, empfehlen wir Ihnen Kapitel 2.

Legen Sie zu Beginn eine leere Extension im Code-Pool *local* an, verwenden Sie dabei den Namespace *Webkochshop* und geben Sie der Extension den Namen *Rezepte*. Im Folgenden werden wir uns also auf das Verzeichnis */app/code/local/Webkochshop/Rezepte/* innerhalb Ihrer Testinstallation konzentrieren:

Kurz zusammengefasst, sind nun die folgenden Schritte zu gehen:

1. Sie erstellen eine Route und einen zugehörigen Controller, um die *Rezepte*-Seite über das Magento-Frontend erreichen zu können.
2. Sie legen eine Datenbanktabelle für das *Rezept*-Model über ein Installationsskript an. Dabei geben Sie auch eine Setup-Resource in der *config.xml* an.
3. Das Model *Rezept* wird erstellt und in die Konfigurationsdatei *config.xml* eingebunden.
4. An dieser Stelle wird auch das Resource-Model konfiguriert.
5. Das Model wird instantiiert.
6. Sie legen eine Collection-Klasse zum Auslesen der Rezeptdaten an.

Router und Controller einrichten

Um die Dinge ins Rollen zu bringen, öffnen Sie die Konfigurationsdatei Ihrer Extension unter *app/code/local/Webkochshop/Rezepte/etc/config.xml* und tragen die folgende Route ein:

```
<!--...-->
    <frontend>
        <routers>
            <rezepte>
                <use>standard</use>
                <args>
                    <module>Webkochshop_Rezepte</module>
                    <frontName>rezepte</frontName>
                </args>
            </rezepte>
        </routers>
    </frontend>
<!--...-->
```

Als Nächstes speichern Sie den Controller unter *app/code/local/Webkochshop/Rezepte/controllers/IndexController.php*. Die Controller-Klasse selbst wird vom Core-Controller abgeleitet und mit diesem Code gefüllt:

```
<?php

class Webkochshop_Rezepte_IndexController
    extends Mage_Core_Controller_Front_Action
{
    public function testAction()
    {
        $this->getResponse()
            ->setBody('Router und Controller für Rezepte sind aktiv');
    }
}
```

Direkte Ausgaben in Controllern mittels `print()` oder echo entsprechen nicht den Magento-Konventionen. Es ist besser, den Inhalt des Response-Objekts festzulegen. Das hat den gleichen Effekt und entspricht dem erwarteten Verhalten eines Controllers. Zu Testzwecken können Sie natürlich auch mal ein echo benutzen.

Wenn Sie nun die Adresse *http://webkochshop.de/rezepte/index/test/* aufrufen, sollten Sie eine Erfolgsmeldung sehen können – Router und Controller unseres Models funktionieren also.

 Denken Sie vor dem Aufruf unbedingt daran, den Magento-Cache zu aktualisieren, falls Sie ihn eingeschaltet haben.

Datenbanktabellen über ein Installationsskript erstellen

Im nächsten Schritt wollen wir die benötigte Datenbanktabelle erstellen und verwenden hierzu ein eigenes Installationsskript. Dieses legen Sie unter *app/code/local/Webkochshop/Rezepte/sql/rezepte_setup/mysql4_install-0.1.0.php* in Ihrer Verzeichnisstruktur an. Der Inhalt des Skripts lautet wie folgt:

```php
<?php

/**
 * @var $installer Mage_Eav_Model_Entity_Setup
 */
$installer = $this;
$installer->startSetup();

$installer->run("
CREATE TABLE IF NOT EXISTS `rezepte` (
    `entity_id` INT(11) UNSIGNED NOT NULL AUTO_INCREMENT,
    `name` VARCHAR(255) NOT NULL,
    `country` CHAR(2) NOT NULL,
    `difficulty` VARCHAR(50) NOT NULL,
    `minutes` SMALLINT(5) NULL,
    `directions` TEXT NOT NULL default '',
    PRIMARY KEY  (`entity_id`)
) ENGINE=InnoDB DEFAULT CHARSET=utf8;

-- Beispieldaten:

INSERT INTO `rezepte` (`entity_id`, `name`, `country`, `difficulty`, `minutes`,
`directions`)
VALUES
    (NULL, 'Saumagen', 'DE', '5', 90, 'Beim Metzger einen leeren Saumagen bestellen...'),
    (NULL, 'Chicken Teriyaki', 'JP', '3', 30, 'Zuerst schneiden wir das Hähnchen in
        kleine Streifen und legen es in eine Schüssel....'),
    (NULL, 'Gemüsecurry', 'IN', '3', 40, 'Das Gemüse putzen. Blumenkohl und Brokkoli
        waschen und ...')
");

$installer->installEntities(array(
    'rezept' => array(
        'entity_model'  => 'rezepte/rezept',
        'table'         => 'rezepte/rezepte',
        'attributes'    => array(
            'name'       => array('type' => 'static', 'label' => 'Name'),
            'country'    => array('type' => 'static', 'label' => 'Land'),
            'difficulty' => array('type' => 'static', 'label' => 'Schwierigkeit'),
            'minutes'    => array('type' => 'static', 'label' => 'Zubereitungszeit'),
            'directions' => array('type' => 'static', 'label' => 'Anleitung'),
        ),
    ),
));

$installer->endSetup();
```

Wie Sie sehen, wird mit diesem Skript eine neue Datenbanktabelle namens *rezepte* erstellt, in der die Rezepte unserer Extension gespeichert werden – einige Beispielrezepte sind bereits dabei. Damit Magento weiß, dass zu einem Modul Installations- und Upgrade-Skripte gehören, muss in die *config.xml* noch eine Setup-Resource eingetragen werden.

```
<global>
    <!-- ... -->
    <resources>
        <rezepte_setup>
            <setup>
                <module>Webkochshop_Rezepte</module>
                <class>Mage_Eav_Model_Entity_Setup</class>
            </setup>
        </rezepte_setup>
    </resources>
    <!-- ... -->
</global>
```

Das Installationsskript wird jetzt beim nächsten Aufruf einer Magento-Seite ausgeführt. Wenn Sie den Magento-Cache aktiviert haben, denken Sie daran, ihn unbedingt zu aktualisieren.

Das Model erstellen und einbinden

Nachdem Router und Controller eingerichtet sind und auch die Datenbank vorbereitet ist, steht als Nächstes die Einbindung und Erstellung unseres *Rezept*-Models auf dem Programm. Öffnen Sie die *config.xml* und schreiben Sie Folgendes hinein:

```
<global>
    <!-- ... -->
    <models>
        <rezepte>
            <class>Webkochshop_Rezepte_Model</class>
            <resourceModel>rezepte_mysql4</resourceModel>
        </rezepte>
    </models>
    <!-- ... -->
</global>
```

Zwei Dinge sind an diesem XML-Schnipsel von besonderer Bedeutung: Zum einen konfigurieren wir hier, dass es ein oder mehrere Models in unserer Extension gibt, die im Verzeichnis *app/code/local/Webkochshop/Rezepte/Model/* gespeichert werden. Das Tag `<class>` definiert die Basis aller Model-Klassennamen. Dies bedeutet, dass alle Model-Klassen in dem *Rezepte*-Modul mit `Webkochshop_Rezepte_Model` beginnen. Um ein Model zu instantiieren, wird also nur noch der Name innerhalb dieses Pfads benötigt, wenn das Modul bzw. die Extension bekannt ist.

Zum anderen finden Sie an dieser Stelle bereits einen Verweis auf das zugehörige Resource-Model *rezepte_mysql4*, auf das wir in »Das Resource-Model erstellen und einbinden«, auf Seite 67 genauer eingehen werden. Der Code für das Model lautet wie folgt:

```php
<?php

class Webkochshop_Rezepte_Model_Rezept extends Mage_Core_Model_Abstract
{
    /**
     * In Magento-Models darf der übliche PHP-Konstruktor __construct() nicht
     * überlagert werden, stattdessen kann als Alternative die Methode
     * construct() verwendet werden.
     */
    protected function _construct()
    {
        /*
         * Name des zu diesem Models gehörigen Resource-Models
         */
        $this->_init('rezepte/rezept');
    }
}
```

Das Resource-Model erstellen und einbinden

Lassen Sie uns ein drittes Mal zur *config.xml* zurückgehen, diese Mal, um das zugehörige Resource-Model für unser soeben erstelltes Model zu konfigurieren:

```xml
<!-- ... -->
<global>
    <!-- ... -->
    <rezepte_mysql4>
        <class>Webkochshop_Rezepte_Model_Mysql4</class>
        <entities>
            <rezepte>
                <table>rezepte</table>
            </rezepte>
        </entities>
    </rezepte_mysql4>
    <!-- ... -->
```

Was geschieht hier nun genau? Das Resource-Model soll für die Models in `Webkochshop_Rezepte_Model` den Namen `rezepte_mysql4` haben. Demzufolge wird dieser Name auch für die Konfiguration des bzw. der Resource-Models verwendet. Die Dateien werden durch den im `<class>`-Tag angegebenen Platz in der Verzeichnishierarchie erstellt: *app/code/local/Webkochshop/Rezepte/Model/Mysql4/*. Darüber hinaus wird noch festgelegt, dass die Datensätze für *rezepte* in der gleichnamigen Tabelle gespeichert werden.

Was nun noch fehlt, ist der Code für das eigentliche Resource-Model, das ja unsere Rezeptdaten aus der Datenbanktabelle *rezepte* auslesen soll. Der Code lautet wie folgt:

```php
<?php

class Webkochshop_Rezepte_Model_Mysql4_Rezept
    extends Mage_Core_Model_Mysql4_Abstract
{
    protected function _construct()
    {
        /*
         * Name der Tabelle und der Tabellenspalte mit der primären ID
         */
        $this->_init('rezepte/rezepte', 'entity_id');
    }
}
```

Wie Sie bereits gelernt haben, gehört zu jedem Resource-Model ein Model – und umgekehrt. In diesem Codebeispiel wird als erster Parameter der _init()-Methode die in der *config.xml* definierte Tabelle übergeben, in unserem Fall *rezepte/rezepte*. Der zweite Parameter ist ein Datenbankfeld, üblicherweise der *Primary Key* der Tabelle, über den wir im Controller auf die einzelnen Datensätze – also unsere Rezepte – direkt zugreifen können.

Das Model instantiieren

Dies ist bereits der Endspurt. Alle vorbereitenden Maßnahmen für die *Rezepte*-Extension sind getroffen, jetzt muss nur noch das Model instantiiert werden, und Sie haben Zugriff auf die Rezeptdaten Ihrer *rezepte*-Tabelle. Sie erstellen dazu eine weitere Methode, um durch die Eingabe einer Rezept-ID die Details auslesen zu können.

Öffnen Sie noch einmal die Controller-Klasse *IndexController.php*, die Sie bereits angelegt haben, und fügen Sie eine weitere Methode hinzu:

```php
public function showAction()
{
    $id = $this->getRequest()->getParam('id', 0);
    $recipe = Mage::getModel('rezepte/rezept');
    $this->getResponse()->appendBody(
        'Rezept mit der ID ' . $id . ' wird geladen.'
    );
    $recipe->load($id);
    $data = $recipe->getData();
    $this->getResponse()->appendBody(
        '<pre>' . print_r($data, 1) . '</pre>'
    );
}
```

Hier geschehen mehrere Dinge. Als Erstes wird über $this->getRequest()->getParam('id', 0) der Request-Parameter id in die Variable $id geladen. Wenn kein Parameter id vorhanden ist, wird der Wert 0 als Default zugewiesen. Nun wird der Datensatz der entsprechenden ID geladen. Das Model *rezepte/rezept* wird über Mage::getModel() instantiiert, anschließend sorgt die load()-Methode dafür, dass die ID des Requests durch Model und Resource-Model zur Datenbank durchgereicht werden und dort für das Auslesen des entsprechenden Datensatzes verwendet wird. Zum Schluss werden alle erhaltenen Daten über die Methode getData() ausgelesen und mittels print_r() zur Ausgabe hinzugefügt. Geben Sie im Browser die URL *http://webkochshop.de/rezepte/index/show/id/1* ein, sehen Sie die Daten des ersten Rezepts (siehe Abbildung 3-4):

```
Rezept mit der ID 1 wird geladen.

Array
(
    [entity_id] => 1
    [name] => Saumagen
    [country] => DE
    [difficulty] => 5
    [minutes] => 90
    [directions] => Beim Metzger einen leeren Saumagen bestellen...
)
```

Abbildung 3-4: Die Daten für das erste Rezept werden angezeigt

Im letzten Abschnitt dieses Kapitels gehen wir nun auf die Verwendung einer Collection in Magento ein, um eine Liste von Models – in unserem Fall eine Liste aller Rezepte – ausgeben lassen zu können.

Collection-Klasse zum Auslesen der Rezeptdaten

Eine Collection-Klasse lässt sich im Handumdrehen anlegen. Dazu brauchen Sie eine PHP-Datei mit dem folgenden Inhalt – die Auswahl des Speicherorts ist durch den Klassennamen wie immer in Magento vorgegeben (*Webkochshop/Rezepte/Model/Mysql4/Rezept/Collection.php*):

```php
<?php

class Webkochshop_Rezepte_Model_Mysql4_Rezept_Collection
    extends Mage_Core_Model_Mysql4_Collection_Abstract
{
    protected function _construct()
    {
        /*
         * Name des zu dieser Collection gehörenden Models
         */
        $this->_init('rezepte/rezept');
    }
}
```

Die abstrakte Collection-Klasse wird hier erweitert, sodass die entsprechenden Methoden auch für unser Model *rezept* zur Verfügung stehen. Um diese Collection im Einsatz zu sehen, möchten wir Sie bitten, eine dritte Methode in Ihren *IndexController.php* zu schreiben:

```
public function listAction()
{
    $recipes = Mage::getModel('rezepte/rezept')->getCollection();
    $response = $this->getResponse();
    $response->appendBody('<h3>Rezept-Liste</h3>');
    foreach ($recipes as $recipe)
    {
        $data  = '<p>';
        $data .= '<strong>' . $recipe->getName() . '</strong><br/>';
        $data .= 'Dauer: ' . $recipe->getMinutes() . ' Min.<br/>';
        $data .= 'Schwierigkeitsgrad: ' . $recipe->getDifficulty();
        $data .= '</p>';
        $response->appendBody($data);
    }
}
```

In diesem Beispiel instantiieren Sie die gerade angelegte Collection, um eine Liste der gespeicherten Rezepte ausgeben zu können. Anschließend können Sie bequem über das Objekt $recipes iterieren und die gewünschten Rezeptdaten auslesen lassen, da darin die einzelnen Models für alle Datensätze der Tabelle enthalten sind. Wenn Sie *http://webkochshop.de/rezepte/index/list* aufrufen, sehen Sie das folgende Resultat (siehe Abbildung 3-5).

Rezept-Liste

Saumagen
Dauer: 90 Min.
Schwierigkeitsgrad: 5

Chicken Teriyaki
Dauer: 30 Min.
Schwierigkeitsgrad: 3

Gemüsecurry
Dauer: 40 Min.
Schwierigkeitsgrad: 3

Abbildung 3-5: Mittels der Collection lässt sich eine Liste aller Rezepte auslesen.

Das fertige Modul finden Sie zum Download als *Webkochshop_Rezepte-0.1.0.zip* im Beispielcode, den Sie von der Verlags-Website herunterladen können.

Zusammenfassung

In diesem Kapitel haben Sie das Rückgrat von Magento kennengelernt – wer benötigt schon eine Applikation, die keine Daten vorhalten kann? Zu Beginn sind wir auf das EAV-Modell eingegangen und haben uns angesehen, wie es in der Magento-Datenbankstruktur repräsentiert wird. In diesem Zusammenhang wurden auch die Vor- und Nachteile der EAV-Struktur gegenüber der Flat Table-Struktur erörtert. Anschließend haben Sie gelernt, wie Models sich von abstrakten Klassen ableiten lassen und welche magischen Methoden Ihnen das `Varien_Object` zur Verfügung stellt. Im weiteren Verlauf sind wir auf Resource-Models und Collections eingegangen und haben das Kapitel mit einem Praxisbeispiel abgeschlossen, das uns das Zusammenspiel von Datenbank, Models, Resource-Models und Collections gezeigt hat.

Nach der Diskussion von Prozessen, die zum großen Teil im Verborgenen ablaufen, widmet sich das nächste Kapitel dem, was man auch wirklich sehen kann: dem Magento-Frontend.

KAPITEL 4

Das Magento-Frontend

Dieses Kapitel befasst sich mit der gesamten Anpassung der Benutzeroberfläche eines Magento-Shops Sie werden sehen, wie modular sich das Frontend von Magento anpassen und wie flexibel sich das Look-and-Feel einzelner Seiten ändern lässt. Dazu werden Sie in diesem Kapitel lernen, wie Sie einzelne Seitenbestandteile steuern und strukturieren und wo Sie letztendlich den HTML-Code finden, den Sie anpassen wollen. Außerdem werden wir Sie über die Frage aufklären, wo eigentlich die Daten, also die dynamischen Inhalte, herkommen und wie Sie neben einfachen Darstellungsanpassungen beispielsweise bestimmen können, welche Produkt-, Kategorie oder Kundeninformationen Ihnen Magento liefert.

Da Magento viele Funktionen per JavaScript/AJAX direkt im Browser ausführt, werden Sie dann einen Einblick in die von Magento unterstützten Frameworks und Bibliotheken bekommen, um hier ebenfalls entsprechende Anpassungen vornehmen zu können. Zwei prominente Beispiele, die Ihnen bei eingehender Beschäftigung mit Magento bestimmt begegnen werden, sind der *One-Page-Checkout*, der fast gänzlich auf AJAX basiert, und die *Form-Validation*, die dafür sorgt, dass die meisten Eingabefehler des Benutzers direkt ohne Seiten-Reload moniert werden.

In einem weiteren Abschnitt erfahren Sie, wie Sie mehrere Benutzeroberflächen oder Varianten davon organisieren und eine gemeinsame Nutzung einzelner Bestandteile ermöglichen. Auch die Möglichkeiten einer zeit- oder beispielsweise kategorieabhängigen Gestaltung sollen nicht verborgen bleiben.

Um Ihnen das Lesen und Verstehen dieses Kapitels ein wenig zu erleichtern, wollen wir Ihnen schon einmal kurz die wichtigsten Begrifflichkeiten vorstellen. Im Anschluss diskutieren wir diese Bestandteile im Detail und möchten Ihnen einige Anwendungsbeispiele zeigen.

Block

Die Block-Terminologie wird in verschiedenen Zusammenhängen benutzt und ist daher nicht immer eindeutig zu verstehen. Technisch betrachtet, ist ein Block eine

PHP-Klasse eines Moduls, die bestimmte Methoden zur Ausgabe von Informationen bereitstellt. Ein Block ist also erst einmal eine Schnittstelle zwischen dem Frontend und dem Innenleben Magentos.

Ein Block wird durch Layoutanweisungen zur konkreten Instanz und durch ein Template zum sichtbaren Baustein einer Seite – auch hier sprechen wir von Blöcken.

Layout
Im Magento-Kontext ist mit Layout nicht etwa der Spaltenaufbau einer Seite gemeint, wie man es aus dem Webdesign kennt. Ein Layout steuert und strukturiert vielmehr die Inhalte bzw. Blöcke der Seiten. Die Layouts sind sozusagen das Mischpult oder die Blaupausen des Frontends.

Template
Templates werden in Magento eingesetzt, um Blockausgaben zu formatieren. Sie bestehen in erster Linie aus HTML- mit PHP-Codeschnipseln. Stellen Sie sich den HTML-Code als Formatierungsvorlage vor, die stellenweise mit dynamischen Informationen – mittels PHP-*echo*-Befehlen – angereichert wird.

Ein Template bezieht sich immer nur auf einen bestimmten Ausschnitt der Seite, also auf einen Block; folglich setzt sich eine Seite auch immer aus mehreren Templates zusammen.

Zu beachten ist hierbei, dass die Templates in Magento trotz der Möglichkeit, PHP einzusetzen, nicht dazu gedacht sind, Programmlogik zu enthalten. Auf diese Trennung von Logik und Ausgabe werden wir in einem späteren Kapitel im Detail eingehen.

Skin
Zu einem Skin gehören alle statischen Dateien der Benutzeroberfläche, die direkt durch den Browser aufgerufen werden können: CSS, Bilder, JavaScript, Flash, usw.

Theme
Ein Theme beinhaltet alle Dateien der Benutzeroberfläche, also Layout-, Template- und Skin-Dateien.

Package (Interface)
Ein Package, oder in mancher Dokumentation auch Interface genannt, ist ein Namespace für eine Ansammlung aus einem oder mehreren Themes. Innerhalb eines Packages können die Themes auf gemeinsame Komponenten zurückgreifen bzw. mit Vererbung arbeiten (je nach Magento-Konfiguration.

Themes und Packages

Themes beinhalten alle Elemente, die die grafische Benutzeroberfläche bilden. Das sind zum einen die bereits vorgestellten Templates und die noch folgenden Layoutdateien und zum anderen die Skin-Daten. Diese Skin-Daten sind die statischen Dateien, wie beispielsweise CSS, Bilder, JavaScript und Flash.

Mehrere Themes können in Magento zu sogenannten Packages zusammengefasst werden. Seit Version 1.4 verfährt Magento mit den Fallback- bzw. *default*-Themes ein wenig anders als vorher. Hier wurde das *base/*-Verzeichnis (d.h. das *base*-Package) eingeführt, das das *default*-Theme enthält (*/app/design/frontend/base/default/*). Darin finden Sie sämtliche Dateien, die Magento *out-of-the-box* anbietet. Damit handelt es sich de facto um eine Fallback-Lösung, die Ihnen dabei hilft, böse Layoutüberraschungen im späteren Onlineshop zu vermeiden, da dort eine vollständige Sammlung aller benötigen Dateien vorhanden ist. Vollständig heißt in diesem Zusammenhang, dass alle Templates, Layouts und sonstigen Dateien, die Sie für den Shop benötigen, auch vorhanden sind. Weitere Themes müssen hingegen nicht vollständig sein. Sie können also auch Themes erstellen, die lediglich einige wenige Template-Dateien enthalten. Findet Magento eine im Programm- oder HTML-Code referenzierte Datei nicht, greift es einfach auf die entsprechende Datei aus dem *default*-Theme des jeweiligen Packages zurück. Ist dort nichts zu finden, wird das *default*-Theme des *base*-Verzeichnisses verwendet.

Tatsächlich sind Themes und Packages lediglich Verzeichnisse, die sich an bestimmten Positionen innerhalb der Ordnerstruktur von Magento befinden. Wenn Sie nun also damit beginnen, Ihre ersten Anpassungen vorzunehmen, erstellen Sie sich am besten erst einmal die entsprechenden Ordner, die Ihr Theme repräsentieren. Da es für den Beginn das Beste ist, das *default*-Package beizubehalten, erstellen Sie daher einfach folgende Ordner:

- *app/design/frontend/default/<theme-name>*
- *app/design/frontend/default/<theme-name>/templates*
- *app/design/frontend/default/<theme-name>/layouts*

Um ein Theme bzw. Package auf Ihren Shop anzuwenden, müssen Sie es im Magento-Admin-Panel unter *System → Konfiguration → Allgemein: Gestaltung* aktivieren, wie in Abbildung 4-1 zu sehen ist.

Sie können die Komponenten Ihrer Themes auch mischen und jeweils verschiedene Themes für Templates, Layouts und Skins angeben.

 Das Magento-*default*-Theme im *base*-Package besteht aus über 270 verschiedenen Template- und knapp 30 Layoutdateien und ist damit sehr komplex. Daher empfehlen wir Ihnen immer, dieses *default*-Theme als Fallback beizubehalten und nie Änderungen im *base*-Package durchzuführen. Wenn Sie an individuellen Gestaltungen arbeiten möchten, sollten Sie ein neues Theme im *default*-Package erstellen und Ihre Änderungen dort durchführen.

Wenn Sie ein leicht angepasstes Theme für saisonelle Zwecke erstellen, z.B. eine anders strukturierte Startseite, um die aktuellen Angebote darstellen zu können, lässt sich dieses saisonelles Theme im Backend als *default*-Theme einstellen. Sie können sich dennoch sicher sein, dass Magento im Notfall auf das *default*-Theme im *default*-Ordner zurück-

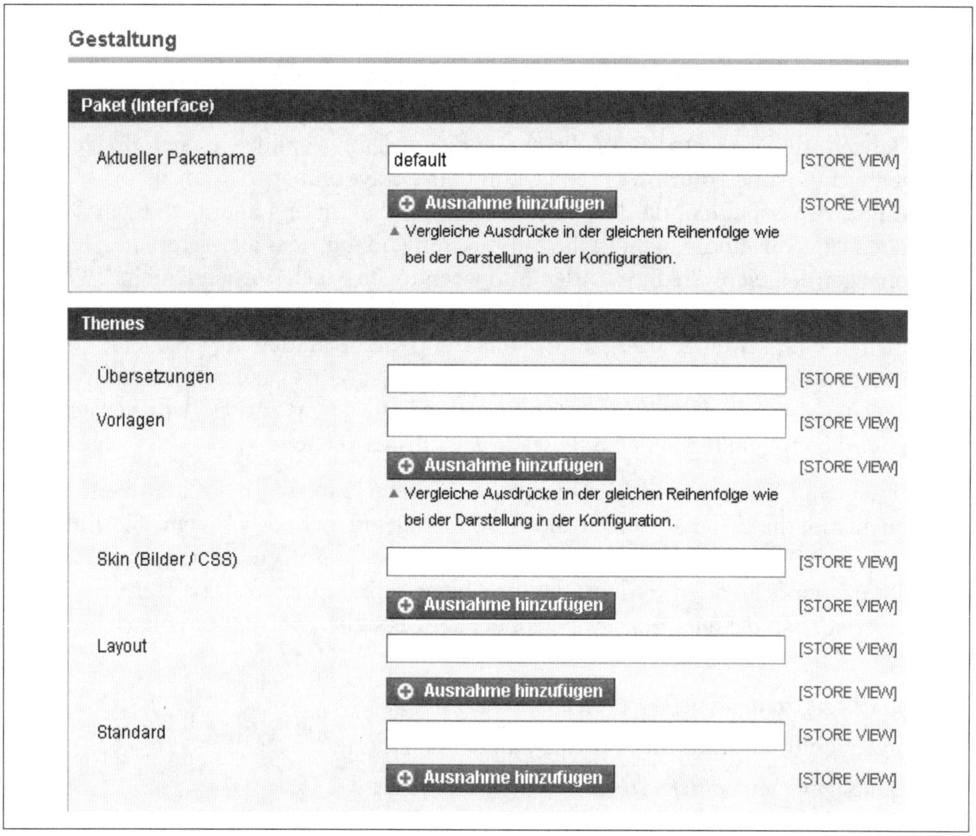

Abbildung 4-1: Konfiguration im Magento-Admin-Panel

greift. Darüber hinaus bietet Magento ebenfalls die Möglichkeit, ein solches saisonales Theme automatisiert einzubinden; hierzu wählen Sie einfach im Admin-Panel *System →
Gestaltung* und geben dort eine Zeitspanne für dieses Theme an.

CSS/JavaScript

Ein Teil der Magento-Frontend-Logik, der besonders bei Neueinsteigern für Stirnrunzeln und teilweise unverständiges Kopfschütteln sorgt, ist die Unterteilung in */app/design/* und */skin/*:

Designrelevante Dateien befinden sich in den folgenden beiden Verzeichnissen:

- */app/design/*
- */skin/*

Diese Zweiteilung führt bei der Gestaltung eines Magento-Designs oftmals zu Konfusionen, ist aber schnell erklärt: Unter */app/design/* finden sich alle diejenigen Skripte, die etwas mit den Browserausgaben zu tun haben, von diesem aber nicht gelesen werden sollen. (Dies wird mit einer Apache-Direktive erreicht, die Zugriffe auf Inhalte des */app/*-Verzeichnisses verbietet.) Dazu gehören – wie wir im Folgenden sehen werden, Layout- und Template-Dateien. Im Gegensatz dazu versammeln sich unter */skin/* all diejenigen Bestandteile des Shopdesigns, die sehr wohl vom Browser lesbar sein müssen, also beispielsweise CSS-, JavaScript- und Bilddateien. Dass die beiden erwähnten Verzeichnisse funktional eng miteinander verknüpft sind, merkt man daran, dass ihre Verzeichnisstruktur sich in den oberen Ebenen spiegelt.

CSS-, JavaScript- und Bilddateien finden Sie an der folgenden Stelle Ihrer Magento-Installation:

- *skin/frontend/default/<theme-name>/*
- *skin/frontend/default/<theme-name>/css*
- *skin/frontend/default/<theme-name>/images*
- *skin/frontend/default/<theme-name>/js*

Ändern Sie keinesfalls die Dateien direkt im *default*-Theme des *base*-Packages, Sie riskieren sonst, die Updatefähigkeit von Magento zu verlieren sowie die Möglichkeit, bei Fehlern oder fehlenden Templates die Fallback-Funktion nutzen zu können. Um Ihr neues Theme im Magento-Admin-Panel zu aktivieren, verwenden Sie die Eingabemaske unter *System → Konfiguration → Allgemein: Gestaltung*, wie Sie es in Abbildung 4-1 bereits gesehen haben. Sie werden sehen, dass sich erst einmal nichts geändert hat; Magento greift einfach auf alle *default*-Dateien zurück.

Aber lassen Sie uns nun zur eigentlichen Anpassung kommen. Wenn Sie Layout- und Template-Dateien anpassen, kopieren Sie diese einfach in Ihr Theme und schreiben sie um. Alternativ können Sie diese Dateien auch einfach komplett neu erstellen und sich dabei an den *default*-Dateien orientieren, um beispielsweise zu sehen, welche PHP-Methoden Sie nutzen sollten oder welchen Typ bestimmte Blöcke in den Layoutdateien haben.

Seiten aufbauen mit Blöcken

In der Magento-Welt versteht man unter einem Block vereinfacht gesagt ein Seitenfragment, das eine bestimmte Logik enthält und dessen Ausgabe durch zugehörige Layouts und Templates formatiert wird. Ein Block kann dabei recht komplex sein – denken Sie hier beispielsweise an eine Produktauflistung oder an eine Vorschau des Warenkorbs – oder auch sehr einfach gestrickt sein: Jede Darstellung eines Produktpreises in Magento ist in einem Block untergebracht, da ja dort im Fall von Rabatten und sonstigen Sonderpreisen unter anderem auch Durchstreichpreise angezeigt werden müssen. Eine in Magento angezeigte Seite besteht also aus einer ganzen Reihe von Blöcken. Im nächsten

Abschnitt lernen Sie den Unterschied zwischen zwei grundsätzlich verschiedenen Arten von Blöcken kennen.

Inhaltsblöcke vs. Strukturblöcke

Es lässt sich grundlegend zwischen zwei Blocktypen unterscheiden: Struktur- und Inhaltsblöcken. Strukturblöcke dienen – wie der Name bereits vermuten lässt – lediglich der Strukturierung einer Seite in logische Einheiten. Sie können eine beliebige Anzahl von verschiedenen Blöcken in sich tragen und dienen damit quasi als Behältnis für andere Blöcke – zumeist Inhaltsblöcke. Ein Beispiel hierfür ist die linke oder rechte Spalte: Je nach Seite können Sie mittels der Layouts bestimmen, welche Inhaltsblöcke in diesen Spalten enthalten sein sollen. Wenn Sie das Standard-Theme von Magento verwenden, sehen Sie auf den meisten Unterseiten rechts einen Inhaltsblock mit einem kleinen Mini-Warenkorb und einen weiteren mit den zuletzt angesehenen Produkten. In anderen Bereichen werden jedoch an diesen Stellen ganz andere Informationen bereitgestellt: Wenn ein Kunde mit den Produkten in seinem digitalen Warenkorb zur virtuellen Kasse geht und dabei Versandart, Bezahlmethode sowie seine Rechnungs- und Versandadressen einträgt, wird an dieser Stelle beispielsweise ein Inhaltsblock für die Fortschrittsanzeige eingeblendet.

In beiden Fällen werden diese Inhaltsblöcke dem Strukturblock *right* zugewiesen. Einem Strukturblock ist es dabei egal, welche Inhaltsblöcke er beinhaltet. Auch Inhaltsblöcke können andere Blöcke in sich tragen, diese müssen jedoch fest im Quelltext definiert sein und sind damit nicht so flexibel zu handhaben. (Es gibt auch Mischformen, die Inhalte sowie Unterblöcke haben, wie beispielsweise der Footer.)

Die Aufgabe von Inhaltsblöcken lässt sich ebenfalls schon erahnen. Sie präsentieren Inhalte von bestimmten Modulen. Beachten Sie, dass sich nicht jede Form von Inhalten auf jeder Seite darstellen lässt – wenn ein Benutzer beispielsweise nicht eingeloggt ist, sollte der Block mit seinen Adressdaten auch nicht angezeigt werden.

Alle Blöcke sind relativ generisch gehalten. Wenn wir der Einfachheit halber beim Beispiel Produktpreis bleiben, so kann dieser auch auf einer Produktliste verwendet werden oder im Warenkorb. Bedenken Sie hierbei, dass ein Produktpreis nicht immer nur allein angezeigt wird – wenn Sie verschiedene Währungen, reduzierte Artikel oder Brutto- und Nettobeträge anzeigen wollen, ist ein Block speziell für den Produktpreis sehr wertvoll. Folgende Abbildung (Abbildung 4-2) soll das Verhältnis zwischen Struktur- und Inhaltsblöcken verdeutlichen.

Um die Blockstruktur einer Seite sichtbar zu machen oder um zu erfahren, welcher Block welchen Inhalt darstellt, bietet Magento die sogenannte *Path Hints*-Funktion. Diese können Sie aktivieren, wenn Sie im Admin-Panel unter *System → Konfiguration → Entwickleroptionen* den Website- oder StoreView-Geltungsbereich wählen und anschließend unter dem Abschnitt *Debug* die Funktionen *Vorlagen, Pfadhinweise* und *Blocknamen zu Hinweisen hinzufügen* aktivieren.

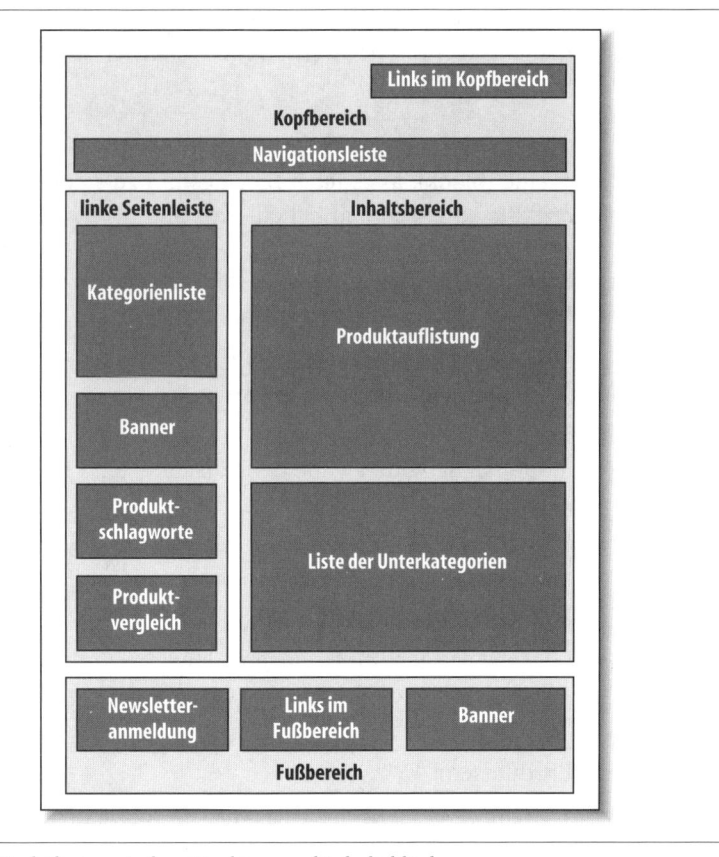

Abbildung 4-2: Verhältnis zwischen Struktur- und Inhaltsblöcken

 Erstellen Sie sich einen StoreView, in dem Sie dauerhaft die Path Hints eingeblendet lassen! Sie können anschließend den Store-Switcher (*Your Language*) im Frontend dazu benutzen, um die Path Hints komfortabel ein- und auszuschalten. Wenn Sie sich optisch am Store-Switcher stören, können Sie ihn auch einfach in den Footer verbannen!

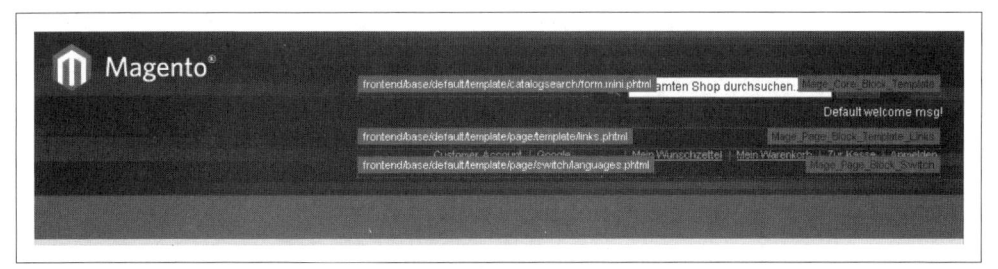

Abbildung 4-3: Hilfreiche Magento-Debugging-Funktion: Template-Path-Hints und Blocknamen

Sie haben nun erfahren, was in der Magento-Welt unter Blöcken zu verstehen ist. Doch was sind Blöcke eigentlich aus technischer Sicht, und wie werden sie erzeugt?

Blockklassen

Ein Block ist ein Objekt einer Blockklasse. Jeder Block gehört zu einem Modul, wobei die meisten Module mehrere Blockklassen beinhalten. Fast alle Blockklassen sind Spezialisierungen der `Mage_Core_Block_Template`-Klasse, die wiederum von der `Mage_Core_Block_Abstract`-Klasse abgeleitet ist. Diese beiden Klassen stellen sehr allgemeine Methoden zur Verfügung, die Ihnen häufiger bei der Arbeit mit Magento begegnen werden:

- `__()` – Gibt abhängig vom Theme den übergebenen Text in der aktuell ausgewählten Sprache zurück, sofern eine Übersetzung vorhanden ist. Sonst wird der Originaltext zurückgegeben.
- `getSkinUrl()` – Gibt abhängig vom Theme den vollständigen Pfad zu einer Datei im *skin*-Verzeichnis zurück.
- `htmlEscape()` – Maskiert HTML-Zeichen, ähnlich wie die PHP-Funktion `htmlspecialchars()`.
- `toHtml()` – Gibt den Inhalt eines Blocks als HTML zurück.
- `getChildHtml()` – Gibt die Ausgabe eines eingebetteten Blocks zurück.

Andere Blockklassen, wie beispielsweise `Mage_Catalog_Block_Product_View`, beinhalten sehr spezielle Methoden, die sich auf einen Kontext bzw. eine bestimmte Seite beziehen – in diesem Fall auf die Produktseite.

- `getAddToCartUrl()` – Gibt die Controller-URL zurück, um dem Warenkorb ein Produkt hinzuzufügen.
- `hasOptions()` – Gibt an, ob ein Produkt konfigurierbare Produktoptionen besitzt.
- `getJsonConfig()` – Gibt ein JSON-Objekt zurück mit Informationen für individuelle Produktoptionen.
- `getProduct()` – Gibt das aktuelle Produktobjekt zurück.

Die Methode `getProduct()` kann beispielsweise auch nur dann ein Produktobjekt zurückgeben, wenn der Benutzer ein Produkt *ausgewählt* hat. Eine Blockklasse enthält also Methoden, die überwiegend für die Verwendung in Templates gedacht sind. Teilweise finden sich auch Methoden, die auf Layoutebene aufgerufen werden können.

Im nächsten Abschnitt gehen wir im Detail auf die Templates ein, mit deren Hilfe die von den Blöcken bzw. den Blockklassen bereitgestellten Informationen auch visualisiert werden können.

Blöcke mit Templates formatieren

Templates sind verantwortlich für die Darstellung und Formatierung der einzelnen Seitenbestandteile (die eben kennengelernten Blöcke) und können als eine Art Vorlage betrachtet werden. An den Stellen im Template, an denen sich die eigentlichen Inhalte befinden sollen, wie z.B. Produkttitel, -text und -bild, werden entsprechende Ausgabebefehle gesetzt. Diese Befehle sind zumeist Methoden der im nächsten Abschnitt vorgestellten Blöcke. Wenn Sie beginnen, Ihre eigenen Templates zu einem bestehenden Block zu schreiben, verschaffen Sie sich am besten zuerst einen Überblick über die verwendeten Methoden im Standard-Template des Blocks und riskieren anschließend mal einen Blick in die passende Blockklasse.

Des Weiteren finden sich in den Templates auch einfache Kontrollstrukturen wie if-then-else-, while- und foreach-Konstrukte, die zum Beispiel über Produkt-Arrays iterieren oder verschiedene Fälle prüfen, durch die ein Block anders dargestellt werden muss. Das komplexeste Beispiel dafür bietet auch hier wieder das Produktpreis-Template.

Die Templates finden sich seit Magento 1.4 im Ordner */app/design/frontend/<Package>/<Theme>/template/* und sind in weitere Unterordner gruppiert. Die Ordnerstruktur ähnelt der Organisation der Blockklassen, denen sie zugeordnet werden.

 Sie können Ihre Templates auch in einem eigenen Ordner speichern – dies bietet sich insbesondere dann an, wenn Sie nur wenige eigene Templates erstellen oder ein eigenes Modul veröffentlichen möchten (siehe dazu Rezept 5.5, »Ein Produkt mit einem Frontend-Widget darstellen«, auf Seite 130).

Magento verwendet keine spezielle Template-Sprache, sondern arbeitet wie bereits erwähnt mit einer Mischung aus PHP und HTML. Es muss also auf keine komplett neue Template-Syntax zurückgegriffen werden, sondern Sie können bei der Arbeit mit dem Magento-Frontend auf bereits Bekanntes zurückgreifen. Die Dateiendung für Templates lautet passenderweise *.phtml*, um sie von Klassendateien mit der Endung *.php* zu unterscheiden.

Um die Templates übersichtlicher zu halten, wird die alternative Syntax für Kontrollstrukturen verwendet:

```
<?php if ( cond ):?>
    <p><?php echo $this->__('Hello World!') ?></p>
<?php endif; ?>
```

Statt geschweifter Klammern wird ein Doppelpunkt hinter der Anweisung und ein endif am Ende gesetzt. Im ersten Moment wird Ihnen die Verwendung von PHP und die empfohlene Syntax etwas schreibaufwendig vorkommen – die klarere Unterscheidung zu Klassendefinitionen, die hieraus resultiert, wiegt den Aufwand aber auf.

So können Sie in den Templates in der Regel auch auf komplette Objekte zugreifen sowie auf diverse Helper-Methoden und andere öffentliche Methoden. Sie sollten es jedoch strikt vermeiden, Funktionalitäten in den Templates abzubilden – dies ist Angelegenheit der Blockklassen.

Ein paar elementare Methoden, die Ihnen in den Templates zur Verfügung stehen, wurden Ihnen bereits bei den Blockklassen vorgestellt. Etwas erklärungsbedürftiger ist die Unterstrich-Unterstrich- Methode:

```php
<?php echo $this->__('Ihr Text') ?>
```

Diese Funktion verwenden Sie am besten immer, wenn Sie Text direkt in den Templates ausgeben. Sie dient in erster Linie dazu, den Shop mehrsprachig gestalten zu können, und übersetzt Ihren Text vor der Ausgabe – vorausgesetzt, es ist eine passende Übersetzung vorhanden. Aber auch wenn der von Ihnen zu realisierende Shop definitiv nur in einer Sprache existieren wird, empfehlen wir Ihnen die Verwendung der Unterstrich-Unterstrich-Methode! So kann z.B. ein Nicht-Entwickler ohne Zugriff auf die Templates per *Inline-Translation* Ihre Texte überarbeiten. Nicht zuletzt ist es wichtig, dass bei umfangreichen Projekten die Codebasis einheitlichen Schreibregeln folgt, sodass Ihr Code problemlos durch einen anderen Entwickler gepflegt oder angepasst werden kann.

Blöcke und Templates

Doch wie wird aus einer solchen Blockklasse ein sichtbarer Teil der Seite? Einem Block wird mithilfe einer Layoutanweisung ein Template zugewiesen, oder er besitzt ein Standard-Template, sodass die Zuweisung einer Template-Datei überflüssig wird. Ohne Template erzeugen die meisten Blöcke keine Ausgabe – Templates machen einen Block also sichtbar (siehe Abbildung 4-4).

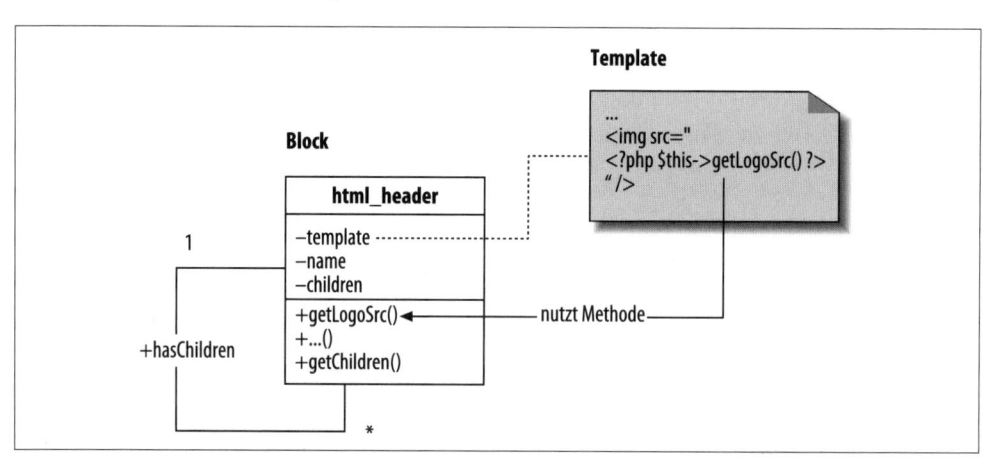

Abbildung 4-4: Zusammenspiel von Block und Template

Das Template des Blocks verwendet dessen Methoden, um mit den entsprechenden Inhalten gefüllt zu werden. Damit bestimmt das Template also letztendlich, wie der Block als sichtbarer Teil der Seite repräsentiert wird. Im Umkehrschluss bedeutet dies, dass zwei verschiedene Blöcke (Objekte) einer gleichen Blockklasse durch ihre unterschiedlichen Templates komplett verschieden aussehen und ebenso verschiedene Inhalte haben können.

Eine Blockklasse könnte so auch als Schnittstelle zwischen Gestaltungslogik und Geschäftslogik bezeichnet werden. Welche Schnittstellen letztlich genutzt werden, bestimmt das Objekt der Blockklasse durch sein Template.

Einen neuen Block erzeugen

Sie haben nun also eines der wichtigsten Attribute einer Blockklasse kennengelernt: das Template. Wie entstehen jetzt die jeweiligen Objekte, also die eigentlichen Blöcke? Betrachten Sie hierzu folgendes Beispiel aus der *catalog.xml*-Layoutdatei, die sich in diesem Verzeichnis *app/design/frontend/base/default/layout/* befindet:

```
<block type="catalog/category_view" name="category.products" template="catalog/category/
view.phtml">
    <block type="catalog/product_list" name="product_list" template="catalog/product/
list.phtml">
    <block type="catalog/product_list_toolbar" name="product_list_toolbar"
template="catalog/product/list/toolbar.phtml" />
    </block>
</block>
```

Das erste `<block>`-Tag erzeugt eine Instanz der Klasse `Mage_Catalog_Block_Category_View`, angegeben durch das Argument `type="catalog/category_view"`. Dieser Blockinstanz wird der Name category.products und das Template *catalog/category/view.phtml* zugewiesen. Sie sehen in dieser XML-Struktur außerdem die Anweisungen für zwei weitere Blöcke: `product_list` und `product_list_toolbar`. Diese Blöcke sind Kinder des category.products-Blocks, da sie innerhalb des category.products-`<block>`-Tags stehen. Neben dem Template sind also die Kinder eines Blocks weitere wichtige Elemente.

Blockanweisungen

Um Inhalte bzw. Blöcke zu erzeugen, werden Blockanweisungen benutzt. In diesem Abschnitt lernen Sie nun die Konstruktion der Blöcke genauer kennen.

```
<block type="catalog/navigation" name="catalog.topnav" template="catalog/navigation/top.
phtml"/>
```

Blockelemente weisen das Magento-Layout an, Blockklassen zu instantiieren und ihnen die jeweiligen Templates zuzuweisen. Das type-Attribut referenziert im Beispiel die Blockklasse *Catalog/Block/Navigation.php*, das Argument template gibt den Pfad zur

Datei im Template-Verzeichnis an. Schließlich stellt name eine eindeutige Bezeichnung dar, um die erzeugten Blöcke ansprechen zu können.

In der *page.xml* finden Sie den root-Block, der alle anderen (Kinder-)Blöcke enthält. Auch diese Layoutdatei befindet sich in */app/design/frontend/base/default/layout/*:

```
<block type="page/html" name="root" output="toHtml" template="page/3columns.phtml">
    <!-- … -->
    <block type="page/html_header" name="header" as="header">
        <block type="page/template_links" name="top.links" as="topLinks"/>
        <block type="page/switch" name="store_language" as="store_language"
            template="page/switch/languages.phtml"/>
        <block type="core/text_list" name="top.menu" as="topMenu"/>
    </block>
    <!-- … -->
</block>
```

Der so beschriebene Block trägt zusätzlich das Attribut output="toHtml", um die toHtml()-Methode aufzurufen und den Inhalt zu rendern und darzustellen. Sie werden sich jetzt sicherlich fragen, warum die anderen Kinderelemente nicht mit diesem Attribut versehen sind. Dies ist deswegen nicht sinnvoll, weil diese in den root-Block eingebunden werden. Das geschieht jedoch nicht automatisch, da es Ihre Aufgabe ist, die Kinderblöcke frei im Elternblock bzw. im HTML-Code der Template-Dateien zu positionieren und die Ausgabe dort anzustoßen. Nur der root-Block besitzt also das output=""-Argument.

Wie Sie am obigen Ausschnitt der *page.xml* sehen, besitzt auch der header-Block weitere Kinder, die ebenfalls per getChildHtml() in das header-Template eingebunden werden.

Ihnen als aufmerksamem Leser ist möglicherweise das neue Attribut as="" aufgefallen. Kindblöcke werden unter diesem Namen dem Elternblock zugeordnet. Folglich muss der Wert des as-Attributs innerhalb des Elternblocks einmalig sein, ebenso wie das name-Attribut global innerhalb einer konkreten Zusammenstellung der Blöcke für eine Seitenansicht einmalig sein muss. Wenn ein Kindblock kein as-Attribut besitzt, wird der Wert des name-Attributs auch dafür genutzt. Wird der Wert eines name- oder eines as-Attributs nochmals verwendet, wird die vorherige Anweisung mit der neuen überschrieben.

Schauen wir uns als Nächstes den Code des Root-Templates für die dreispaltige Grundaufteilung einer Seite an:

```
<head>
<?php echo $this->getChildHtml('head') ?>
</head>
<body<?php echo $this->getBodyClass()?' class="'.$this->getBodyClass().'"':'' ?>>
    <?php echo $this->getChildHtml('after_body_start') ?>
    <div class="wrapper">
        <?php echo $this->getChildHtml('global_notices') ?>
        <div class="page">
            <?php echo $this->getChildHtml('header') ?>
            <div class="main-container col3-layout">
                <div class="main">
```

```
            <?php echo $this->getChildHtml('breadcrumbs') ?>
            <div class="col-wrapper">
                <div class="col-main">
                    <?php echo $this->getChildHtml('global_messages') ?>
                    <?php echo $this->getChildHtml('content') ?>
                </div>
                <div class="col-left sidebar"><?php echo $this->
                        getChildHtml('left') ?></div>
            </div>
            <div class="col-right sidebar"><?php echo $this->
                    getChildHtml('right') ?></div>
        </div>
        <?php echo $this->getChildHtml('footer') ?>
        <?php echo $this->getChildHtml('before_body_end') ?>
    </div>
</div>
<?php echo $this->getAbsoluteFooter() ?>
</body>
```

Sie sehen also, dass die Templates eines Elternelements ihre Kinderelemente per get-
ChildHtml() ansprechen. Hierzu wird der Wert des as-Attributs des Kindes aus der Layout-XML-Datei an die getChildHtml()-Methode übergeben. Wird kein Name an
getChildHtml() übergeben, werden alle Kindblöcke der Reihe nach an der Stelle gerendert.

 Einige Blöcke benutzen kein Template. Eine solche Ausnahme bildet der
Block core/text_list. Dieser gibt lediglich alle innen liegenden Blöcke
nacheinander zurück und fungiert damit lediglich als Container ohne Template.

```
<block type="core/text_list" name="right" as="right">
    <!-- … -->
</block>
```

Im folgenden Abschnitt beleuchten wir die Rolle und die Funktion des Layout-XML
noch genauer.

Mit Layouts arbeiten

Layouts sind der vermutlich interessanteste und mächtigste Bestandteil der Magento-
Benutzeroberfläche. Es handelt sich dabei um XML-Dateien, die die Struktur und die
Bestandteile einer Seite steuern. Sie definieren die Beziehung der Blöcke, indem Sie eine
Eltern-Kind-Beziehung aufstellen. So wird in den XML-Dateien beispielsweise festgelegt,
welche Blöcke sich im Header-, Footer- und Content-Bereich oder der rechten und linken
Spalte der Seite befinden. Die Inhaltsblöcke, die Sie weiter oben bereits kennengelernt
haben, werden mithilfe entsprechender Layoutanweisungen den jeweiligen Strukturblöcken zugeordnet.

 Alle Layout-XML-Dateien (ebenso sämtliche *config.xml*-Dateien) werden bei der Ausführung von Magento zu einer großen Datenstruktur zusammengeführt, d.h., am Ende dieses Prozesses liegen zwei große und komplexe Layout- bzw. Konfigurationsdateien vor. Daher ist es also technisch egal, in welcher Datei man Änderungen einträgt; um die eigene Programmierung jedoch so übersichtlich wie möglich zu gestalten und die spätere Wartung zu vereinfachen, empfiehlt es sich natürlich, an den vorgegebenen Stellen Änderungen vorzunehmen.

Erfahrungsgemäß taucht bei der anfänglichen Beschäftigung mit den Magento-Layouts fast zwangsläufig die Frage auf, ob ein einfaches Verschachteln auf Template-Ebene vielleicht auch genügt hätte. Um es in Radio-Eriwan-Manier zu sagen: Im Prinzip ja, aber speziell hierin liegt die Stärke des Systems, da das Layout einer bestimmten Seite nicht komplett neu definiert werden muss. Die Standardstruktur der Seite wird lediglich modifiziert. Anders als in anderen Template-Systemen bezieht sich diese seitenabhängige Anpassung nicht nur auf den Inhaltsbereich. Es können praktisch alle Blöcke referenziert, gelöscht, verändert und ergänzt werden. So können zum Beispiel bestimmte Inhalte während des Checkouts ausgeblendet oder bestimmte Optionen eingeblendet werden, falls sich ein registrierter Benutzer eingeloggt hat.

Da sich wie bereits erwähnt die Inhalte und auch die Struktur und damit der Aufbau auf jeder Seite ändern kann, gibt es für fast jedes Modul in Magento eine Layout-XML-Datei, die für die Anpassung des Layouts zuständig ist. Diese Verknüpfung geschieht nicht automatisch, sondern muss durch einen Eintrag in der *config.xml* eines Moduls sichergestellt werden. Die diesbezügliche Konfiguration stammt aus dem Modul *Mage_Page*:

```
<config>
    <!--...-->
        <layout>
            <updates>
                <page>
                    <file>page.xml</file>
                </page>
            </updates>
        </layout>
    </frontend>
</config>
```

Die Benennung der Layoutdateien ist frei wählbar, wichtig ist nur, dass sie sich im Verzeichnis */app/design/frontend/<package>/<theme>/layout/* befinden. In der Regel ist die Layoutdatei eines Moduls verantwortlich für die entsprechenden Blöcke des Moduls sowie für die Struktur der jeweiligen Seiten, die durch eine *Controller-Action* des Moduls erzeugt werden. Das heißt, die Layouts enthalten Anweisungen, um Blöcke zu erzeugen. Da aber nicht immer alle erdenklichen Blöcke benötigt werden oder gar angezeigt werden sollen geschweige denn können, enthalten die Layoutdateien noch eine Handvoll Anweisungen und Fallunterscheidungen, um die Blöcke unter bestimmten Bedingungen aus-

oder einzublenden. Layoutdateien werden im XML-Format geschrieben und beinhalten eine überschaubare Menge von Elementen und zugehörige Attributen, die Sie in nachfolgenden Abschnitten kennenlernen werden.

Layoutanweisungen definieren zwar die Struktur, nicht aber die optische Positionierung. Diese Formatierung ist Aufgabe der Templates. Daraus folgt, dass Layoutdateien allein noch keine entsprechende Ausgabe der beschriebenen Blockstruktur bewirken. Erst im Zusammenspiel mit den Templates wird dies erreicht.

Abbildung 4-5 zeigt dieses Zusammenspiel anhand eines Ausschnitts der *page.xml*. Das Ganze lässt sich gut in einem kleinen Beispiel verdeutlichen. Erstellen Sie zunächst ein eigenes Theme, in das Sie die *page.xml* des *default*-Themes kopieren. Anschließend bearbeiten Sie sie wie in der folgenden Auflistung dargestellt:

1. Erstellen Sie eine neue Blockanweisung in der *page.xml* im *header*-Block:

```
<block type="core/template" name="mein-block" as="mein-block" template="page/html/
mein-block.phtml"/>
```

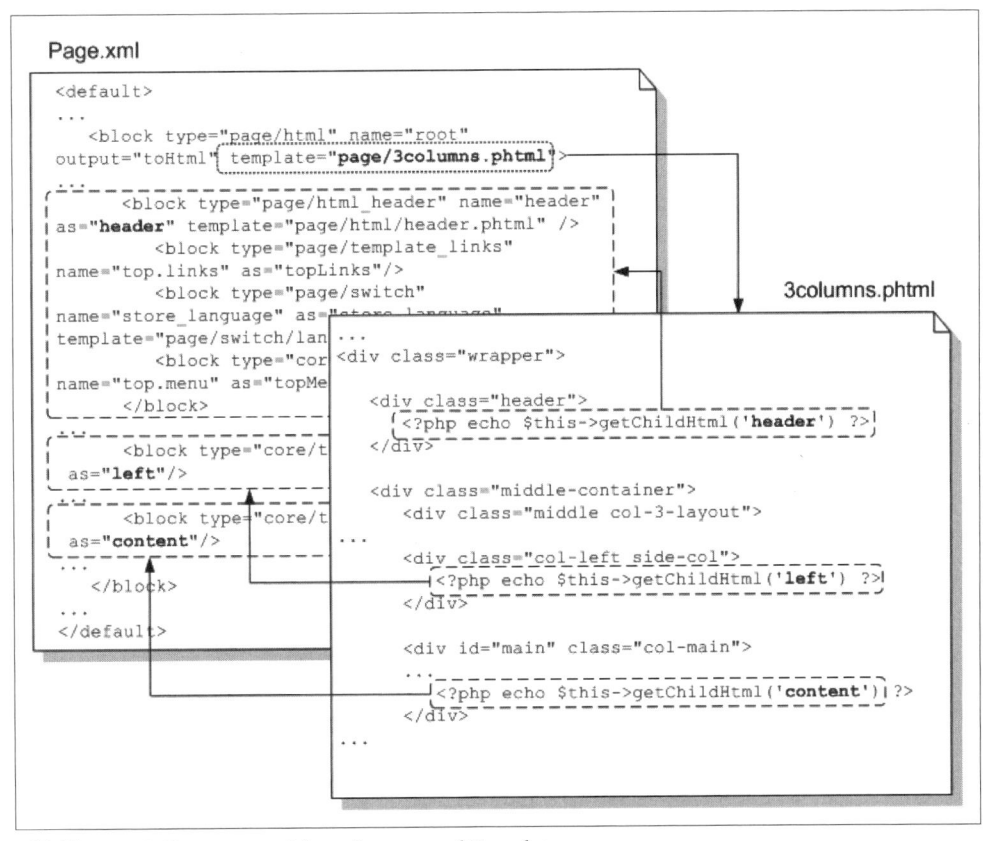

Abbildung 4-5: Zusammenspiel von Layout und Template

2. Erstellen Sie einen Inhalt zu diesem Block, also in unserem einfachen Fall das referenzierte Template *page/html/mein-block.phtml*:

```
<h2>Hallo Welt!</h2>
```

Wie Sie sehen, sehen Sie noch nichts!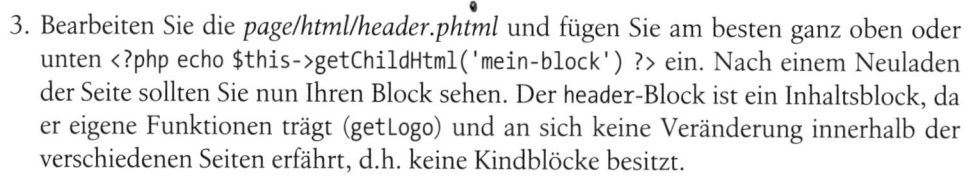

3. Bearbeiten Sie die *page/html/header.phtml* und fügen Sie am besten ganz oben oder unten `<?php echo $this->getChildHtml('mein-block') ?>` ein. Nach einem Neuladen der Seite sollten Sie nun Ihren Block sehen. Der `header`-Block ist ein Inhaltsblock, da er eigene Funktionen trägt (`getLogo`) und an sich keine Veränderung innerhalb der verschiedenen Seiten erfährt, d.h. keine Kindblöcke besitzt.

Um Ihnen den Unterschied zwischen Inhalt und Struktur besser erläutern zu können, entfernen Sie `getChildHtml` wieder aus der *header.phtml* – der Block verschwindet.

```
<block type="core/text_list" name="content" as="content">
    <block type="core/template" name="mein-block" as="mein-block" template="page/html/
mein-block.phtml"/>
</block>
```

Werfen Sie erneut einen Blick auf Ihren Shop – Ihr Block wird nun immer im Inhaltsbereich angezeigt, ohne dass Sie ein `getChildHtml` in eine Template einfügen mussten. Ein Strukturblock benötigt auch keine Template, denn er beinhaltet lediglich weitere Blöcke, die er einfach ausgibt.

Um die Stärken und Möglichkeiten dieses Systems verstehen zu können, werden im Folgenden die Elemente einer solchen Layoutdatei vorgestellt und an praktischen Beispielen erläutert.

Layoutupdates

Wie Sie soeben erfahren haben, besitzt jedes Modul seine eigene Layoutdatei und steuert damit die Anzeige seiner Blöcke. Magento lädt immer alle Layoutdateien, um das finale Layout einer Seite zu erstellen. Damit trägt jede Layoutdatei nur einen Teil zum Gesamtlayout bei – wir sprechen daher von Layoutupdates.

Dabei gilt es, zwischen Standard- und seitenspezifischen Updates zu unterscheiden. Die Standardupdates sind als Grundeinsatz jedes Moduls zu verstehen – sie geschehen in jedem Fall und zeigen folglich die innen liegenden Blöcke immer an, vorausgesetzt, das jeweilige Modul ist aktiviert und kein anderes Layout macht die jeweilige Anweisung wieder rückgängig. Die seitenspezifischen Updates werden nur dann verarbeitet, wenn der zugehörige Controller des Moduls geladen wurde.

Die oberste Ebene in den Layout-XML-Dateien sind die sogenannten Update-*Handles*. Diese bestimmen, welche Layoutupdates für eine konkrete Seite genutzt werden. Das `<default>`-Handle wird immer angewendet. Welche weiteren Handles angewendet werden, ist abhängig von dem Modul, dem Controller und der Action der aktuellen Seite. Die Namen von Modul, Controller und Action werden mit einem Unterstrich zusammengefügt und in Kleinbuchstaben umgewandelt. Magento sucht dann nach Elementen mit genau diesem Inhalt auf der obersten Ebene im Layout-XML. Wenn die Seite *customer/account/index* angeschaut wird, werden alle Layoutupdates in dem Handle angewendet (das Modul ist *Customer*, der Controller ist *Account* und die Action ist *Index*). Sie werden die Handles und deren Notation im Abschnitt »Update-Handles«, auf Seite 91 noch genauer kennenlernen.

Zunächst ist es wichtig, sich zu vergegenwärtigen, wie alle Layouts ein Grundgerüst befüllen. Dieses Grundgerüst wird in der Datei *page.xml* definiert. Alle nachfolgenden Dateien ergänzen dieses Layout mit ihren Updates:

```
<default>
    <!--...-->
    <reference name="right">
        <block type="checkout/cart_sidebar" name="cart_sidebar"
            template="checkout/cart/sidebar.phtml" before="-">
            <!--...-->
        </block>
    </reference>
</default>
```

Dieses Update aus der *checkout.xml* fügt einen Mini-Warenkorb auf jeder Seite in den Block right ein. Der Block wird auf jeder Seite eingefügt, weil das Layoutupdate im <default>-Layoutupdate-Handle steht. Deaktiviert man das Checkout-Modul, erfolgt dieses Update nicht. Das Einfügen geschieht über die <reference name="right">-Anweisung, die den Block mit dem Namen right anspricht, um in diesen den neuen Block cart_sidebar einzufügen. Ob ein Kindblock direkt einem <block>-Tag oder einem anderen Tag mittels <reference> zugeordnet wird, macht keinen Unterschied.

Da es sich beim Block right um einen Strukturblock handelt, sollten die Attribute before oder after verwendet werden. Diese nehmen Einfluss auf die Reihenfolge der enthaltenen Kindelemente. Die Anweisungen before="block-name" und after="block-name" geben an, dass ein Block vor bzw. nach dem benannten Block angezeigt wird. Die Ausdrücke before="-" und after="-" beziehen sich auf alle anderen Blöcke, die im selben Container enthalten sind. Somit kann ein Block an den Anfang oder das Ende eines Strukturblocks gelegt werden. Sollten einem Strukturblock mehrere Blöcke mit dem before- oder after-Wert "-" zugewiesen werden, steht der jeweils als Letztes zugewiesene Block ganz oben bzw. unten.

Nachdem die Standardupdates angewendet wurden, sind die seitenspezifischen Updates an der Reihe. Das nachfolgende Beispiel stellt auf einer Kategorieseite die Katalognavigation in der linken Spalte dar und füllt den Inhaltsbereich content über ein entsprechendes Template mit einer Liste von Produkten:

```
<catalog_category_default>
    <reference name="left">
        <block type="catalog/navigation" name="catalog.leftnav" after="currency"
            template="catalog/navigation/left.phtml" />
    </reference>
    <reference name="content">
```

```
<block type="catalog/category_view" name="category.products"
        template="catalog/category/view.phtml">
    <block type="catalog/product_list" name="product_list"
            template="catalog/product/list.phtml">
        <!--...-->
    </block>
</block>
        </reference>
    </catalog_category_default>
```

Sie haben natürlich auch die Möglichkeit, bereits instantiierte Standardblöcke mit dem Befehl `<remove name="...">` zu entfernen. Im Shopping-Cart wird zum Beispiel im Standard-Theme weder eine linke noch eine rechte Spalte benötigt:

```
<checkout_cart_index>
    <remove name="right"/>
    <remove name="left"/>
    <!--...-->
</checkout_cart_index>
```

Häufig besitzen die verschiedenen Seiten eines Moduls viele Gemeinsamkeiten. Nehmen Sie den Customer-Account als Beispiel: Hier findet sich immer die Customer-Account-Navigation auf der linken Seite, ebenso rutscht der Mini-Shopping-Cart aus der rechten in die linke Spalte. Anstatt diese Anweisungen und Blöcke für jedes Handle neu zu definieren und damit Coderedundanzen zu erzeugen, lässt sich ein generisches Update erzeugen, wie Sie im folgenden Beispiel sehen können:

```
<customer_account>
    <!--...-->
    <reference name="left">
        <block type="customer/account_navigation" name="customer_account_navigation"
                before="-" template="customer/account/navigation.phtml">
            <!--...-->
        </block>
        <block type="checkout/cart_sidebar" name="cart_sidebar" template="checkout/cart/
sidebar.phtml">
            <!--...-->
        </block>
        <block type="core/template" name="catalog.compare.sidebar" template="catalog/
                product/compare/sidebar.phtml"/>
        <block type="sales/reorder_sidebar" name="sale.reorder.sidebar" as="reorder"
                template="sales/reorder/sidebar.phtml"/>
        <remove name="tags_popular"/>
    </reference>
</customer_account>
```

Die Updates der jeweiligen Controller-Action-Handles wenden dieses generische Update an, indem sie das Handle per `<update handle="customer_account"/>` aufrufen:

```
<customer_address_index>
    <update handle="customer_account"/>
    <reference name="content">
```

```
<block type="customer/address_book" name="address_book" before="-"
    template="customer/address/book.phtml"/>
    </reference>
</customer_address_index>
```

Nachdem die generischen Layoutupdates in `<customer_account>` angewendet wurden, wird der Teil für die aktuelle Seite ausgewertet.

Update-Handles

Wie Sie bereits wissen, umschließt ein Handle ein bestimmtes Layoutupdate in den Layoutdateien. Jede Layoutdatei beinhaltet mindestens ein Handle. Sie werden in fast jeder Datei ein *default*-Handle finden, das die Standardblöcke eines jeden Moduls beinhaltet. So blendet beispielsweise das *Catalog*-Modul auf jeder Seite die Top-Navigation ein. Deaktiviert man dieses Modul, wird die Layoutdatei (*catalog.xml*) nicht mehr geladen und somit auch der Top-Navigation-Block nicht mehr angezeigt.

Von ein paar Ausnahmen abgesehen, sind fast alle Handles seitenspezifisch. Jede Controller-Action besitzt ein zugehöriges Update-Handle und kann so für die Seite relevante Layoutupdates referenzieren. Diese Handles werden, wie bereits gesagt, dabei über folgende Notation angesprochen:

```
<module_controller_action>
```

Um ein einfaches Beispiel zu nennen, betrachten wir die Produktdetailseite: Diese gehört zum Modul *Catalog*, und man findet den entsprechenden Controller unter *Mage/Catalog/controllers/ProductController.php*. Dieser Controller beinhaltet die `viewAction()`, die den Request verarbeitet. Die Layoutanweisungen des *Mage_Catalog*-Moduls befinden sich in der zugehörigen Datei *catalog.xml*, und das dort enthaltene Handle `<catalog_product_view>` beinhaltet die Anweisungen zur Strukturierung der Produktdetailseite.

Eine Layoutdatei umfasst also meistens ein Standardupdate `<default>` mit Blöcken, die für jede Seite geladen werden, und Handle-Updates, die sich auf die verschiedenen Seiten des Moduls beziehen. Die Blöcke, die durch die Verwendung dieser Handles geladen werden, müssen dabei nicht zwangsweise dem Modul zugehörig sein: Sie könnten also auch Ausgaben aus dem CMS-Modul zusätzlich zu den Produktinformationen auf der Produktseite laden. Ebenso müssen die Handles, die sich auf die Controller-Action eines Moduls beziehen, nicht unbedingt in der Layoutdatei des Moduls notiert sein, da alle Layoutupdates aus allen Dateien zusammengeführt werden.

Einige einfache Layoutupdates finden Sie in der *customer.xml*-Datei. An dieser Stelle wird definiert, welche Information dargestellt werden, wenn sich ein bestehender Kunde mit seiner E-Mail-Adresse und seinem Passwort anmelden möchte. Auf der Login-Seite werden durch diese Anweisungen die rechte und die linke Spalte entfernt, und das Login-Formular wird angezeigt:

```
<customer_account_login>
    <remove name="right"/>
```

```
    <remove name="left"/>
    <reference name="root">
        <action method="setTemplate"><template>page/1column.phtml</template></action>
    </reference>
    <reference name="content">
        <block type="customer/form_login" name="customer_form_login"
            template="customer/form/login.phtml"/>
    </reference>
</customer_account_login>
```

Neben diesen seitenspezifischen Handles existieren in Magento auch statusbezogene Update-Handles. Nachfolgender Observer des *Customer*-Models erstellt dynamisch ein zusätzliches Handle mit dem Verweis, ob ein Benutzer ein- oder ausgeloggt ist.

```
public function beforeLoadLayout($observer)
{
    $loggedIn = Mage::getSingleton('customer/session')->isLoggedIn();
    $observer->getEvent()->getLayout()->getUpdate()
        ->addHandle('customer_logged_'.($loggedIn?'in':'out'));
}
```

In der Layoutdatei werden diese Handles zum Beispiel wie folgt referenziert:

```
<customer_logged_in>
    <reference name="top.links">
        <action method="addLink" translate="label title" module="customer">
            <label>Log Out</label>
            <url helper="customer/getLogoutUrl"/>
            <title>Log Out</title>
            <prepare/>
            <urlParams/>
            <position>100</position>
        </action>
    </reference>
</customer_logged_in>

<customer_logged_out>
    <reference name="top.links">
        <action method="addLink" translate="label title" module="customer">
            <label>Log In</label>
            <url helper="customer/getLoginUrl"/>
            <title>Log In</title>
            <prepare/>
            <urlParams/>
            <position>100</position>
        </action>
    </reference>
    <remove name="wishlist_sidebar"></remove>
    <remove name="reorder"></remove>
</customer_logged_out>
```

Wie sich bereits an dieser Stelle anhand des Codes erahnen lässt, wird abhängig vom Login-Status der *Login/Logout*-Link angezeigt und die Wunschliste ein- bzw. ausgeblendet. Dieses statusbezogene Handle konkurriert nicht mit den seitenspezifischen

Handles, sondern wird parallel dazu angewendet. Mittels dieser statusspezifischen Handles können also Fallunterscheidungen auf Layoutebene innerhalb einer Seite vorgenommen werden.

Actions

Ein weiteres Element in den Layouts ist das action-Element. Dieses Element ruft eine Methode eines Blocks auf und führt damit weitere Modifikationen durch. An dieser Stelle werden Ihnen ein paar hilfreiche Methoden vorgestellt – es ist Ihnen natürlich auch möglich, eigene Actions im Block zu definieren.

Die am häufigsten zu findende Anwendung des <action>-Tags ist sicherlich die setTemplate()-Methode:

```
<reference name="root">
    <action method="setTemplate"><template>page/1column.phtml</template></action>
</reference>
```

Die Methode setTemplate() weist einem Block das für die Ausgabe zu verwendende Template zu. Wenn bereits ein Template mittels des template=""-Arguments gesetzt wurde, wird dieses mit der Anweisung aktualisiert, also die zuletzt angewendete template-Zuweisung gewinnt. Auch das sogenannte *Skeleton-* oder *Root-Template* wird auf diese Weise je nach aufgerufener Seite zugewiesen. Dabei handelt es sich um eine Grundstruktur, mit deren Hilfe man eine Seite grob in mehrere Hauptbereiche aufteilen kann. Wie sich am Dateinamen des Templates bereits erahnen lässt (z.B. *1column.phtml*), kann so zwischen verschiedenspaltigen Varianten für das Seitenlayout gewechselt werden. In den Standard-Themes finden Sie dafür im *templates/page/*-Verzeichnis die Templates *1column.phtml, 2columns-left.phtml, 2columns-right.phtml, 3columns.phtml* und *empty. phtml*. Das Attribut method zum <action>-Tag benennt die anzusprechende Methode. Die Kinderelemente des action-Elements sind die zu übergebenden Parameter:

```
<template>page/1column.phtml</template>
```

Diese Schreibweise bewirkt das Gleiche, als wäre template = "page/1column.phtml" auf dem <block>-Tag gesetzt.

Die Blockmethode unsetChildren entfernt alle Kindblöcke eines Strukturblocks und leert diesen dadurch, wie im folgenden Beispiel gezeigt wird:

```
<reference name="left">
    <action method="unsetChildren" />
    <block type="customer/account_navigation" name="customer_account_navigation"
        before="-" template="customer/account/navigation.phtml">
        <!--...-->
    </block>
</reference>
```

Dieser Ausdruck darf nicht mit <remove name="block-name"> verwechselt werden, da <remove> den gesamten referenzierten Block entfernt, unsetChildren hingegen nur die

Kindelemente. Folglich existiert der Block weiterhin und kann erneut referenziert und befüllt werden.

Mithilfe der addLink()-Methode fügen Sie einen einfachen Textlink einem entsprechenden Block vom Typ *page/template_links* hinzu. Das folgende Beispiel zeigt, wie der Logout-Link eingeblendet wird, falls sich ein Benutzer einloggt:

```
<customer_logged_in>
    <reference name="top.links">
        <action method="addLink" translate="label title" module="customer">
            <label>Log Out</label>
            <url helper="customer/getLogoutUrl"/>
            <title>Log Out</title>
            <prepare/>
            <urlParams/>
            <position>100</position>
        </action>
    </reference>
    <!--...-->
</customer_logged_in>
```

In diesem Beispiel können Sie unter anderem sehen, wie mittels eines Helpers die mit `<action>` an eine Methode übergebenen Parameter dynamisch erstellt werden können. Solange Parameter direkt im Layout-XML definiert werden, ist man auf Strings (z.B. `<label>Log Out</label>` oder `<position>100</position>`) oder *null* (z.B. `<prepare/>`) beschränkt. Benötigt man andere Datentypen oder eine dynamische Erstellung des Parameterwerts zur Laufzeit, kann ein Parameter mit einem Helper-Aufruf angegeben werden: `<url helper="customer/getLogoutUrl"/>`. Die Standard-Helper-Klasse des angegebenen Moduls wird aufgerufen und der Rückgabewert der angegebenen Methode als Parameter verwendet. In diesem Beispiel ist es die Helper-Methode `Mage_Customer_Helper_Data::getLogoutUrl()`.

Last, but not least wollen wir noch einen Blick auf die `addItemRenderer()`-Methode werfen. Damit ist es möglich, eine Fallunterscheidung in die Layoutlogik zu integrieren. Wie Sie im folgenden Beispiel sehen können, teilen diese *actions* dem Block `cart_sidebar` mit, welche Blockklasse und welches Template dieser für welchen Produkttyp verwenden soll. Je nachdem, ob es sich um *Simple Products*, *Grouped Products* oder *Configurable Products* handelt, werden unterschiedliche Blockklassen bzw. wird ein anderes Template zur Darstellung verwendet:

```
<reference name="right">
    <block type="checkout/cart_sidebar" name="cart_sidebar"
        template="checkout/cart/sidebar.phtml" before="-">
        <action method="addItemRender">
            <type>simple</type>
            <block>checkout/cart_item_renderer</block>
            <template>checkout/cart/sidebar/default.phtml</template>
        </action>
        <action method="addItemRender">
            <type>grouped</type>
```

```
        <block>checkout/cart_item_renderer_grouped</block>
        <template>checkout/cart/sidebar/default.phtml</template>
    </action>
    <action method="addItemRender">
        <type>configurable</type>
        <block>checkout/cart_item_renderer_configurable</block>
        <template>checkout/cart/sidebar/default.phtml</template>
    </action>
  </block>
</reference>
```

Die im Block checkout/cart_sidebar enthaltene Logik ist darauf ausgelegt, die so übergebenen Renderer-Spezifikationen für die Darstellung auszuwerten.

Sie sehen also, wie sich mithilfe der *actions*-Methoden Blockklassen aufrufen lassen, um die gewünschten Layoutänderungen durchzuführen.

Custom Layout Updates

Layoutupdates werden Ihnen auch im Magento-Admin-Panel begegnen. Hier können Sie zu einzelnen CMS-Seiten, Kategorien und Produkten individuelle Layoutupdates definieren. Über die Auswahlliste *Layout* bzw. *Page Layout* haben Sie die Möglichkeit, das Skeleton-Template, also das Template des *root*-Blocks, einzustellen (siehe Abbildung 4-6).

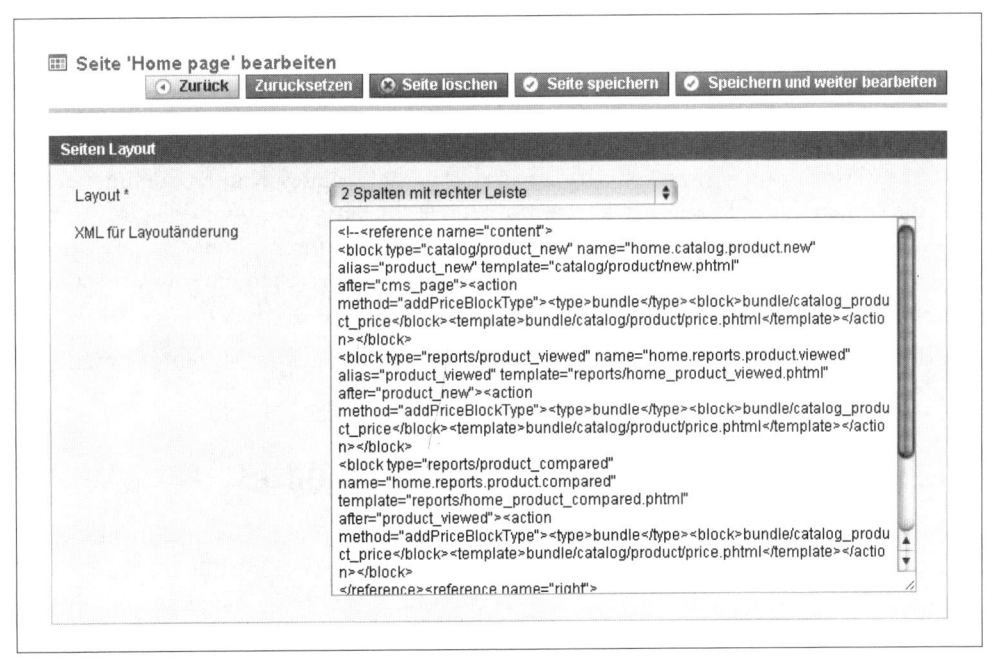

Abbildung 4-6: Layoutupdates über das Admin-Panel einstellen

Den gleichen Effekt erzielen Sie, wenn Sie in das *Custom Layout Updates*-Feld Folgendes eintragen:

```
<reference name="root">
    <action method="setTemplate"><template>page/1column.phtml</template></action>
</reference>
```

Falls Sie jedoch Ihre eigenen Skeleton-Templates erstellen und diese auch in den Auswahllisten im Admin-Panel erreichbar machen wollen, müssen Sie die *config.xml*-Datei des CMS-Moduls um noch einen Knoten erweitern, wie im folgenden Codebeispiel gezeigt wird:

```
<cms>
    <layouts>
        <two_columns_right>
            <label>2 columns with right bar</label>
            <template>page/2columns-right.phtml</template>
        </two_columns_right>
        <three_columns>
            <label>3 columns</label>
            <template>page/3columns.phtml</template>
        </three_columns>
        <your_layout>
            <label>Label of your own Layout</label>
            <template>page/your-template.phtml</template>
        </your_layout>
    </layouts>
</cms>
```

Fügen Sie einfach innerhalb der *config.xml* Ihrer Extension in den Knoten global/page/ layouts ein neues Element ein, das Sie mit einem eindeutigen Bezeichner versehen. In unserem Beispiel lautet dieses <your_layout>. Innerhalb dieses Knotens definieren Sie über die beiden Tags <label> sowie <template>, wie Ihr Basislayout im Magento-Admin-Panel namentlich angezeigt werden soll und wie der Pfad zu Ihrer *.phtml*-Datei lautet. Sie müssen natürlich nur die neuen Einträge eintragen, die bestehenden aus dem *Mage_Page*-Modul brauchen Sie nicht zu kopieren.

Auf diese Weise können Sie beliebig viele Skeleton-Templates in Magento hinterlegen und in den gewünschten Bereichen einsetzen.

Praxisbeispiel: Verschiedene Layout-Updates

Damit Sie ein Gefühl dafür bekommen, wie sich in der Praxis mit Layouts arbeiten lässt, stellen wir Ihnen in diesem Abschnitt eine Extension vor, mit deren Hilfe oft verwendete Layoutupdates demonstriert werden. Diese Extension liegt – wie alle anderen Beispiel-Extensions dieses Buchs auch – im Namespace *Webkochshop* und hat den Namen *Layout-Updates*. Die zugehörige *config.xml* lautet:

```xml
<?xml version="1.0"?>
<config>
    <modules>
        <Webkochshop_LayoutUpdates>
            <version>0.1.0</version>
        </Webkochshop_LayoutUpdates>
    </modules>
    <global>
        <blocks>
            <WebkochshopLayoutUpdates>
                <class>Webkochshop_LayoutUpdates_Block</class>
            </WebkochshopLayoutUpdates>
        </blocks>
        <helpers>
            <WebkochshopLayoutUpdates>
                <class>Webkochshop_LayoutUpdates_Helper</class>
            </WebkochshopLayoutUpdates>
        </helpers>
    </global>
    <frontend>
        <layout>
            <updates>
                <WebkochshopLayoutUpdates>
                    <file>demolayoutupdates.xml</file>
                </WebkochshopLayoutUpdates>
            </updates>
        </layout>
    </frontend>
</config>
```

Zur Verdeutlichung der Layoutänderungen ist der `<layout>`-Knoten von besonderem Interesse. An dieser Stelle konfigurieren Sie die Extension so, dass sämtliche Layoutupdates in der Datei *demolayoutupdates.xml* eingebunden werden. Diese liegt im Verzeichnis */app/design/frontend/base/default/layout/demolayoutupdates.xml*.

Lassen Sie uns diese Datei nun Stück für Stück gemeinsam durchgehen und untersuchen, welche Layoutänderungen im Frontend durch das Aktivieren dieser Extension sichtbar werden.

Mini-Warenkorb verschieben

Beginnen wir damit, den Mini-Warenkorb, der sich im *default*-Theme in der rechten Seitenliste befindet, in die linke Seitenleiste zu verschieben:

```xml
<?xml version="1.0"?>
<layout version="0.1.0">
    <!-- Sidebar-Warenkorb von der rechten in die linke Spalte verschieben -->
    <move_sidebar_cart>
        <reference name="right">
```

```
                <!-- Referenz rechter Spalte entfernen, ohne den -->
                <!-- Block komplett zu unsetten -->
                <action method="unsetChild"><name>cart_sidebar</name></action>
            </reference>
            <reference name="left">
                <!-- Referenz in linke Spalte einfügen -->
                <!-- sibling, after und alias sind optionale Parameter -->
                <action method="insert">
                    <name>cart_sidebar</name>
                    <sibling>currency</sibling>
                    <after>1</after>
                    <alias>cart_sidebar</alias>
                </action>
            </reference>
        </move_sidebar_cart>

        <catalog_category_default>
            <!-- Anwenden der Änderungen in -->
            <!-- dem Layoutupdate-Handle <move_sidebar_cart> -->
            <update handle="move_sidebar_cart"/>
        </catalog_category_default>

        <catalog_category_layered>
            <!-- Anwenden der Änderungen in -->
            <!-- dem Layoutupdate-Handle <move_sidebar_cart> -->
            <update handle="move_sidebar_cart"/>
        </catalog_category_layered>
```

Zu Beginn erstellen Sie das neue Update-Handle <move_sidebar_cart>, in dem zunächst
die Referenz zur rechten Spalte über die Methode unsetChild gelöscht wird. (Hierbei
stellt die rechte Spalte den Inhaltsblock namens right dar, der über den Knoten <reference name="right"> ausgewählt wird.) Durch diese Vorgehensweise löschen Sie den
Block cart_sidebar nicht komplett, sondern lösen nur seine Verbindung zur rechten
Spalte. Als Nächstes wird dieser Block über die Methode insert dem Inhaltsblock left
hinzugefügt, wobei die Parameter sibling, after und alias optional sind. Last, but not
least muss das neue Update-Handle nur noch angewendet werden, da von Haus aus
Magento <move_sidebar_cart> nicht kennt. Dies geschieht, indem die beiden Update-
Handles <catalog_category_default> und <catalog_category_layered> jeweils über
einen <update>-Knoten das gerade erstellte Handle aufrufen. Wird in der Folge die Kategorieübersichtsseite (mit oder ohne *Layered Navigation*) in Magento aufgerufen, wandert
der Mini-Warenkorb anstandslos von der rechten in die linke Seitenleiste.

Blöcke entfernen

Eine Alternative dazu, lediglich über unsetChild die Referenz auf den Elternblock (in
unserem Beispiel die Inhaltsblöcke right bzw. left) zu lösen, ist das komplette Löschen
von Blöcken:

```
<!-- Entfernen aller Referenzen auf einen Block auf allen Seiten (unset()) -->
<default>
    <!-- Newsletter-Block in der Sidebar -->
    <remove name="right.newsletter"/>

    <!-- Callout links -->
    <remove name="left.permanent.callout"/>

    <!-- Callout rechts -->
    <remove name="right.permanent.callout"/>
</default>
```

Über den <remove>-Knoten (analog zur PHP-Methode unset()) innerhalb des <default>-Knotens werden in unserem Beispiel auf allen Seiten die Blöcke für die Newsletter-Anmeldung und die Callouts auf der linken und rechten Seite komplett gelöscht. Möchten Sie also sichergehen, dass ein Block als Bestandteil eines Moduls komplett aus Ihrem Magento-Projekt verschwindet, ist dies die empfehlenswerte Methode.

Blöcken weitere Informationen hinzufügen

Mithilfe von Layoutupdates lassen sich jedoch nicht nur die Positionen von Blöcken beeinflussen, Sie können auch mit einigen wenigen Zeilen XML bestimmten Blöcken weitere Informationen hinzufügen, wie im folgenden Beispiel:

```
<!-- Link zu Google der Top-Navigation hinzufügen -->
<default>
    <reference name="top.links">
        <!-- alle Parameter nach <url> sind optional -->
        <action method="addLink" translate="label title afterText"
                module="WebkochshopLayoutUpdates">
            <label>Google</label>
            <url>http://www.google.de</url>
            <title>Google</title>
            <prepare>0</prepare>
            <urlParams/>
            <position>15</position>
            <liParams/>
            <aParams>target="_blank"</aParams>
            <beforeText/>
            <afterText>(external)</afterText>
        </action>
    </reference>
</default>
```

Mithilfe der hier vorgestellten Syntax, insbesondere der Methode addLink(), fügen Sie der Top-Navigation einen Link zu Google hinzu, wie in Abbildung 4-7 dargestellt ist.

Ganz ähnlich lässt sich auch im Kundenkonto ein neuer Link, zum Beispiel zur Startseite, erstellen, wobei die addLink-Methode sich ein wenig von der in der Top-Navigation unterscheidet:

```
<!-- Link zur Startseite des Shops in die Kundenkonto-Navigation einfügen -->
<customer_account>
    <reference name="customer_account_navigation">
        <!-- Achtung: Diese addLink()-Methode unterscheidet -->
        <!-- sich von der addLink()-Methode des top.links-Blocks. -->
        <action method="addLink" translate="label" module="WebkochshopLayoutUpdates">
            <name>home</name>
            <path>/</path>
            <label>Start Shopping</label>
        </action>
    </reference>
</customer_account>
```

Abbildung 4-7: Ein neuer Link wurde der Top-Navigation hinzugefügt

Ändern der Blockklasse

In unserem nächsten Beispiel ändern wir die Klasse eines Blocks, also den Blocktyp. Dies ist vor allem dann sinnvoll, wenn Sie die Ausgabe des Blocks modifizieren möchten, ohne diese Logik direkt in die Template-Dateien schreiben zu müssen. Das folgende Layoutupdate basiert auf der Tatsache, dass der Name my.account.wrapper in der Datei *customer.xml* bereits vergeben wurde und er somit den Standardeintrag überschreibt:

```
<!-- Ändern der Blockklasse (des Block-"Types") -->
<customer_account>
    <block type="WebkochshopLayoutUpdates/page_html_wrapper" name="my.account.wrapper"
        as="my.account.wrapper">
        <action method="setElementClass"><value>my-account</value></action>
    </block>
</customer_account>
```

Die zugehörige Blockklasse ist unter */app/code/local/Webkochshop/LayoutUpdates/Block/Page/Html/Wrapper.php* gespeichert.

Wie Sie sehen, entspricht der Speicherort und der Name dieser Blockklasse der Information, die Sie innerhalb von <block type=""> definiert haben.

Der Wert der Anweisung <action method="setElementClass"><value>my-account</value></action> wird von der Blockklasse page/html_wrapper beim Rendern als CSS-Klasse dem umgebenden <div>-Element bei der Ausgabe hinzugefügt.

Der Code der Blockklasse sieht wie folgt aus:

```
<?php
class Webkochshop_LayoutUpdates_Block_Page_Html_Wrapper
    extends Mage_Page_Block_Html_Wrapper
```

```php
{
    /**
     * Testweises Anhängen eines Texts an die Ausgabe des Blocks
     *
     * @return string
     */
    protected function _toHtml()
    {
        $html = parent::_toHtml() .
            $this->__('<div class="demo-info"><h2>Gerendert mit der Block Klasse %s</h2>
                </div>', __CLASS__);

        return $html;
    }
}
```

Diese Blockklasse bewirkt nichts anderes, als einen bestimmten Text an die Ausgabe anzuhängen. Natürlich ließen sich mit dieser Strategie auch weitaus komplexere Funktionalitäten umsetzen.

Eigene Templates verwenden

Beenden möchten wir unseren kleinen Ausflug in die Praxis mit einigen Zeilen Code, mit deren Hilfe es möglich ist, eigene Templates mittels Layoutupdates einzubinden. So können Sie komplett neue Inhalte anzeigen lassen. Im folgenden Beispiel sorgen Sie dafür, dass der Inhalt einer eigens angelegten *.phtml*-Datei vor dem Inhalt der Kategorieansichtsseite dargestellt wird:

```xml
<!-- Anzeige in der Kategorieansicht -->
<catalog_category_view>
    <reference name="content">
        <block type="core/template" name="content.demo" as="demo"
            template="webkochshop/layoutupdates/demo.phtml"/>
    </reference>
</catalog_category_view>
```

Das Layoutupdate wird auf allen Kategorieseiten angewendet, da das Modul catalog, der Controller category und die Action view auf das Layout-Update-Handle <catalog_category_view> gemapped wird.

Core-Templates durch eigene ersetzen

Im letzten Beispiel bestimmen Sie ein neues Template für einen Block, indem Sie die Methode setTemplate wie folgt verwenden:

```xml
<!-- Block-Template ändern -->
<checkout_cart_index>
    <reference name="checkout.cart.methods.multishipping">
        <action method="setTemplate">
            <template>webkochshop/layoutupdates/checkout/multishipping/link.phtml
            </template>
```

```
        </action>
      </reference>
    </checkout_cart_index>
```

Dieses Layoutupdate bewirkt, dass im unteren Bereich der Warenkorbseite der Block checkout.cart.methods.multishipping mithilfe eines neues Templates formatiert wird, wie es in Abbildung 4-8 dargestellt ist.

Abbildung 4-8: Ein Teil des Warenkorbs wird durch ein neues Template formatiert.

Sie sehen also, wie sich bereits mit einigen wenigen Anpassungen in der Layoutdatei komplexe Änderungen am Aufbau des Shop-Frontends erzielen lassen. Alle diese Änderungen lassen sich mithilfe einer Layoutdatei sauber kapseln, ohne dass Core-Dateien verändert werden müssten.

Den Code zu diesen Beispielen finden Sie im Archiv *Webkochshop_LayoutUpdates-0.1.0. zip*.

JavaScript und AJAX

Ein großer Teil der Funktionalitäten im Magento-Frontend werden mithilfe von Java-Script realisiert. Als Grundlage dient hier das JS-Framework *Prototype* und dessen Erweiterung *script.aculo.us*.

Prototype ist ein sehr mächtiges und umfangreiches JavaScript-Framework, das das *Document Object Model* der verschiedenen Browser erweitert, viele hilfreiche Funktionen zur Verfügung stellt und damit eine browserunabhängige JavaScript-Programmierung ermöglicht. Fast alle JavaScript-Funktionen und -Klassen in Magento benutzen das Prototype-Framework.

Die bekanntesten Funktionen, die Prototype bereitstellt, sind die sogenannten Utility-Methoden $ und $$.

```
$('search_mini_form').hide();
var inputText = $$('.input-text');
```

In der ersten Zeile finden Sie die Dollar-Funktion. Diese sucht im Quelltext ein Element mit der angegebenen ID und gibt das Element zurück. Die Prototype-Methode `hide()` blendet dieses anschließend aus.

Die zweite Zeile zeigt die Dollar-Dollar-Methode: Diese sucht alle Elemente, die ein bestimmtes Suchmuster erfüllen. Das Suchmuster wird als CSS-Selektor angegeben. In diesem Fall werden alle Elemente mit der CSS-Klasse `input-text` zurückgegeben und anschließend als Array in der Variablen `inputText` gespeichert.

Script.aculo.us basiert auf dem Prototype-Framework und erweitert es um hübsche Animationen, vorgefertigte AJAX-Funktionen, GUI-Elemente wie Slider und Drag-and-Drop-Elemente sowie um die Möglichkeit, Unit-Tests in JavaScript durchzuführen.

Script.aculo.us besteht aus mehreren Komponenten, die Sie getrennt einbinden können, unter anderem:

- *scriptaculous/effects.js:* Effekte wie Einblenden, Reinfahren, Verfärben usw.
- *scriptaculous/dragdrop.js:* Drag-and-Drop-Funktionalität, wird unter anderem im Magento-Admin-Panel verwendet, um Kategorien zu verschieben.
- *scriptaculous/controls.js:* AJAX-Funktionen, wie In-place-Editor und Autocompleter.
- *scriptaculous/slider.js:* Schieberegler-Eingabeelemente können hiermit realisiert werden, wie beispielsweise der Image Zoom Slider im *default*-Theme der Magento Community Edition.

Magento verwendet *Script.aculo.us*-Funktionen allerdings nur recht spärlich.

Eine gute Übersicht und Erklärung aller Prototype-Funktionen finden Sie unter *http://www.prototypejs.org/api*. Eine Dokumentation der Script.aculo.us-Funktionen gibt es unter *http://wiki.script.aculo.us/scriptaculous/*.

Einige Einsatzbereiche für diese Frameworks sind:

One-Page-Checkout
: Der One-Page-Checkout kann nur deswegen auf einer Seite abgebildet werden, weil AJAX-Requests im Hintergrund ausgeführt und die einzelnen Schritte per JavaScript gesteuert werden.

Formularvalidierung
: Fast alle Formularfelder werden vor dem Absenden mithilfe von JavaScript auf vollständige und syntaktisch korrekte Eingabe überprüft. Eventuelle Fehler werden so direkt am Eingabefeld angezeigt, und die Übermittlung fehlender oder falscher Daten an den Server wird somit verhindert.

Produktdarstellung
: *Configurable Products*, wie zum Beispiel ein T-Shirt, das in mehreren Farben und Größen erhältlich ist, werden auf der Produktseite mithilfe von JavaScript-Funktionen konfiguriert. Das bedeutet allerdings im Umkehrschluss, dass ein Magento-Shop ohne JavaScript nicht funktioniert. Deaktivieren Sie JavaScript einfach einmal – Sie

werden nicht über die Produktseite hinauskommen. Wenn Sie also die Anforderung erfüllen müssen, einen Magento-Shop zu realisieren, der auch ohne JavaScript funktioniert, müssen Sie wohl oder übel an vielen Stellen ansetzen; dazu ist es jedoch notwendig, dass Sie die Funktionsweise der verwendeten Skripte kennen und wissen, an welcher Stelle sie auftauchen.

Die meisten verwendeten JavaScript-Klassen modifizieren oder beeinflussen in irgendeiner Art und Weise den HTML-Code, man spricht daher auch häufig von *DHTML* (*Dynamic HTML*). Dabei muss das jeweilige JavaScript wissen, an welcher Stelle im HTML-Code beispielsweise die Rückgabe eines AJAX-Requests eingefügt werden soll. Wenn Sie nun eine bestimmte `class` oder eine `id` eines HTML-Elements beim Bauen von Templates vergessen, kann dieses sehr schnell zu Fehlern und somit schließlich zum Abbruch des JavaScripts führen.

Sie sollten also in jedem Fall grob über das verwendete JavaScript Bescheid wissen, sei es um aufwendige Anpassungen vorzunehmen oder nur um Fehler im HTML-Code der Templates zu vermeiden. Daher werden Ihnen im Folgenden die wichtigsten Standard-JavaScript-Skripte und -Klassen vorgestellt.

Validation.js

Bei der JavaScript-Klasse *js/prototype/validation.js* handelt es sich um eine weitere externe Bibliothek, die es ermöglicht, Eingabefelder unmittelbar nach der Eingabe auf bestimmte Regeln zu überprüfen und entsprechende Fehler direkt am Eingabefeld anzuzeigen – ohne Seiten-Reload.

Im einfachsten Fall wird überprüft, ob ein Feld ausgefüllt wurde – hierzu muss das Eingabeelement lediglich das Attribut `class="required-entry"` tragen. Alle weiteren Überprüfungsregeln werden ebenfalls durch derartige CSS-Klassen ausgelöst. Diese Regeln befinden sich im hinteren Drittel der *validation.js*-Klasse und können durch die `Validation.add()`-Methode um eigene Regeln ergänzt werden, ohne dass die Core-Datei verändert werden muss.

Anders als in einer Magento-Standardinstallation können Sie die Validierung mit ein paar einfachen Anpassungen auch direkt nach der Eingabe eines Felds stattfinden lassen (in der Standardausführung wird die Validierung erst nach Klicken des *Absenden*-Buttons ausgeführt). Weiterhin lässt sich konfigurieren, an welcher Stelle etwaige Fehlermeldungen ausgegeben werden sollen.

js/prototype/validation.js basiert ebenfalls auf Prototype und verwendet Script.aculo.us-Effekte, um die Fehlermeldungen einzublenden. Weitere Informationen und Konfigurationsoptionen finden Sie unter:

http:/tetlaw.id.au/view/javascript/really-easy-field-validation

---

AJAX-Controller

In bestimmten Fällen kann es vorkommen, dass Sie nur einen bestimmten Block einer Seite ohne das Root-Template rendern lassen wollen. Dies ist insbesondere bei AJAX-Updates interessant. Auf diesem einfachen Prinzip beruht auch der One-Page-Checkout. Die Fortschrittsanzeige in der rechten Spalte (*progress bar*) wird per AJAX nach jedem Schritt neu geladen. Damit der entsprechende Request nur diesen einen Teil der Seite zurückgibt, wurden folgende XML-Anweisungen in der *checkout.xml* erstellt:

```xml
<checkout_onepage_progress>
    <remove name="right"/>
    <remove name="left"/>
    <block type="checkout/onepage_progress" name="root" output="toHtml"
            template="checkout/onepage/progress.phtml">
        <block type="checkout/onepage_payment_info" name="payment_info">
            <action method="setInfoTemplate">
                <method></method><template></template>
            </action>
        </block>
    </block>
</checkout_onepage_progress>
```

Der Schlüssel liegt im `name="root"`- und `output="toHtml"`-Attribut des `onepage_progress`-Blocks. Mit `name="root"` überschreiben Sie den `root`-Block aus dem *page.xml*-Template und sorgen so dafür, dass weder das Basis-Template mit dem einleitenden HTML-Markup geladen wird noch die anderen Standardelemente der Seite. Sie erinnern sich sicherlich an den Anfang des Layout-Kapitels: Der oberste Block muss das Attribut `output="toHtml"` tragen, um ausgegeben zu werden. Der `onepage_progess`-Block ist nun der *root*-Block, und die mit `output` angegebene Methode wird benutzt, um die Ausgabe zu generieren.

JS-Proxy

Sie haben bereits festgestellt, dass es in Magento eine Reihe von JavaScript-Dateien gibt, die für die Funktionalität unverzichtbar sind. Nun läge die Annahme nahe, diese Dateien in der *head.phtml* eines Themes einzubinden. Um jedoch HTTP-Requests beim Seitenaufruf zu sparen, fügt Magento durch der sogenannte JS-Proxy alle JavaScript-Dateien zu einer Datei zusammen. Sie finden daher nur folgenden Aufruf im Header:

```html
<script type="text/javascript" src="http://ihrshop.de/js/index.
php?c=auto&amp;f=,prototype/prototype.js,prototype/validation.js,scriptaculous/builder.
js,scriptaculous/effects.js,scriptaculous/dragdrop.js,scriptaculous/controls.
js,scriptaculous/slider.js,varien/js.js,varien/form.js,varien/menu.js,mage/translate.
js,mage/cookies.js" ></script>
```

 Seit Version 1.4 CE und EE 1.6 kann Magento on-the-fly JavaScript und CSS komprimieren und in jeweils einer Datei zusammenfassen. Das Feature ist noch als Beta markiert, wird aber schon von einige Shops im Live-Betrieb eingesetzt.

Sie erreichen diese Einbindung mittels der Layoutdatei *page.xml* Ihres Themes:

```
<block type="page/html_head" name="head" as="head">
    <action method="addJs"><script>prototype/prototype.js</script></action>
    <action method="addJs"><script>prototype/validation.js</script></action>
    <action method="addJs"><script>scriptaculous/builder.js</script></action>
    <action method="addJs"><script>scriptaculous/effects.js</script></action>
    <action method="addJs"><script>scriptaculous/dragdrop.js</script></action>
    <action method="addJs"><script>scriptaculous/controls.js</script></action>
    <action method="addJs"><script>scriptaculous/slider.js</script></action>
    <action method="addJs"><script>varien/js.js</script></action>
    <action method="addJs"><script>varien/form.js</script></action>
    <action method="addJs"><script>varien/menu.js</script></action>
    <action method="addJs"><script>mage/translate.js</script></action>
    <action method="addJs"><script>mage/cookies.js</script></action>
    ...
</block>
```

Wie Sie sehen, werden über action-Tags die jeweiligen *.js*-Dateien eingebunden, von denen Sie in den vorangegangenen Abschnitten bereits einige kennengelernt haben. Dabei rufen die einzelnen action-Tags die addJs()-Methode auf, der der Pfad zur Java-Script-Datei übergeben wird. Diese Dateien liegen alle im Verzeichnis *js/*. Um Dateien aus dem Skin-Verzeichnis Ihres Themes zu laden, verwenden Sie statt der addJs()-Methode die folgende Anweisung:

```
<action method="addItem"><type>skin_js</type><name>js/mein.js</name></action>
```

Analog dazu gibt es auch die Methode addCss und den Parameter skin_css für addItem, um CSS-Dateien einzubinden.

JavaScript debuggen mit Firebug

JavaScript ist mit den meisten Editoren nicht zu debuggen. Daher empfiehlt sich Firebug als nützliches Firefox-Add-on für diese Aufgabe (siehe Abbildung 4-9).

Mit Firebug können Sie unter anderem HTML- und CSS-Code inspizieren oder auch zur Laufzeit direkt ändern. Es steht Ihnen außerdem ein vollwertiger JavaScript-Debugger zur Verfügung, mit dem Sie Break- und Watchpoints setzen und Variablen inspizieren können. Weiterhin finden Sie im Register *DOM* (*Document Object Model*) einen Überblick über alle Variablen des aktuellen Dokuments.

Wenn Sie AJAX-Requests erzeugen, können Sie die Über- und Rückgabewerte Ihres Requests in der Firebug-Konsole kontrollieren. Dazu lässt sich im Register *Netzwerk* ablesen, welche URLs aufgerufen werden und welche Werte per GET/POST dahin über-

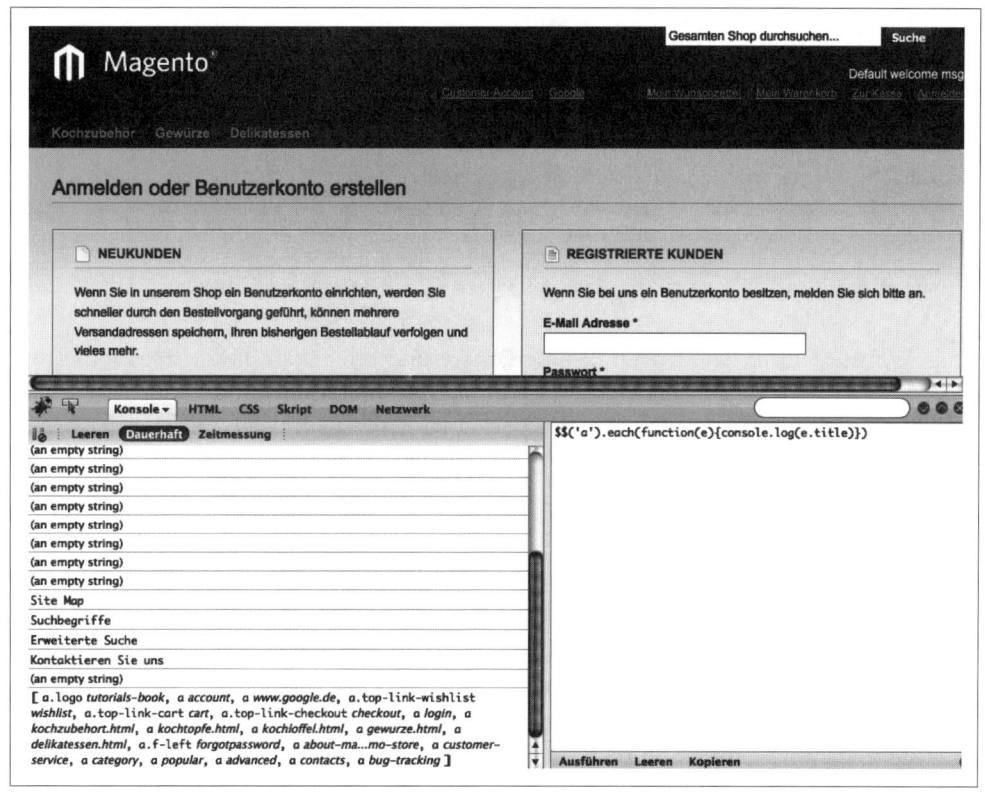

Abbildung 4-9: Konsole von Firefox mit vergrößertem JavaScript-Eingabefenster

mittelt werden. Weiterhin können Sie in dieser Konsole ganz einfach JavaScript-Befehle oder ganze Funktionen eingeben, somit starten und dadurch direkt testen. Geben Sie beispielsweise einfach einmal Folgendes ein und klicken Sie anschließend auf *Run*.

```
$$('a').each(function(e){console.log(e.title)})
```

Bei $$('a') handelt es sich um eine Funktion des JavaScript-Frameworks Prototype, die alle Links innerhalb der aktuellen Seite zurückgibt. each() wendet auf jedes Listenelement die innen liegende Funktion function(e) an. Dieser wird das aktuelle Element als Eingabeparameter übergeben, und sie gibt den Titel des Elements aus. Console.log() ist eine einfache Funktion, mit der Sie Ausgaben in der Firebug-Konsole erzeugen können. Sie eignet sich daher besser zum Debuggen als die alert()-Funktion, die eine JavaScript-Warnmeldung ausgeben lässt. Neben log() bietet die Firebug-Konsole auch die Funktionen warn(), error() und notice() an, um verschiedene Stufen von Warn- und Hinweismeldungen in die Konsole zu schreiben.

Wenn Sie nun komplexere JavaScript-Klassen schreiben, empfiehlt es sich, kleinere Codefragmente in der Firebug-Konsole zu testen oder sich gezielt Variablenwerte ausgeben zu lassen. Da es in JavaScript keine private- oder protected-Attribute oder Methoden gibt, können Sie einfach über die Konsole auf sämtliche Klasseninhalte zugreifen. Die Inhalte Ihrer JavaScript-Objekte können Sie auch im DOM- Fenster von Firebug einsehen.

 Wenn Sie beginnen, JavaScript-Dateien anzupassen, gilt prinzipiell dasselbe wie auch für andere Änderungen an Magento: Ändern Sie auch hier keine Magento-Standarddateien. Auch JavaScript-Klassen lassen sich extenden, ganz ähnlich wie PHP-Dateien. Dies weiter auszuführen, sprengt den Rahmen des Buchs, daher sei Ihnen die entsprechende Website[1] sowie einschlägige Literatur zur JavaScript- Programmierung empfohlen.

Viele Webentwickler bevorzugen das modernere und schlankere JavaScript-Framework *jQuery (http://jquery.com/)*. Es existieren Community-Extensions, um dieses Framework zusätzlich zu Prototype in Magento zur Verfügung zu stellen, wenn man bereit ist, den Overhead zu akzeptieren, zwei Frameworks zu laden. Die Extensions finden Sie auf MagentoConnect, zum Beispiel unter *http://www.magentocommerce.com/magento-connect/mxperts/extension/1619/mxperts--jquery-base*.

Zusammenfassung

In diesem Kapitel haben wir Ihnen nähergebracht, aus welchen Elementen das Magento-Frontend aufgebaut ist. Es wurde im Detail erläutert, was Blöcke, Layouts und Templates sind und wie sich diese zueinander verhalten. Ebenso sind wir auf die Bestandteile des */skin*-Ordners eingegangen, in dem die vom Browser lesbaren Bestandteile wie Bilder, CSS- und JavaScript-Dateien untergebracht sind. Zuletzt haben wir Ihnen in Kürze die wichtigsten JavaScript-Bibliotheken vorgestellt und ihre Arbeitsweise innerhalb von Magento erläutert.

Dieses Kapitel stellt auch den Abschluss des ersten Teils dar, der sozusagen das theoretische Fundament für die professionelle Magento-Entwicklung darstellt. Da aber Theorie allein nicht ausreicht, um sich in einem solch komplexen System wie Magento zurechtzufinden, widmen wir uns in den folgenden Kapiteln der Beschäftigung mit konkreten Beispielen.

Diese sogenannten Rezepte sind nicht akademischer Natur, sondern haben es vielmehr aus dem Projekt- und Agenturalltag in unser Buch geschafft. Hier beschäftigen wir uns daher auch mit Fragestellungen, die Ihnen so oder so ähnlich selbst begegnen könnten, und bieten Strategien und Lösungsvorschläge an. Wir möchten Sie also einladen, das eine oder andere Rezept nachzuvollziehen, und hoffen, Sie werden erstaunt sein, wie viele Fragen, die Sie vielleicht bisher noch hatten, im Handumdrehen beantwortet werden.

---

[1] *http://www.prototypejs.org/learn*

KAPITEL 5

Produkte und Kategorien

5.0 Einführung

Unsere Erfahrung zeigt, dass das Lösen konkreter Aufgabenstellungen mit Magento der schnellste Weg ist, die Funktionsweise, die Nomenklatur und die interne Logik des Systems kennenzulernen. Dies ist der Grund dafür, dass wir in diesem und in den nachfolgenden Kapiteln Theorie größtenteils Theorie sein lassen und uns konkret Problemen widmen, die Ihnen so oder in abgewandelter Form in Ihrem Magento-Alltag begegnen könnten. Diese praktischen Beispiele oder auch »Rezepte« haben wir in eigenen *Webkochshop*-Extensions gekapselt, die Sie im Download-Code zum Buch unter *http://examples.oreilly.de/german_examples/magentopaiger/* und auf der Website zum Buch unter *www.mage-bud.de* finden. Je nach Komplexität der Aufgabenstellung wird eine Extension durch ein oder mehrere Rezepte beschrieben, damit bestimmte Details besser herausgearbeitet und näher erläutert werden können.

Sämtliche Rezepte dieses Praxisteils haben wir zu bestimmten Themenbereichen zusammengefasst. In diesem Kapitel dreht sich beispielsweise alles um die wichtigsten Bestandteile eines Onlineshops: Produkte und Kategorien. Hier zeigen wir Ihnen, wie Sie auf die Darstellung von Produkten und Kategorien Einfluss nehmen und die Anzeige bzw. Funktionalität dieses wichtigen Bereichs modifizieren können. Außerdem lernen Sie, wie sich kundenspezifische Preise realisieren lassen und wie Sie mit Frontend-Widgets arbeiten.

Wenn Sie also nun Ihre Programmierärmel hochgekrempelt haben, wünschen wir Ihnen viel Erfolg beim Durcharbeiten der Rezepte der nächsten Kapitel und zeigen Ihnen als Erstes, welche einfachen Umbauarbeiten Sie an der Kategoriedarstellung von Magento vornehmen können.

5.1 Eine vertikale Tree-Navigation erstellen

Problem

Wenn Sie mit der horizontalen Standardnavigation (siehe Abbildung 5-1) einen umfangreichen Kategoriebaum abbilden möchten, stoßen Sie schnell an die Grenzen des Designs, da möglicherweise mehr Hauptkategorien existieren, als Sie in der vorgegebenen Seitenbreite unterbringen können.

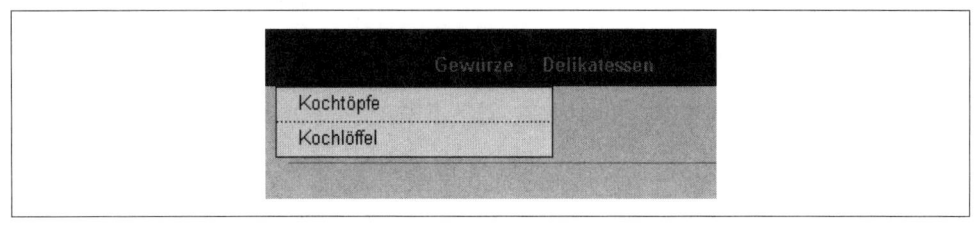

Abbildung 5-1: Die Standardnavigation von Magento

Lösung

Nützlicher ist in solchen Fällen der Einsatz einer vertikalen Tree-Navigation, die auch bei einer großen Anzahl von Kategorien und vielen verschachtelten Ebenen übersichtlich und bedienbar bleibt. Stellen Sie sich vor, der *Webkochshop* verkauft neben allen möglichen Arten von Küchengeräten auch noch Delikatessen aus der ganzen Welt: Wenn das Sortiment sowohl in der Breite als auch in der Tiefe sehr umfangreich ist, führt kein Weg an einem alternativen Navigationskonzept vorbei. In diesem Rezept erstellen Sie vor diesem Hintergrund eine Tree-Navigation, die Ihre Kategorien übersichtlich vertikal angeordnet in der linken Spalte des Shoplayouts darstellt. Abbildung 5-2 zeigt die fertige Lösung.

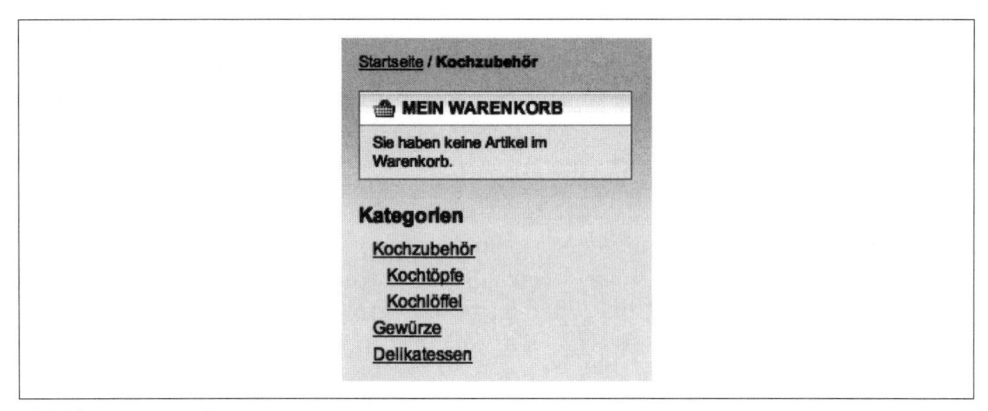

Abbildung 5-2: Die fertige Tree-Navigation

Diskussion

Zunächst legen Sie im Namespace *Webkochshop* eine Extension namens *Navigation* an und strukturieren sie so, wie es in Kapitel 2 bei der Diskussion der Extensions gezeigt wurde. Anschließend erstellen Sie mit der Datei *tree.phtml* im Verzeichnis */template/web-kochshop/navigation/catalog/* des *base/default*-Themes ein Template für die neue Navigation und fügen den folgenden Inhalt ein:

```php
<?php $storeCategories = $this->getStoreCategories(); ?>
<?php if ($storeCategories): ?>
<div class="box base-mini treenav-container">
    <div id="treenav">
    <div class="head">
        <h4><?php echo $this->__('Categories') ?></h4>
    </div>
    <div class="body">
        <ul>
            <?php foreach ($storeCategories as $category): ?>
                <?php if ($category->getIsActive()) : ?>
            <li class="level1">
                <a href="<?php echo $this->getCategoryUrl($category) ?>">
                    <?php echo $this->htmlEscape($category->getName()) ?>
                </a>
                <?php if ($this->isCategoryActive($category) &&
                    $category->hasChildren()): ?>
            <ul>
                <?php $subCategories = $category->getChildren(); ?>
                    <?php foreach ($subCategories as $subCategory): ?>
                        <?php if ($subCategory->getIsActive()): ?>
                <li class="level2">
                    <a href="<?php echo $this->getCategoryUrl($subCategory) ?>">
                        <?php echo $subCategory->getName() ?>
                    </a>
                </li>
                        <?php endif; ?>
                    <?php endforeach; ?>
            </ul>
                <?php endif; ?>
            </li>
                <?php endif; ?>
            <?php endforeach; ?>
        </ul>
    </div>
    </div>
</div>
<?php endif; ?>
```

Mit $this->getStoreCategories() erhalten Sie alle Kategorien auf der ersten Ebene des aktiven Stores, die mittels foreach() durchlaufen werden. Nachdem mit $category->getIsActive() geprüft wurde, ob die Kategorie im Store aktiviert ist, erhalten Sie mit $category->getChildCategories() alle zugehörigen Unterkategorien. Dieses Prinzip wiederholt sich für jede untergeordnete Ebene, die Sie in der Navigation darstellen möchten. Die Darstellung der Kategorien erfolgt in verschachtelten Listen, um die Bedienbarkeit auch auf Plattformen ohne CSS-Unterstützung zu gewährleisten.

Die Listenelemente jeder Ebene werden mit einer eigenen CSS-Klasse versehen, um eine individuelle Formatierung zu vereinfachen. Nachdem Sie das Template fertiggestellt und gespeichert haben, definieren Sie einen neuen Layoutblock, der den Verweis auf Ihr Template enthält und für die korrekte Positionierung im Store-Layout sorgt.

Öffnen Sie dazu zuerst die *config.xml* der *Navigation*-Extension und fügen dann den XML-Schnipsel zum Laden einer Layoutdatei hinzu:

```
<!--...-->
    <frontend>
        <layout>
            <updates>
                <navigation>
                    <file>navigation.xml</file>
                </navigation>
            </updates>
        </layout>
    </frontend>
<!--...-->
```

Jetzt erstellen Sie die Layout-XML-Datei für Ihre Extension, mit deren Hilfe Sie die Blockausgaben im Shop-Frontend steuern können. Speichern Sie sie unter *app/design/frontend/base/default/layout/navigation.xml* und fügen Sie folgenden Code ein:

```
<?xml version="1.0"?>
<layout version="0.1.0">
    <!-- Setzen des Templates für die Kategorienavigation ohne Filter-Navi -->
    <catalog_category_default>
        <reference name="catalog.leftnav">
            <action method="setTemplate">
                <template>webkochshop/navigation/catalog/tree.phtml</template>
            </action>
        </reference>
        <!-- Hinzufügen der CSS-Formatierungen -->
        <reference name="head">
            <action method="addItem">
                <type>skin_css</type>
                <name>webkochshop/navigation/css/tree.css</name>
                <params/>
                <if/>
            </action>
        </reference>
    </catalog_category_default>
</layout>
```

Wir weisen hier dem in der *catalog.xml* initialisierten Block *catalog.leftnav* vom Typ *catalog/navigation* unser neues Template zu. Da die Anwendung der Layout-XML-Datei voraussetzt, dass der Block *catalog.leftnav* bereits definiert ist, haben wir in der Extension-

Aktivierungsdatei *app/etc/modules/Webkochshop_Navigation.xml* die Zeile `<depends>` `<Mage_Catalog />` `</depends>` eingefügt. Bei Layoutupdates ist die Lade- und Anwendungsreihenfolge die häufigste Fehlerursache. Der Blocktyp *catalog/navigation* stellt Funktionen wie `$this->getStoreCategories()` zur Verfügung, die in dem zuvor erstellten Template zur Anwendung kommen.

Damit die Kategorienliste auch je nach Ebene eingerückt dargestellt wird, erstellen Sie noch eine CSS-Datei, wie im Layout XML-spezifiziert, mit dem Inhalt:

```
#treenav .level2, #treenav .level1 { margin-left: 10px; }
```

Die vorliegende Navigation lässt sich vielfältig erweitern. Beispielsweise können Sie mit geringem Aufwand auch die Unterkategorien der gerade nicht ausgewählten Kategorien darstellen. Hierzu entfernen Sie einfach die Prüfung auf `$this->isCategoryActive($category)` in den jeweiligen if-Abfragen. Das kann nützlich sein, wenn Sie einen Kategoriebaum benötigen, dessen Äste Sie per JavaScript dynamisch auf- und zuklappen wollen, ohne dass die Seite zwischendurch neu geladen werden muss. Auch optisch lässt sich die Listendarstellung aufpeppen, indem Sie beispielsweise zu jeder Kategorie ein Icon bereitstellen oder individuelle Farbcodes verwenden, um den Baum übersichtlicher zu gestalten. Mit den Magic-Gettern (siehe Kapitel 3) können Sie auf beliebige Attribute zugreifen, auch auf solche, die Sie selbst in einem eigenen Modul hinzugefügt haben.

Bei vielen Kategorieebenen steigert eine vertikale Navigation die Usability, jedoch sollten Sie trotzdem auf eine zu tiefe Verschachtelung verzichten und stattdessen Gebrauch von der Layered-Navigation machen, die sich sinnvoll mit der Tree-Navigation kombinieren lässt. Dadurch bieten Sie dem Besucher Ihres Stores mehr Filtermöglichkeiten, und er kommt schneller ans Ziel.

 Eine interessante Möglichkeit zur Darstellung einer vertikalen Navigation bietet die kostenloste Community-Extension *VertNav* (*http://www.magentocommerce.com/magento-connect/Rico+Neitzel/extension/763/*), die sich einfach über MagentoConnect installieren lässt.

5.2 Eine Standardansicht pro Kategorie setzen

Problem

Sie möchten den sogenannten *Standard-View-Mode* für die Produktauflisting pro Kategorie einstellen, um dem Nutzer die Produkte einer Kategorie in der am besten geeigneten Darstellungsform zu präsentieren.

Lösung

Wir erstellen eine Extension *Webkochshop_Kategorieansicht*, mit deren Hilfe diese Funktionalität zur Verfügung gestellt wird. In dieser fügen Sie dem Kategorie-Model ein Attribut hinzu, in dem der gewünschte View-Mode gespeichert werden kann. Dann überschreiben Sie den Block, der für die Bestimmung des aktuellen View-Modes zuständig ist.

Diskussion

Zunächst benötigen Sie ein Installationsskript für Ihre Extension. Darin definieren Sie ein neues Attribut für das Kategorie-Model, in dem der im Admin-Panel per Drop-down gewählte View-Mode gespeichert wird. Hier sehen Sie den Inhalt des Skripts:

```php
<?php
/**
 * @var $installer Mage_Catalog_Model_Resource_Eav_Mysql4_Setup
 */
$installer = $this;
$installer->startSetup();

$installer->addAttribute('catalog_category', 'view_mode', array(
    'type'      => 'varchar',
    'label'     => 'Default View Mode',
    'global'    => Mage_Catalog_Model_Resource_Eav_Attribute::SCOPE_GLOBAL,
    'input'     => 'select',
    'required'  => 0,
    'source'    => 'kategorieansicht/entity_attribute_source_viewmode',
    'group'     => 'Display Settings',
));

$installer->endSetup();
```

Wie Sie sehen, wurde ein spezielles Source-Model für das Attribut festgelegt. In diesem werden die zur Verfügung stehenden Auswahlmöglichkeiten vorbereitet, die dann im Admin-Panel im Drop-down-Feld erscheinen.

```php
<?php
class Webkochshop_Kategorieansicht_Model_Entity_Attribute_Source_Viewmode
    extends Mage_Eav_Model_Entity_Attribute_Source_Abstract
{
    public function getAllOptions()
    {
        if (! $this->_options)
        {
            /*
             * Alle verfügbaren View-Modes werden aus der Konfiguration gelesen.
             */
            $modes = Mage::getStoreConfig('catalog/frontend/list_mode');
            $modes = explode('-', $modes);
            foreach ($modes as $value)
            {
                switch ($value)
                {
                    case 'grid':
```

```php
                $this->_options[] = array(
                    'value' => 'grid',
                    'label' => Mage::helper('catalog')->__('Grid'),
                );
                break;
            case 'list':
                $this->_options[] = array(
                    'value' => 'list',
                    'label' => Mage::helper('catalog')->__('List'),
                );
                break;
            default:
                $this->_options[] = array(
                    'value' => $value,
                    'label' => $value,
                );
                break;
            }
        }
    }
    return $this->_options;
}
}
```

Der Speicherort für die Source-Model-Datei wird durch den Klassennamen vorgegeben: *app/code/local/Webkochshop/Kategorieansicht/Model/Entity/Attribute/Source/Viewmode.php*.

Damit der gespeicherte View-Mode einer Kategorie auch genutzt wird, müssen Sie noch den Toolbar-Block überschreiben, in dem der anzuzeigende View-Mode ermittelt wird. Dafür ist die Methode getCurrentMode() im Block Mage_Catalog_Block_Product_List_Toolbar zuständig. Sehen wir uns die überschriebene Klasse einmal an:

```php
<?php

class Webkochshop_Kategorieansicht_Block_Catalog_Product_List_Toolbar
    extends Mage_Catalog_Block_Product_List_Toolbar
{
    /**
     * den aktuellen View-Mode auslesen
     *
     * @return string
     */
    public function getCurrentMode()
    {
        $mode = $this->_getData('_current_grid_mode');
        if ($mode)
        {
            return $mode;
        }
        $modes = array_keys($this->_availableMode);
        $category = Mage::registry('current_category');
        $categoryViewMode = $category ? $category->getViewMode() : '';
```

```
            if (isset($this->_availableMode[$categoryViewMode]))
            {
                $defaultMode = $categoryViewMode;
            }
            else
            {
                $defaultMode = current($modes);
            }
            $mode = $this->getRequest()->getParam($this->getModeVarName());
            if ($mode)
            {
                if ($mode == $defaultMode)
                {
                    Mage::getSingleton('catalog/session')->unsDisplayMode();
                }
                else
                {
                    $this->_memorizeParam('display_mode', $mode);
                }
            }
            else
            {
                $mode = Mage::getSingleton('catalog/session')->getDisplayMode();
            }

            if (!$mode || !isset($this->_availableMode[$mode]))
            {
                $mode = $defaultMode;
            }
            $this->setData('_current_grid_mode', $mode);
            return $mode;
        }
    }
```

In der Konfiguration Ihrer Extension muss der Block, den Sie überschreiben, noch definiert werden. Das folgende Listing zeigt einen Auszug aus der *config.xml* mit dem Rewrite des Blocks im <global>-Abschnitt der Konfiguration:

```
<blocks>
    <catalog>
        <rewrite>
            <product_list_toolbar>Webkochshop_Kategorieansicht_Block_Catalog_Product_
                List_Toolbar</product_list_toolbar>
        </rewrite>
    </catalog>
</blocks>
```

Mit der vorgestellten Lösung gewinnt Ihr Shop an Flexibilität bei der Produktdarstellung, da Sie jede Kategorie in dem View-Mode darstellen können, der für die in ihr enthaltenen Produkte am besten passt. Das ist insbesondere dann sinnvoll, wenn Sie mehr als nur die beiden Modes *list* und *grid* in Ihrem Shop verwenden. Zu beachten ist dann, dass die Definition der zur Verfügung stehenden Modes im Source-Model des Attributs angepasst werden muss, wenn Sie neue Modes definieren. Sonst tauchen Ihre neuen Modi im Admin-Panel nicht auf.

Wie so oft sollten Sie natürlich auch hier darauf achten, den Nutzer nicht mit zu vielen unterschiedlichen Darstellungen zu verwirren. Wenn sich jede Kategorie anders darstellt, fällt die Orientierung unter Umständen unnötig schwer.

5.3 Produkte per AJAX einer Vergleichsliste hinzufügen

Problem

Sie möchten Besuchern erlauben, während des Stöberns auf Kategorieseiten Produkte zur Vergleichsliste hinzuzufügen und daraus wieder zu entfernen.

Lösung

Im Hintergrund wird ein AJAX-Request ausgeführt, und die Anzeige der Vergleichsliste wird aktualisiert. Sie können das Beispiel mit ein paar Änderungen auch auf den Warenkorb, Wunschlisten oder andere Bereiche und Aktionen anwenden. Diese Funktionaliät kapseln wir in einer eigenen Extension namens *Webkochshop_Vergleichsliste*.

Diskussion

AJAX erlaubt es Ihnen, Aktionen im Hintergrund auszuführen und bestimmte Inhalte der Seite ohne Seiten-Reload nachzuladen. Dies ist insbesondere dann interessant, wenn es sich um Aktionen handelt, die eher nebenbei geschehen und den eigentlichen Nutzungskontext nicht ändern sollen.

Was müssen Sie also für die Verwendung von AJAX ändern oder hinzufügen? Zum einen benötigen Sie eine JavaScript-Funktion, die die AJAX-Requests ausführt, und einen Controller, der Ihnen lediglich den zu aktualisierenden Inhalt zurückgibt.

Beginnen Sie damit, einen AJAX-fähigen Controller für das Hinzufügen und Entfernen zu erstellen. Statt der Standard-*add-* und *remove*-Actions des CompareControllers benötigen Sie zwei neue Methoden, die nicht die komplette Seite neu laden, sondern nur den Bereich der Vergleichsliste zurückgeben.

Erstellen Sie hierzu die Controller-Klasse *Webkochshop/Vergleichsliste/controllers/Catalog/Product/CompareController.php* in Ihrer Extension und erstellen Sie nachfolgende Einträge in der zugehörigen *config.xml*:

```xml
<?xml version="1.0"?>
<config>
    <!--...-->
    <frontend>
```

```
<routers>
    <catalog>
        <args>
            <modules>
                <vergleichsliste before="Mage_Catalog">Webkochshop_
                    Vergleichsliste_Catalog_Product</vergleichsliste>
            </modules>
        </args>
    </catalog>
</routers>
</frontend>
<!--...-->
```

Diese Anweisungen sorgen dafür, dass URL-Anfragen an */catalog/product_compare/* durch Ihre Version der *CompareController.php* verarbeitet werden.

Anschließend müssen Sie die folgenden Action-Methoden in Ihrer CompareController-Klasse erstellen. Da sie sich in der eigentlichen Funktion nicht von add- und removeAction() unterscheiden, können Sie sie einfach aus der Elternklasse kopieren, in ajaxaddAction() bzw. ajaxremoveAction() umbenennen und folgende erste Änderungen vornehmen, indem Sie diese Zeilen entfernen:

```
Mage::getSingleton('catalog/session')->addSuccess(
    $this->__('Product %s successfully ... to compare list', $product->getName())
);
```

Hierbei handelt es sich um die Bestätigungsmeldungen, die Magento innerhalb eines bestimmten Teils der Seite ausgibt. Da Sie diesen Teil jedoch nicht zusätzlich aktualisieren wollen und das Ergebnis der Aktionen durch den Umfang der Vergleichsliste sichtbar wird, sollten Sie auf diese Meldungen verzichten – andernfalls tauchen sie auf der nächsten vollständig geladenen Seite auf. Wie bereits erwähnt, sollen die AJAX-Actions nur den zu aktualisierenden Teil der Seite zurückgeben. Standardgemäß wird ein Redirect, also eine Aktualisierung der Ursprungsseite, ausgeführt. Ersetzen Sie daher folgende Zeile aus ajaxaddAction()

```
$this->_redirectReferer();
```

durch

```
$this->_setAjaxResponse('webkochshop_vergleichsliste_ajaxadd');
```

Für die ajaxremoveAction() verwenden Sie Folgendes:

```
$this->_setAjaxResponse('webkochshop_vergleichsliste_ajaxremove');
```

Dann legen Sie die _setAjaxResponse()-Methode an:

```
protected function _setAjaxResponse($updateHandle)
{
    $layout = $this->getLayout();
    $update = $layout->getUpdate();
    $update->load($updateHandle);
    $layout->generateXml();
    $layout->generateBlocks();
```

```
$result['update'] = array(
    'name' => 'compare',
    'html' => $layout->getOutput()
);
$this->getResponse()->setBody(Zend_Json::encode($result));
}
```

Ähnliche Anweisungen finden Sie auch in dem *OnepageCheckout*-Controller des *Mage_ Checkout*-Moduls. Hier wird die Seite nicht normal zurückgeliefert, sondern nur der zu aktualisierende Teil der Seite innerhalb eines JSON-encodierten Arrays. Wenn Sie die normalen Methoden `$this->loadLayout();` `$this->renderLayout();` zur Ausgabe verwenden, wird die Rückgabe nicht als JSON codiert und kann nicht so einfach per JavaScript ausgewertet werden. Sie könnten diesem Array auch noch weitere Informationen hinzufügen, wie z.B. die Anzahl der Produkte oder die oben entfernte Meldung.

Die Zeilen `$update->load('webkochshop_vergleichsliste_ajaxadd');` und `_remove');` referenzieren Layout-Handle, die den Inhalt der Rückgabe bestimmen. Dieses add- und das remove-Handles müssen Sie in einer Layoutdatei Ihres Moduls definieren. Damit eine Layoutdatei von dem Modul gelesen wird, fügen Sie die folgenden Anweisungen in die *config.xml* des Moduls ein:

```
<frontend>
    <!--...-->
    <layout>
        <updates>
            <vergleichsliste>
                <file>vergleichsliste.xml</file>
            </vergleichsliste>
        </updates>
    </layout>
</frontend>
```

In die dazugehörige Datei *app/design/frontend/base/default/layout/vergleichsliste.xml* kommt der folgende XML-Code:

```
<?xml version="1.0"?>
<layout version="0.1.0">
    <webkochshop_vergleichsliste_ajax>
        <remove name="left" />
        <remove name="right" />
        <block type="core/template" name="root" output="toHtml"
            as="catalog_compare_sidebar"
            template="catalog/product/compare/sidebar.phtml"/>
    </webkochshop_vergleichsliste_ajax>

    <webkochshop_vergleichsliste_ajaxadd>
        <update handle="webkochshop_vergleichsliste_ajax"/>
    </webkochshop_vergleichsliste_ajaxadd>

    <webkochshop_vergleichsliste_ajaxaremove>
        <update handle="webkochshop_vergleichsliste_ajax"/>
```

```
    </webkochshop_vergleichsliste_ajaxaremove>
  </layout>
```

Da sowohl beim Hinzufügen als auch beim Entfernen die gleiche Ausgabe angezeigt werden soll, nämlich die aktualisierte Vergleichsliste, können Sie ein generisches Handle webkochshop_vergleichsliste_ajax erzeugen. Wie diese Layout-XML-Anweisungen die Ausgabe des Vergleichen-Blocks erzeugen, können Sie in Kapitel 4 nachlesen.

Um den Vergleichslistenbereich der Seite fortlaufend ersetzen zu können, benötigen Sie auf HTML-Ebene ein <div>-Layer mit einer eindeutigen ID. Hierzu werden Sie ein Frame-Tag auf den Compare-Sidebar-Block setzen, der die Vergleichsliste umschließt. Dazu ergänzen Sie die *vergleichsliste.xml*:

```
<!--...-->
  <default>
    <reference name="catalog.compare.sidebar">
      <!-- Hinzufügen eines Wrapper-<div>-Elements -->
      <!-- Die spitzen Klammern (< und >) werden automatisch hinzugefügt. -->
      <action method="setFrameTags">
        <before>div id="compare-list"</before>
        <after>/div</after>
      </action>
    </reference>
  </default>
<!--...-->
```

Jeder Block besitzt die setFrameTags()-Methode, mit deren Hilfe der Inhalt einfach mit neuen Elementen umgeben werden kann.

Nun erstellen Sie den JavaScript-Teil der AJAX-Anwendung. Hierfür definieren Sie eine Prototype-Klasse in der JavaScript-Datei *skin/frontend/base/default/webkochshop/vergleichsliste/js/ajax.js*. Vergessen Sie nicht, diese Datei in der *layout/vergleichsliste.xml* folgendermaßen einzubinden:

```
<default>
  <!--...-->
  <reference name="head">
    <action method="addItem">
      <type>skin_js</type>
      <name>webkochshop/vergleichsliste/js/ajax.js</name>
    </action>
  </reference>
  <!--...-->
</default>
```

Nun bauen Sie das JavaScript. Das Skript ändert die Links zum Hinzufügen und Entfernen von Produkten zur Vergleichsliste ab, so dass sie auf die AJAX-Methoden des erweiterten Controllers zeigen.

```
var CompareLinks = Class.create({
  initialize: function() {
    this.contentElement = $('compare-list');
    $$('a.link-compare').each(
```

```
                function(link){
                    link.url = link.href.replace('product_compare/add/','product_compare/ajaxadd/');
                    Event.observe(link, 'click', this.request.bindAsEventListener(this, link));
                }.bind(this)
            );
            this.initializeCompareList();
        },

        initializeCompareList: function() {
            $$('#compare-list .btn-remove').each(
                function(link){
                    link.url = link.href.replace('product_compare/remove/',
                        'product_compare/ajaxremove/');
                    Event.observe(link, 'click', this.request.bindAsEventListener(this,
                            link));
                }.bind(this)
            );
        },

        request: function(event, link){
            Event.stop(event);
            link.addClassName('loading');
            new Ajax.Request(link.url, {
                method: 'get',
                onSuccess: function(transport) {
                    if (transport && transport.responseText) {
                        try{
                            response = eval('(' + transport.responseText + ')');
                        }
                        catch (e) {
                            response = {};
                        }
                        if (response.update) {
                            link.removeClassName('loading');
                            this.contentElement.update(response.update.html);
                            this.initializeCompareList();
                        }
                    }
                }.bind(this)}
            );
        }
    });

    Event.observe(window, 'load', function() {
        compareLinks = new CompareLinks();
    });
```

Die Klasse verbindet die *onClick*-Events der *remove*- und *add-to-compare*-Links mit einer eigenen request-Methode. Wird nun ein solcher Link angeklickt, wird die Methode request aufgerufen.

Diese Methode stoppt das *onClick*-Event, damit der Link nicht regulär geladen wird. Die URL zur AJAX-Controller-Action wird jeweils durch eine einfache Ersetzung aus dem href-Attribut des jeweiligen Links erzeugt. Nach erfolgreichem *Ajax.Request* wird die Rückgabe mittels eval() ausgewertet, und damit wird das JSON-Objekt in ein JavaScript-Objekt umgewandelt, das die aktualisierte Vergleichsliste enthält. Anschließend wird der Inhalt des Objekts in das Element *compare-list* geschrieben. Die alte Vergleichsliste wird also durch die neue ersetzt.

Die nachfolgende Instantiierung der *CompareLinks*-Klasse am Ende der JavaScript-Datei wendet die neue Funktionalität an. Der Ausdruck verzögert die Objekterzeugung, bis die Seite inklusive aller Elemente vollständig geladen ist.

```
Event.observe(window, 'load', function() {
    var compareLinks = new CompareLinks();
});
```

Für und Wider von AJAX-Controllern

Theoretisch können Sie so ziemlich jeden Magento-Controller mit AJAX steuern – Sie sollten jedoch davon absehen, dieses Verfahren übermäßig einzusetzen. Ein normaler Reload fühlt sich für die meisten Benutzer gewohnter und damit zuverlässiger an. Diesen Eindruck werden Sie sicherlich auch dann bekommen, wenn Sie bemerken, wie schnell so ein AJAX-Request im Nichts enden kann: Ein kleiner Fehler, und der angeforderte Inhalt bleibt unerreichbar. Deswegen ist es extrem wichtig, ein entsprechendes Fehler-Handling zu implementieren und so beispielsweise die normale Funktionsweise der Controller zu erhalten. Eine mögliche Übung wäre in diesem Beispiel die Fehlerbehandlung einer fehlerhaften Rückgabe (z.B. 404 – not found). Weitere Probleme, die bei einer AJAX-gesteuerten Benutzerführung umschifft werden müssen, sind beispielsweise die fehlende Funktion des Zurück-Buttons und eine konstant bleibende Adressleiste, die das Bookmarken erschweren.

Sollten Sie der Meinung sein, dass Ajax eher eine Spielerei ist und echte Performance und Caching die Instrumente einer schnellen Seite sein sollten, möchten wir Ihnen an dieser Stelle schon den Hinweis geben, dass Sie insbesondere bei hochperformanten *whole page caching* sehr gut auf AJAX zurückgreifen können. Hier empfiehlt es sich nämlich, den benutzerunabhängigen Teil der Seite zu cachen und die individuellen Elemente separat per AJAX zu laden.

In diesem Rezept haben Sie die grundlegende Funktionsweise sowie die beteiligten Komponenten von AJAX-Anwendungen in Magento kennengelernt. An einigen Stellen empfiehlt es sich in der Praxis, den vorgestellten Code weiter auszubauen. Beispielsweise fehlt noch eine AJAX-Action, um die gesamte Vergleichsliste zu leeren. Die *add-* und *remove-* Links für den AJAX-Controller wurden durch eine einfache Ersetzung auf JavaScript-Ebene erzeugt. Das ist in diesem Fall vertretbar, da es sich lediglich um eine Modifikation des Original-Controllers handelt und die Parameter identisch sind. Bei anderen AJAX-

Anwendungen, die nicht direkt von einer Standard-Action abgeleitet sind, sollten Sie die Links von den zuständigen Blöcken oder Helper-Klassen erzeugen lassen.

Der JavaScript-Anteil bei solchen Anwendungen ist dennoch nicht zu unterschätzen. Wenn Sie beispielsweise den *add-to-compare*-Link nach erfolgreichem Hinzufügen in einen *Remove*-Link verwandeln wollen, damit der Benutzer die Aktion ebenso schnell wieder rückgängig machen kann, steigt der Umfang des JavaScript-Codes schnell auf das Drei- bis Vierfache an. Wie Sie sehen, erfordert AJAX auch immer einen sicheren Umgang mit JavaScript.

5.4   Kundenpreise anlegen

Problem

Sie möchten einzelnen Kunden über das Magento-Backend Rabatte gewähren.

Lösung

In diesem Rezept zeigen wir Ihnen eine Möglichkeit auf, die Preisfindung auf der Basis von Kundenattributen anzupassen. Mithilfe der nachfolgend beschriebenen Extension *Webkochshop_Kundenpreise* sind Sie in der Lage, in der Kundenverwaltung des Magento-Backends einen bestimmten Rabatt einzutragen. Die Eingabe des Rabatts ist dabei unterteilt in die Eingabe des Rabattwerts und die Unterscheidung zwischen absolutem und prozentualem Rabatt.

Diskussion

Um unserer Magento-Installation diese sehr hilfreiche Funktionaliät auch spendieren zu können, werden wir gemeinsam in diesem Rezept die nachfolgenden Schritte durchlaufen: Zunächst wird die Customer-Setup-Klasse verwendet, um ein neues Attribut dem Kunden-Model hinzuzufügen. Wir legen dann ein einfaches Attribut-Source-Model an. Die Extension nutzt einen Event-Observer zur Preisfindung. Schließlich werden die price- und final_price-Attribute von Produkten an den Kundenrabatt angepasst.

Beginnen wir mit der Diskussion der neuen Extension, indem wir uns einen Teil der *config.xml* ansehen:

```
<global>
    <!--...-->
    <resources>
        <kundenpreise_setup>
            <setup>
                <module>Webkochshop_Kundenpreise</module>
                <class>Mage_Customer_Model_Entity_Setup</class>
            </setup>
```

```
      </kundenpreise_setup>
    </resources>
  </global>
```

Wenn Sie ein neues Attribut mittels Installationsskript dem Customer-Model hinzufügen wollen, ist es entscheidend, die richtige Setup-Klasse zu verwenden. Mithilfe der Angabe `Mage_Customer_Model_Entity_Setup` im `<resources>`-Teil der Konfiguration lassen Sie jedoch keinen Zweifel darüber zu, dass Sie hier tatsächlich das Customer-Model verwenden möchten.

Nachdem Sie diesen wichtigen Schritt erledigt haben, steht als Nächstes das Installationsskript auf dem Programm. Sehen wir uns die Setup-Klasse ein wenig genauer an, mit der Sie zusätzliche Attribute in der Entität *Customer* anlegen. Dies geschieht in der Datei */sql/kundenpreise_setup/mysql4-install-0.1.0.php*:

```php
<?php
$installer = $this;
$installer->startSetup();

$installer->addAttribute('customer', 'price_adjustment', array(
    'label'    => 'Kundenrabatt',
    'type'     => 'decimal',
    'input'    => 'text',
    'default'  => '0',
    'required' => '0'
));

$installer->addAttribute('customer', 'price_adjustment_type', array(
    'label'   => 'Art des Rabatts',
    'type'    => 'varchar',
    'input'   => 'select',
    'source'  => 'kundenpreise/entity_attribute_source_type',
    'default' => Webkochshop_Kundenpreise_Model_Entity_Attribute_Source_Type::TYPE_FIX
));

$installer->endSetup();
```

Wie Sie erkennen können, werden hier zwei Attribute namens price_adjustment und price_adjustment_type erstellt und näher definiert. Ersteres ist ein Dezimalwert und wird mit einem Freitextfeld gefüllt, das zweite wird mittels eines Drop-down-Menüs gefüllt. Nun fragen Sie sich möglicherweise, woher denn die Werte für dieses Drop-down stammen. Das Geheimnis ist ein sogenanntes Attribut-Source-Model, mit dem die Menüeinträge auf einfache Weise angelegt werden können:

```php
<?php

class Webkochshop_Kundenpreise_Model_Entity_Attribute_Source_Type
    extends Mage_Eav_Model_Entity_Attribute_Source_Abstract
{
    const TYPE_FIX = 'fix';
    const TYPE_PERCENTAGE ='percentage';
```

```
public function getAllOptions()
{
    return array(
        array(
            'value' => self::TYPE_FIX,
            'label' => Mage::helper('kundenpreise')->__('Fix'),
        ),
        array(
            'value' => self::TYPE_PERCENTAGE,
            'label' => Mage::helper('kundenpreise')->__('Percent'),
        ),
    );
}
```

Die beiden Einträge, die hier aufgeführt werden, lauten TYPE_FIX und TYPE_PERCENTAGE und beschreiben die in unserem Modul verfügbaren Rabattarten. Natürlich ist es aber mittels eines solchen Source-Models möglich, auch umfangreiche Drop-down-Menüs mit Werten zu füllen. Jeder Eintrag wird zunächst über einen value definiert, der in unserem Beispiel mit dem Wert einer Konstanten gefüllt wird; außerdem finden Sie im zugehörigen label die Möglichkeit, die tatsächlich im Drop-down-Menü angezeigten Werte zu bestimmen. Über die Unterstrich-Unterstrich-Methode ist es in diesem Zusammenhang auch möglich, diese Werte so zu lokalisieren, wie es erforderlich ist. Kurzum, mit dem beschriebenen Setup-Skript und dem Source-Model erweitern Sie Ihren Admin-Bereich auf einfache Weise, ohne je direkt auf die Datenbank oder gar auf die Formatierungen und Templates des *Adminhtml*-Moduls zugreifen zu müssen. Eleganter geht's doch wirklich kaum, oder?

Die schönsten Konfigurationsbemühungen nutzen allerdings herzlich wenig, wenn nicht Entsprechendes auch im Frontend geschieht. Am elegantesten führen wir diese über einen Event-Observer durch. Wir erinnern uns kurz: Mittels der Event-Observer-Methode lassen sich bestimmte Vorgänge in den Magento-Prozessablauf integrieren. Tritt ein bestimmtes Event ein, wird ein vorher definierter Prozess angestoßen, der die gewünschten Modifikationen bereitstellt. Diese Methode ist deshalb so elegant, weil dazu keine Klassen überschrieben werden müssen (dies ist nur einmal möglich, was bei einem komplexen Projekt zu Schwierigkeiten führen kann) und wenn nötig auch mehrere Prozesse mit einem Event angestoßen werden können.

Für unseren Zweck der Preismodifikation benötigen wir die Events mit den klangvollen Namen catalog_product_collection_load_after und catalog_product_load_after. Wie der Name schon vermuten lässt, treten die Events immer dann auf, wenn bestimmte produktrelevante Ladeprozesse abgeschlossen sind. Hierbei bezieht sich product_collection auf das Laden einer Produktliste, also beispielsweise einer Kategorieübersichtsseite, und product auf die Produktdetailseite. Öffnet ein Kunde zum Beispiel eine Produktdetailseite, werden alle relevanten Daten gesammelt, und das Event catalog_product_load_after wird ausgelöst. An dieser Stelle soll sich unsere Extension einklinken, die Produktpreise nach gewissen Regeln ändern und das Gesamtergebnis der weiteren Verarbeitung von Magento zur Verfügung stellen. Es sei hinzugefügt, dass load_after im Magento-Kontext nicht das fertige Laden bzw. Rendern einer Seite bedeutet, sondern das Laden der Daten des jeweiligen Models, das innerhalb der Prozesslogik noch vor jeglicher Browserausgabe stattfindet. Unsere Extension wird also nicht so funktionieren, dass erst eine Seite mit dem ursprünglichen Preis geladen und dieser dann im Anschluss wie von Geisterhand reduziert wird; der Kunde wird nie etwas vom magischen Einklinken in das Magento-Event erfahren – von der für ihn erfreulichen Preisreduktion einmal abgesehen.

Um tiefer in die erforderlichen Schritte einzusteigen, schauen wir uns erneut die *config.xml*-Datei an:

```
<!--...-->
<frontend>
    <events>
        <catalog_product_collection_load_after>
            <observers>
                <kundenpreise>
                    <type>singleton</type>
                    <class>kundenpreise/observer</class>
                    <method>catalogProductCollectionLoadAfter</method>
                </kundenpreise>
            </observers>
        </catalog_product_collection_load_after>
        <catalog_product_load_after>
            <observers>
                <kundenpreise>
                    <type>singleton</type>
                    <class>kundenpreise/observer</class>
                    <method>catalogProductLoadAfter</method>
                </kundenpreise>
            </observers>
        </catalog_product_load_after>
    </events>
</frontend>
<!--...-->
```

Innerhalb des <event>-Knotens werden hier die relevanten Observer-Verknüpfungen für die Extension *Kundenpreise* angegeben. Für das erste Event catalog_product_collection_load_after wird für den zugehörigen Observer zunächst der type angegeben, wobei das entweder model oder singleton sein kann. Wir empfehlen, hier singleton zu verwenden, damit die Observer-Klasse, wenn sie mehrfach aufgerufen wird, nicht jedes Mal neu instantiiert werden muss. Diese Methode hat außerdem den Vorteil, dass so Objektwerte im Observer zwischengespeichert werden können.

Anschließend definieren Sie, welche Klasse – genauer gesagt, welches Model – überhaupt die Aufgaben des Observers übernehmen soll, wobei die Magento-typische Nomenklatur zum Einsatz kommt, die Ihnen im Laufe dieses Buchs bereits des Öfteren begegnet ist. In diesem Beispiel bedeutet die Angabe kundenpreise/observer, dass das Model *Observer*.

php innerhalb der Extension *Kundenpreise* im Verzeichnis */Model/* zu finden ist. Als Letztes geben Sie an, welche Methode der Model-Klasse beim Auslösen des Events aufgerufen werden soll. In unserem Beispiel haben wir uns für den Namen catalogProductCollectionLoadAfter entschieden, was der Darstellung des Eventnamens in CamelCase entspricht. Bei der Wahl des Methodennamen können Sie zwar Ihrer Fantasie freien Lauf lassen, es hat sich jedoch gezeigt, dass diese Art der einheitlichen Benennung das Entwickeln und auch das spätere Debuggen von Extensions vereinfacht.

Werfen wir nun einen Blick auf diese erste Methode:

```php
/**
 * Anwenden der Preisanpassung des aktuellen Kunden auf der Produktliste
 *
 * @param Varien_Event_Observer $observer
 */

public function catalogProductCollectionLoadAfter($observer)
{
    if (Mage::getSingleton('customer/session')->isLoggedIn())
    {
        foreach ($observer->getEvent()->getCollection() as $product)
        {
            $customer = Mage::getSingleton('customer/session')->getCustomer();
            $adjustment = $customer->getPriceAdjustment();

            /*
             * Wenn sich price und final_price unterscheiden, wird Letzterer als
             * Sonderpreis angezeigt.
             * Der Kundenrabatt muss deswegen auf beide angewendet werden.
             */
            $finalPrice = $this->_adjustPrice($adjustment,
                $product->getFinalPrice(), $customer->getPriceAdjustmentType());
            $product->setFinalPrice($finalPrice);

            $price = $this->_adjustPrice($adjustment, $product->getPrice(),
                $customer->getPriceAdjustmentType());
            $product->setPrice($price);
        }
    }
}
```

Der Funktion catalogProductCollectionLoadAfter() wird in diesem Beispiel standardmäßig das Objekt $observer mitgegeben, das bereits für das Event relevante Daten enthält, wie hier die Product-Collection. Wenn eine gültige Kunden-Session existiert, wird über die Collection iteriert, um Preisänderungen für jeden Eintrag der Liste durchführen zu können. Für jedes einzelne Produkt wird vom aktuellen Customer-Model mithilfe einer Getter-Methode das Attribut price_adjustment abgefragt, das wir einige Abschnitte weiter oben über das Setup-Skript hinzugefügt haben. In diesem Attribut ist der (Dezimal-)Wert der Preisreduktion gespeichert, den wir im Admin-Bereich einpflegen können.

So weit, so gut – was die Methode nun zur eigentlichen Preisanpassung noch benötigt, ist die Information, ob die Preisreduktion prozentual oder absolut durchgeführt werden soll. Der Aufruf `$customer->getPriceAdjustmentType()` holt auch diese Information aus der Datenbank hervor, sodass die Preisänderungen jetzt durchgeführt werden können.

An dieser Stelle hilft uns eine Funktion, die wir ebenfalls in die Observer-Klasse integrieren:

```
/**
 * Berechnen der Preisanpassung nach Typ
 *
 * @param float $adjustment
 * @param float $price
 * @param string $type 'fix' or 'percent'
 * @return float
 */
protected function _adjustPrice($adjustment, $price, $type)
{
    if ($adjustment != 0)
    {
        if ($type ==
            Webkochshop_Kundenpreise_Model_Entity_Attribute_Source_Type::TYPE_FIX)
        {
            if ($adjustment < $price)
            {
                $price -= $adjustment;
            }
        }
        else
        {
            $price -= $price * ($adjustment / 100);
        }
    }

    return $price;
}
```

Ausgehend von dem zu ändernden Preis, dem Wert der Preisreduktion und der Information hinsichtlich prozentualer oder absoluter Reduktion, wird in dieser Methode der tatsächliche Preis berechnet und an die ursprüngliche Funktion `catalogProduct-CollectionLoadAfter()` zurückgegeben.

Die Preisanpassung wird also innerhalb der Iteration über die Product-Collection angewendet, wobei hier sowohl price als auch final_price betroffen sind. Damit tragen Sie der Tatsache Rechnung, dass die Preisreduktion sowohl auf price als den standardmäßig gespeicherten Magento-Preis als auch auf final_price, einen schon durch andere Rabatte usw. reduzierten Magento-Preis, angewendet wird. Existieren also zu einem Produkt ein Normal- sowie ein Durchstreichpreis, werden diese beiden Preise durch unsere Extension erfasst und entsprechend geändert.

Das zweite Event bzw. die zugehörige Observer-Methode ist schnell erklärt:

```
/**
 * Anwenden der Preisanpassung des aktuellen Kunden auf der Produktdetailseite
 *
 * @param Varien_Event_Observer $observer
 */
public function catalogProductLoadAfter($observer)
{
    if (Mage::getSingleton('customer/session')->isLoggedIn())
    {
        $product = $observer->getEvent()->getProduct();
        $customer = Mage::getSingleton('customer/session')->getCustomer();
        $adjustment = $customer->getPriceAdjustment();

        /*
         * Zuerst final_price setzen, da sonst bei der Berechnung der schon
         * rabattierte "normale" Preis verwendet und der Rabatt zwei Mal
         * angewendet wird.
         */
        $finalPrice = $this->_adjustPrice($adjustment, $product->getFinalPrice(),
            $customer->getPriceAdjustmentType());
        $product->setFinalPrice($finalPrice);

        $price = $this->_adjustPrice($adjustment, $product->getPrice(),
            $customer->getPriceAdjustmentType());
        $product->setPrice($price);
    }
}
```

Da wir es hier nicht mit einer Collection, zu tun haben sondern mit einem einzelnen Produkt, entfällt die oben beschriebene Iteration, und die Preisreduktionen beziehen sich über $observer->getEvent()->getProduct() auf ein einzelnes Produkt. Die restliche Logik, über Getter-Methoden an den Wert und die Art der Preisreduktion zu gelangen und damit die Preisanpassungen durchzuführen, ist identisch.

Über diese einfache Extension haben Sie eine sehr mächtige Möglichkeit geschaffen, in das Geschehen des Onlineshops einzugreifen. Mit zusätzlichen Eingabefeldern im Kundenbereich des Backends legen Sie für beliebige Kunden einen Rabatt fest, der sämtliche Preise entweder prozentual oder absolut ändert, wenn dieser Kunde angemeldet ist. Durch die Verwendung der Event-Observer-Methode vermeiden Sie dabei auf elegante Weise, Klassen zu überschreiben, und stellen damit ein Höchstmaß an Kompatibilität zu anderen Extensions sicher.

Da eine Anpassung der Produktpreise im Projektalltag immer wieder vorkommt, können die Konzepte, die in diesem Rezept vorkommen, hoffentlich das ein oder andere Mal hilfreich sein.

5.5 Ein Produkt mit einem Frontend-Widget darstellen

Problem

Auf einer Inhaltsseite, die Sie mit dem Magento-CMS pflegen, möchten Sie Produktinformationen direkt einblenden.

Lösung

Erstellen Sie ein Frontend-Widget, mit dessen Hilfe Sie ein Produkt innerhalb einer CMS-Seite oder eines *statischen Blocks* direkt einblenden. Im Widget-Bereich (über *CMS →*
Widgets) des Admin-Panels erscheint ein neues Widget, das sich über ein Drop-down-Menü zur Produktauswahl konfigurieren lässt.

Diskussion

Die Widget-Funktionalität ist noch relativ jung und wurde erst seit Version 1.4 der Community Edition in den Magento-Core integriert. Vereinfacht gesagt, handelt es sich bei Widgets um Blöcke, die ihre eigene Konfigurationsoberfläche im Admin-Panel sozusagen gleich mitbringen und die sich auf einfache Weise ohne Programmieraufwand in Inhaltsseiten und *statischen Blöcken* einfügen lassen. Das Ziel dieses Rezepts ist es demnach, ein Frontend-Widget zu erstellen, in dessen Konfigurationsbereich Sie einen beliebigen Artikel aus einer Liste auswählen können und der im Frontend auch angezeigt wird. Dies ist vor allem dann interessant, wenn Sie auf einfache Weise Landingpages für aktuelle Kampagnen erstellen wollen.

Wie für den überwiegenden Teil der Extensions, die in diesem Buch vorgestellt werden, beginnt auch bei den Frontend-Widgets die Reise mit einem Blick in die *config.xml*:

```
<config>
    <!--...-->
    <global>
        <blocks>
            <ProductWidget>
                <class>Webkochshop_ProductWidget_Block</class>
            </ProductWidget>
        </blocks>
        <!--...-->
    </global>
</config>
```

Mit einer einfachen Konfigurationseinstellungen schaffen Sie so die Grundlage für Ihr nagelneues Frontend-Widget: Da es sich wie erwähnt bei Widgets um Blöcke handelt, wird es Sie nicht überraschen, wenn wir für unsere Extension die Blockklasse Webkochshop_ProductWidget_Block definieren.

Nach dieser Aufwärmübung sehen wir uns nun die erwähnte Blockklasse etwas genauer an:

```php
<?php
class Webkochshop_ProductWidget_Block_Product
    extends Mage_Catalog_Block_Product_Abstract
    implements Mage_Widget_Block_Interface
{
    /**
     * Nur wenn auch ein gültiges Produkt konfiguriert ist, soll das Widget im
     * Frontend angezeigt werden.
     *
     * @return string
     */
    protected function _toHtml()
    {
        $html = '';
        if ($this->getProduct())
        {
            $html = parent::_toHtml();
        }
        return $html;
    }

    /**
     * Rückgabe des konfigurierten Produkts
     *
     * @return Mage_Catalog_Model_Product
     */
    public function getProduct()
    {
        $product = $this->getData('product');
        if (is_null($product))
        {
            $path = explode('/', (string) $this->getIdPath());
            if ($path)
            {
                $id = array_pop($path);
                $product = Mage::getModel('catalog/product')->load($id);
                $this->setProduct($product);
            }
        }
        return $product;
    }

    /**
     * Rückgabe des HTML-Codes für die Produktattribute
     *
     * @param Mage_Catalog_Model_Product $product
     * @return string
     */
    public function getAttributesHtml(Mage_Catalog_Model_Product $product)
    {
```

```
        if ($origProduct = Mage::registry('product'))
        {
            Mage::unregister('product');
        }

        Mage::register('product', $product);
        $html = $this->getLayout()->createBlock('catalog/product_view_attributes')
            ->setTemplate('catalog/product/view/attributes.phtml')
            ->toHtml();
        Mage::unregister('product');

        if ($origProduct)
        {
            Mage::register('product', $origProduct);
        }
        return $html;
    }
}
```

Verantwortlich für die Darstellung des Produkts ist die Methode getProduct(), die dafür sorgt, dass das Product-Model jeweils mit der entsprechenden ID instantiiert und ausgegeben wird. Wie bereits erwähnt, wird das Widget über eine Produktliste konfiguriert, sodass die interne Produkt-ID für die weitere Verarbeitung in der Blockklasse entscheidend ist. Die Methode getAttributesHtml() wird dazu verwendet, einen neuen Block zu erzeugen, der die HTML-Formatierung zur Darstellung der Atttribute übernimmt. Letztere werden mithilfe des Templates *catalog/product/view/attributes.phtml* formatiert und im Template *condensed.phtml* mithilfe eines Mouse-over-Effekts angezeigt. Bitte beachten Sie, dass das Template *attributes.phtml* ein Teil des Core-Moduls *Mage_Catalog* ist und von Ihrer Widget-Extension einfach wiederverwendet wird.

An dieser Stelle verlassen wir das Frontend für eine Weile und widmen uns der Frage, wie die entsprechenden Stellen des Admin-Panels so erweitert werden können, dass das neue Widget auch konfigurierbar ist – immerhin ist das die größte Stärke dieser kleinen Helferlein! Magento hält – wie sollte es anders sein – auch dafür eine Konfigurationsmöglichkeit via XML für Sie bereit; in der Datei *etc/widget.xml* finden Sie den Code dazu:

```
<?xml version="1.0"?>
<widgets>
    <Webkochshop_ProductWidget type="ProductWidget/product"
                translate="name description" module="ProductWidget">
        <name>Catalog Product</name>
        <description type="desc">Zeigt ein Produkt an</description>
        <parameters>
            <id_path translate="label">
                <label>Produkt</label>
                <required>1</required>
                <visible>1</visible>
                <type>label</type>
                <sort_order>10</sort_order>
                <helper_block>
                    <type>adminhtml/catalog_product_widget_chooser</type>
```

```
        <data>
            <button translate="open">
                <open>Produkt auswählen...</open>
            </button>
        </data>
    </helper_block>
</id_path>
<template translate="label">
    <label>Template</label>
    <required>1</required>
    <visible>1</visible>
    <sort_order>20</sort_order>
    <type>select</type>
    <values>
        <default translate="label">
            <label>Zusammengefasste Ansicht</label>
            <value>webkochshop/productwidget/condensed.phtml</value>
        </default>
    </values>
</template>
    </parameters>
    </Webkochshop_ProductWidget>
</widgets>
```

Diese XML-Konstruktion sorgt zunächst dafür, dass ein neues Widget namens *Catalog Product* in der Liste der verfügbaren Widgets erscheint. Über den Knoten `<helper_block>` definieren Sie darüber hinaus, dass die Klasse `adminhtml/catalog_product_widget_chooser` dazu verwendet werden soll, ein Drop-down-Menü mit den in der Datenbank verfügbaren Produkten zu erstellen. In Abbildung 5-3 sehen Sie, wie das Konfigurationsmenü des Widgets angezeigt wird.

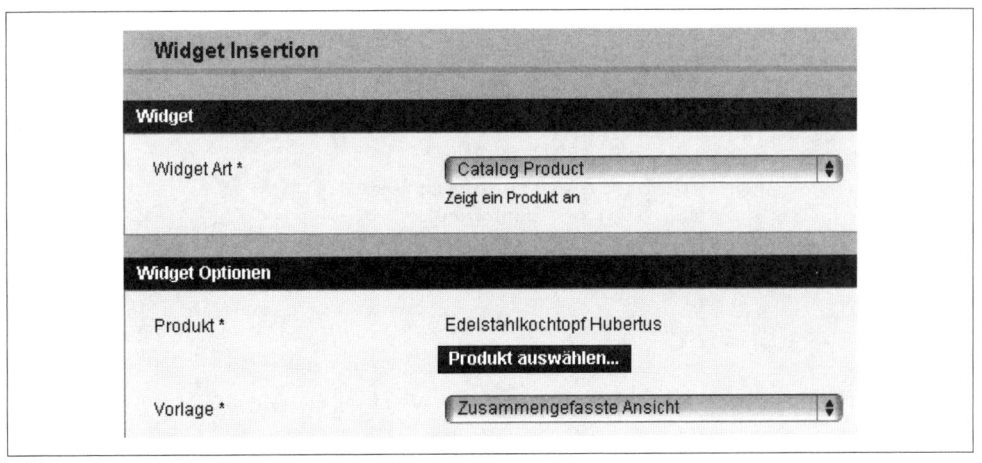

Abbildung 5-3: Das neue Produkt-Widget wird konfiguriert

Abgesehen von der Definition der Konfigurationsmöglichkeiten erledigen Sie in der Datei *widgets.xml* in einem Arbeitsgang auch die Verknüpfung zum Template, das im Frontend für die Formatierung des Widgets zuständig ist. Die Template-Datei *app/design/frontend/ base/default/template/webkochshop/productwidget/condensed.phtml* liest sich wie folgt:

```php
<?php $_product = $this->getProduct() ?>
<div class="catalog-product-widget product-widget-<?php echo $_product->getId() ?>">
    <div class="product-header">
        <div class="product-image">
            <?php $_title = $this->htmlEscape($_product->getName()) ?>
            <a href="<?php echo $_product->getProductUrl() ?>">
                <img src="<?php echo Mage::helper('catalog/image')->init($_product, 'image')->
                    resize(100); ?>" alt="<?php echo $_title ?>" title="<?php echo $_title ?>"/>
            </a>
        </div>
        <div class="product-data">
            <span class="product-name">
                <a href="<?php echo $_product->getProductUrl() ?>">
                    <?php echo $_title ?>
                </a>
            </span>
            <?php echo $this->getPriceHtml($_product, true, $_product->getId()) ?>
        </div>
    </div>
    <div class="product-info">
        <div ckass="desc">
            <?php echo nl2br($this->htmlEscape($_product->getShortDescription())) ?>
        </div>
        <div class="product-add-to-cart">
        <?php if ($_product->getIsSalable()): ?>
            <button class="button btn-cart" onclick="window.location='<?php echo $this->
                getAddToCartUrl($_product) ?>'; return false;">
                <span><?php echo $this->__('Add to Cart') ?></span>
            </button>
        <?php else: ?>
            <span class="availability out-of-stock">
                <?php echo $this->__('Out of Stock') ?>
            </span>
        <?php endif; ?>
        </div>
        <div class="product-attributes" style="display: none;">
            <?php echo $this->getAttributesHtml($_product) ?>
        </div>
    </div>
</div>
<?php

/*
 * Die Attribute werden nur bei einem Mouse-over über das Widget eingeblendet.
 */

?>
<script type="text/JavaScript">
    $$('.product-widget-<?php echo $_product->getId() ?>')[0].observe('mouseover',
        function() {
```

```
        $$('.product-widget-<?php echo $_product->getId() ?> .product-attributes')[0].show()
    }
  );
  $$('.product-widget-<?php echo $_product->getId() ?>')[0].observe('mouseout',
    function() {
        $$('.product-widget-<?php echo $_product->getId() ?> .product-attributes')[0].hide()
    }
  );
</script>
```

In bereits bekannter Weise werden mit dieser Mischung aus PHP und HTML die Ausgaben des Widgets gesteuert. Dies ist genau die gleiche Verfahrensweise, die Sie in Kapitel 4 zur Formatierung von Blöcken kennengelernt haben. Spätestens hier erkennen Sie also: Ein Widget ist ein Block im klassischen Magento-Sinn und wird genau so aufgebaut, integriert und formatiert wie seine anderen Blockkollegen auch. Ein Widget hat anderen Blöcken lediglich die eingebauten Konfigurationsmöglichkeiten voraus.

Sobald das Produkt-Widget erfolgreich implementiert ist und Sie ein bestehendes Produkt aus dem Widget-Drop-down-Menü gewählt haben, erstrahlt es im Frontend im vollen Glanz (siehe Abbildung 5-4):

Abbildung 5-4: Darstellung von Produktinformationen mithilfe eines neuen Widgets

In diesem Kapitel haben wir uns mit der Frage beschäftigt, wie Sie mit einfachen Mitteln eigene Extensions erstellen können, um Einfluss auf die Darstellung von Produkten und Kategorien nehmen zu können. Als Nächstes widmen wir uns den Angeboten (*Quotes*) und Bestellungen (*Orders*).

KAPITEL 6

Angebote und Bestellungen

6.0   Einführung

Die Rezepte dieses Kapitels widmen sich der Frage, wie Sie Modifikationen durchführen können, die Angebote und Bestellungen in Ihrem Magento-Shop betreffen. So lernen Sie beispielsweise, wie Sie Bestelldaten individuell anreichern können, neue Bestellstatus einführen oder einen produktspezifischen Versandaufpreis integrieren.

6.1   Bestelldaten anreichern

Problem

Sie möchten der Bestellung ein Feld *campaign* hinzufügen, um die Kampagne festzuhalten, durch die der Kunde auf Ihren Shop gekommen ist, und ein weiteres Feld *check_status* bei der Adresse, um festzuhalten, ob die Adresse erfolgreich geprüft werden konnte.

Lösung

Diese Attribute fügen wir über ein Installationsskript innerhalb einer eigenen Magento-Extension ein. Damit Magento beim Konvertieren des Angebots in einen Auftrag Ihre zusätzlichen Attribute mitkopiert, müssen Sie die entsprechenden *Fieldsets* erweitern.

Diskussion

Beim Platzieren einer Bestellung in Magento wird die *Quote* in eine *Order* konvertiert. Eine Quote ist eine Entität, die den Warenkorb und alle Daten, die während des Check-out-Prozesses angegeben wurden (Rechnungs- und Versandadresse usw.), enthält. Sie ist sozusagen ein Angebot des Onlinehändlers an den Kunden, der dieses Angebot beim Bestellen annimmt, wodurch aus dem Angebot ein Auftrag wird. Entsprechend werden die Artikel im Warenkorb als Quote-Items gespeichert und beim Bestellen in Order-

Items umgewandelt. So verhält es sich mit Quote-Address (Rechnungs- und Lieferadresse) und Order-Address.

Die Daten, die beim Konvertieren des Angebots in den Auftrag übernommen werden, sind in sogenannten *Fieldsets* in der Konfigurationsdatenstruktur angelegt. Sie finden die Core-Fieldsets in der *config.xml*-Datei des Moduls *Mage_Sales*. Indem Sie die entsprechenden XML-Pfade in der Datei *config.xml* eines Ihrer Module erweitern (siehe nachfolgendes Codebeispiel), können Sie die bei einer Konvertierung berücksichtigten Attribute ergänzen. Tragen Sie Folgendes in die Datei *config.xml* ein:

```
<config>
    <!-- … -->
    <global>
        <fieldsets>
            <sales_convert_quote>
                <campaign><to_order>*</to_order></campaign>
            </sales_convert_quote>
            <sales_convert_quote_address>
                <check_status><to_order_address>*</to_order_address></check_status>
            </sales_convert_quote_address>
        </fieldsets>
    </global>
    <!-- … -->
</config>
```

Damit Magento beim Konvertieren des Angebots (also eines Quote-Models) in einen Auftrag (d.h. in ein Order-Model) Ihre zusätzlichen Attribute mitkopiert, müssen Sie die entsprechenden Fieldsets wie in obigem Beispiel erweitern. Der Kopiervorgang funktioniert nur, wenn diese Attribute für die Entitäten zuvor angelegt worden sind. Dies geschieht in dem Installationsskript des Moduls (*mysql4-install-0.1.0.php*):

```
$installer = $this;
$installer->addAttribute('quote', 'campaign', array());
$installer->addAttribute('quote_address', 'is_checked', array());

$installer->addAttribute('order', 'campaign', array());
$installer->addAttribute('order_address', 'is_checked', array());
```

Das Fieldset sales_convert_quote ist für das Konvertieren eines Angebots in einen Auftrag verantwortlich und enthält nun zusätzlich unser Attribut campaign. Das Fieldset sales_convert_quote_address legt fest, welcher Teil einer Adresse aus einem Angebot in eine Adresse eines Auftrags kopiert wird. Hier fügen Sie das Attribut check_status hinzu. Das entsprechende Fieldset für Bestellpositionen ist sales_convert_quote_item.

Es gibt jedoch kein Fieldset für die Konvertierung eines Produkts in ein Quote-Item. Wie in Rezept 6.3, »Einen produktspezifischen Versandaufpreis festlegen«, auf Seite 144, gezeigt wird, muss in diesem Schritt ein Attributwert von einem Produkt mittels eines Event-Observers auf das Quote-Item übertragen werden. Dazu bietet sich der Event sales_quote_product_add_after an.

Wie Sie sehen, ist Magento sehr flexibel, was das Anreichern von Objekten wie z.B. Aufträgen und Adressen um zusätzliche Daten angeht. Erweiterungen dieser Art sind sehr updatesicher, da der Sourcecode des Cores von Magento weder angefasst noch modifiziert werden muss. Jedoch ist es empfehlenswert, spezielle Präfixe für die Attributcodes zu verwenden, um Namenskonflikte mit neuen Attributen aus zusätzlichen Modulen von MagentoConnect oder dem Magento-Core zu vermeiden.

6.2 Einen zusätzlichen Status für Bestellungen hinzufügen

Problem

Ein Onlineversandhändler für Backwaren lässt jede Bestellung auf Mängel prüfen, bevor die Ware zum Käufer verschickt wird. Dieser Qualitätssicherungsprozess kann bis zu einem Tag dauern, sodass Kunden per E-Mail informiert werden sollen, wenn ihre Bestellung in der Qualitätssicherung landet.

Dieser Prozess soll in Magento abgebildet werden. Mitglieder des Teams für Qualitätssicherung sollen bei Bestellungen den Status »in Qualitätssicherung« setzen können.

Lösung

Zunächst erweitern Sie das Objekt *Order* um den Status »in Qualitätssicherung«. Anschließend führen Sie eine Methode ein, die eine Bestellung in den Status »in Qualitätssicherung« versetzt.

Diskussion

Um das Objekt *Order* zu erweitern, leiten Sie die Klasse Mage_Sales_Model_Order (*/app/ code/local/Webkochshop/QualityAssurance/Model/Sales/Order.php*) ab und definieren einen neuen Status:

```
class Webkochshop_QualityAssurance_Model_Sales_Order
    extends Mage_Sales_Model_Order
{
    /**
     * Definition des neuen Order State Werts
     *
     * @const string
     */
    const STATE_QUALITY_ASSURANCE = 'qa';
}
```

Anschließend erstellen Sie eine Methode, die eine Bestellung in den Status »in Qualitätssicherung« versetzt. Die Methode soll vorher aber prüfen, ob die Bestellung diesen Zustand überhaupt annehmen kann – z.B. können noch nicht verarbeitete Bestellungen nicht geprüft werden:

```php
/**
 * Prüfen, ob die Bestellung in den Quality Assurance State gesetzt werden kann
 *
 * @return bool
 */
public function canQa()
{
    if ($this->canUnhold())
    {
        return false;
    }

    if ($this->getState() === self::STATE_CANCELED ||
        $this->getState() === self::STATE_COMPLETE ||
        $this->getState() === self::STATE_CLOSED)
    {
        return false;
    }

    return true;
}

/**
 * Setzen der Order in den Quality Assurance State
 *
 * @return Mage_Sales_Model_Order
 */
public function qa()
{
    if (!$this->canQa())
    {
        Mage::throwException(
            Mage::helper('qa')->__('Quality assurance action is not available')
        );
    }

    $this->setState(self::STATE_QUALITY_ASSURANCE, true);
    return $this;
}
```

Damit Magento den Rewrite für das Order-Model auch berücksichtigt, muss jetzt der entsprechende Eintrag in die Modulkonfiguration, also in die Datei *app/etc/local/Webkochshop/QualityAssurance/etc/config.xml*, gemacht werden:

```xml
<?xml version="1.0"?>
<config>
    <modules>
        <Webkochshop_QualityAssurance>
            <version>0.1.0</version>
        </Webkochshop_QualityAssurance>
    </modules>

    <global>
        <models>
```

```
            <!-- Überschreiben des Magento Sales Order Model -->
            <sales>
                <rewrite>
                    <order>Webkochshop_QualityAssurance_Model_Sales_Order</order>
                </rewrite>
            </sales>
        </models>
        <helpers>
            <!-- Eintrag eines Helpers für die Übersetzungen -->
            <qa>
                <class>Webkochshop_QualityAssurance_Helper</class>
            </qa>
        </helpers>
    </global>
</config>
```

Nun brauchen Sie einen Button für die Bestellansicht im Admin-Panel, damit Mitarbeiter den neuen Status setzen können. Dazu überschreiben Sie den Konstruktor des Blocks, der für die Ansicht von Bestellungen im Admin-Panel dient, und fügen einen neuen Button ein, den Mitarbeiter anklicken können, um die Bestellung in die Qualitätssicherung zu schicken. Die Änderungen nehmen Sie in der Datei */app/code/local/Webkochshop/QualityAssurance/Block/Adminhtml/Sales/Order/View.php* vor.

```php
<?php

class Webkochshop_QualityAssurance_Block_Adminhtml_Sales_Order_View
    extends Mage_Adminhtml_Block_Sales_Order_View
{
    /**
     * Hinzufügen des Quality Assurance-(qa-)Buttons
     */
    public function __construct()
    {
        parent::__construct();

        if ($this->getOrder()->canQa())
        {
            $this->_addButton('order_qa', array(
                'label'   => Mage::helper('qa')->__('Qa'),
                'onclick' => "setLocation('" . $this->getQaUrl() . "')",
            ));
        }
    }

    /**
     * Rückgabe der Quality Assurance-Action-URL
     *
     * @return string
     */
    public function getQaUrl()
    {
        return $this->getUrl('*/*/qa');
    }
}
```

Auch diese Klassenersetzung muss in der *config.xml* registriert werden:

```xml
<global>
    <!--...-->
    <blocks>
        <!-- Überschreiben des Adminhtml Sales Order View-Blocks -->
        <adminhtml>
            <rewrite>
                <sales_order_view>Webkochshop_QualityAssurance_Block_Adminhtml_Sales_
Order_View</sales_order_view>
            </rewrite>
        </adminhtml>
    </blocks>
    <!--...-->
</global>
<!--...-->
```

Damit nach Anklicken des Buttons auch etwas geschieht, müssen Sie eine Controller-Action anlegen, die dafür sorgt, dass der neue Bestellstatus gesetzt wird. Legen Sie dazu einen entsprechenden Controller in *app/code/local/Webkochshop/QualityAssurance/controllers/Adminhtml/Sales/OrderController.php* an:

```php
<?php

/*
 * Einbinden der Elternklasse, da der Autoloader diese nicht automatisch
 * finden kann
 */
require_once 'Mage/Adminhtml/controllers/Sales/OrderController.php';

class Webkochshop_QualityAssurance_Adminhtml_Sales_OrderController
    extends Mage_Adminhtml_Sales_OrderController
{
    /**
     * Setzen der Bestellung in den Quality Assurance State
     */
    public function qaAction()
    {
        if ($order = $this->_initOrder())
        {
            try
            {
                $order->qa()->save();
                $this->_getSession()->addSuccess(
                    $this->__('Order was successfully put in quality assurance.')
                );
            }
            catch (Mage_Core_Exception $e)
            {
                $this->_getSession()->addError($e->getMessage());
            }
            catch (Exception $e)
            {
                $this->_getSession()->addError(
                    $this->__('Order was not put in quality assurance.'));
```

```
            Mage::logException($e);
        }

        $this->_redirect('*/sales_order/view',
            array('order_id' => $order->getId())
        );
    }
}
}
```

Und auch das Überlagern des Controllers muss Magento bekannt gemacht werden. Fügen Sie folgenden Eintrag in die *config.xml* ein:

```
<config>
    <!--...-->
    <admin>
        <routers>
            <adminhtml>
                <args>
                    <modules>
                        <qa before="Mage_Adminhtml">Webkochshop_QualityAssurance_
                            Adminhtml</qa>
                    </modules>
                </args>
            </adminhtml>
        </routers>
    </admin>
</config>
```

Die vorbereitenden Maßnahmen sind damit abgeschlossen, lediglich der neue Status wird noch nicht angezeigt – Magento kennt bisher kein Etikett dafür. Fügen Sie also noch diesen letzten fehlenden XML-Abschnitt in die Konfiguration ein:

```
<global>
    <!--...-->
    <sales>
        <order>
            <states>
                <qa translate="label">
                    <label>Quality Assurance</label>
                    <statuses>
                        <qa default="1"/>
                    </statuses>
                    <visible_on_front/>
                </qa>
            </states>
            <statuses>
                <qa translate="label">
                    <label>Quality Assurance</label>
                </qa>
            </statuses>
        </order>
    </sales>
    <!--...-->
</global>
```

Durch die An- oder Abwesenheit des Tags `<visible_on_front/>` wird bestimmt, ob Bestellungen in diesem State dem Kunden in seiner Historie angezeigt werden.

Das Hinzufügen weiterer Bestellstatus ist mit Vorsicht zu genießen: Durch jeden weiteren Status steigt die Komplexität des Bestellprozesses und damit auch die Fehleranfälligkeit. Außerdem sollten Sie nicht in Versuchung kommen, aus Magento ein Warenwirtschaftssystem zu bauen, indem Sie anfangen, komplexe Geschäftsprozesse in den Onlineshop zu integrieren.

Vielmehr ist es sinnvoll, den Status der Bestellung von der Warenwirtschaft kontrollieren zu lassen und Magento als Informationsschnittstelle zwischen der Warenwirtschaft und dem Kunden zu nutzen. So bleiben komplexe und sensible Geschäftsprozesse in der Warenwirtschaft und die Kommunikation mit dem Kunden im Onlineshop.

Siehe auch

Die Extension *QualityAssurance* finden Sie im Download-Code zum Buch im Archiv *Webkochshop_QualityAssurance-0.1.0.zip*.

6.3 Einen produktspezifischen Versandaufpreis festlegen

Problem

Sie verkaufen einige Produkte, zu denen Sie gern individuelle Versandkosten angeben möchten, weil sie beispielsweise besonders sperrig sind und die generellen Versandkosten dafür nicht ausreichen.

Lösung

Über verschiedene Setup-Klassen fügen Sie den Entitäten `catalog_product`, `order` und `quote_item` jeweils ein neues Attribut hinzu. Außerdem legen Sie ein neues Total-Model an, das sowohl im Frontend als auch im Backend angezeigt wird.

Diskussion

Beginnen Sie zunächst wie immer damit, das Grundgerüst einer neuen Extension anzulegen, und speichern Sie es im Code-Pool *local* im Namespace *Webkochshop* unter dem Namen *Versandaufpreis*. Den Aufbau des Moduls beginnen wir, indem wir uns die beiden verschiedenen Setup-Skripte ansehen, mit deren Hilfe wir die nötigen neuen Attribute in die Datenbank speichern. Das erste Skript liegt in */sql/versandaufpreis_catalog_setup/mysql4-install-0.1.0.php* und liest sich wie folgt:

```php
<?php

/**
 * @var Mage_Catalog_Model_Resource_Eav_Mysql4_Setup $installer
 */
$installer = $this;

$installer->startSetup();

$installer->addAttribute('catalog_product', 'shipping_surcharge', array(
    'label'           => 'Versandkosten Aufpreis',
    'type'            => 'decimal',
    'input'           => 'price',
    'required'        => '0',
    'is_configurable' => '0'
));
```

```php
$installer->endSetup();
```

In bekannter Manier fügen Sie hier der Entität catalog_product ein neues Attribut mit dem internen Code shipping_surcharge hinzu. Dieses Attribut ist ein Dezimalwert und wird im Admin-Bereich mit einem Preis gefüllt, der den Versandkostenaufschlag für das jeweilige Produkt widerspiegelt. Da dieser Aufschlag jedoch an den verschiedensten Stellen im Frontend und im Backend angezeigt werden muss – denken Sie beispielsweise an die Bestellverwaltung und die Rechnungserstellung –, müssen wir dieses Attribut über die Sales-Setup-Klasse ebenfalls hinzufügen. (Da wir es also mit zwei verschiedenen Setup-Klassen zu tun haben, benötigen wir auch zwei verschiedene Setup-Skripte.) Dies geschieht über ein zweites Setup-Skript in */sql/versandaufpreis_sales_setup* mit dem folgenden Inhalt:

```php
<?php

/**
 * @var Mage_Sales_Model_Mysql4_Setup $installer
 */
$installer = $this;

$installer->startSetup();

$installer->addAttribute('quote_item', 'shipping_surcharge', array(
    'label' => 'Versandkostenaufpreis',
    'type'  => 'decimal',
));

$installer->addAttribute('order_item', 'shipping_surcharge', array(
    'label' => 'Versandkostenaufpreis',
    'type'  => 'decimal',
));

$installer->addAttribute('order', 'base_shipping_surcharge', array(
    'label' => 'Basiswährung Versandkostenaufpreis',
    'type'  => 'decimal',
));
```

```
$installer->addAttribute('order', 'shipping_surcharge', array(
    'label' => 'Versandkostenaufpreis',
    'type'  => 'decimal',
));

$installer->addAttribute('invoice', 'base_shipping_surcharge', array(
    'label' => 'Basiswährung Versandkostenaufpreis',
    'type'  => 'decimal',
));

$installer->addAttribute('invoice', 'shipping_surcharge', array(
    'label' => 'Versandkostenaufpreis',
    'type'  => 'decimal',
));

$installer->addAttribute('creditmemo', 'base_shipping_surcharge', array(
    'label' => 'Basiswährung Versandkostenaufpreis',
    'type'  => 'decimal',
));

$installer->addAttribute('creditmemo', 'shipping_surcharge', array(
    'label' => 'Versandkostenaufpreis',
    'type'  => 'decimal',
));

$installer->endSetup();
```

Sie sehen hier, dass die Attribute shipping_surcharge und base_shipping_surcharge an verschiedenen Stellen hinzugefügt werden, um den Versandkostenaufschlag auch dort anzuzeigen, wo es erforderlich ist. Hierbei ist shipping_surcharge der Betrag in der Shopwährung, und base_shipping_surcharge stellt den Betrag in der Basiswährung des Shops dar. Letzterer wird gebraucht, da sich der Kurs in der Zukunft ja mal ändern könnte und sich der Betrag dann nie wieder ermitteln ließe. Wie diese einzelnen Attribute zusammenzuspielen, werden Sie in der weiteren Diskussion dieses Rezepts erfahren.

Verantwortlich für die Definition der Setup-Klassen, die den beiden gezeigten Setup-Skripten zugrunde liegen, ist wie so oft die Konfigurationsdatei *config.xml*. Der für uns relevante Bereich lautet:

```
<global>
    <!--...-->
    <resources>
        <versandaufpreis_catalog_setup>
            <setup>
                <module>Webkochshop_Versandaufpreis</module>
                <class>Mage_Catalog_Model_Resource_Eav_Mysql4_Setup</class>
            </setup>
        </versandaufpreis_catalog_setup>
        <versandaufpreis_sales_setup>
            <setup>
                <module>Webkochshop_Versandaufpreis</module>
                <class>Mage_Sales_Model_Mysql4_Setup</class>
```

```
        </setup>
      </versandaufpreis_sales_setup>
    </resources>
    <!--...-->
  </global>
```

An dieser Stelle werden die oben beschriebenen Setup-Skripte eingebunden, und damit wird definiert, welche Setup-Klasse jeweils zur Ausführung verwendet werden soll.

Nachdem alle erforderlichen Attribute ihre neue Heimat in der Magento-Datenbank gefunden haben, widmen wir uns dem Anlegen eines neuen Total-Models, um den Aufschlag auch überall anzeigen zu können. Ein Total-Model wird dazu verwendet, eine Art von Summe in der Bestellauflistung auszudrücken. Wenn Sie sich beispielsweise den Warenkorb eines Shops vorstellen, stellen Einträge wie Mehrwertsteuer, Zwischensumme und Versandkosten, die sich aus den einzelnen Positionen der Bestellung errechnen, diese Summen dar (siehe Abbildung 6-1):

	Zwischensumme	10,00 €
Versand & Bearbeitung (Flat Rate - Fixed)		5,00 €
Gesamtsumme		**15,00 €**

Abbildung 6-1: Anzeige der Total-Models im Warenkorb

Mit anderen Worten, es gibt ein Total-Model für die Steuer, eins für die Zwischensumme, eins für die Versandkosten usw. Diese Total-Models stehen in verschiedenen Bereichen des Shops zur Verfügung und können je nach Einsatzbereich ein- und ausgeblendet sowie umsortiert werden.

 Für die standardmäßig in Magento vorhandenen Total-Models finden Sie im Admin-Bereich unter *Verkäufe → Reihenfolge der Gesamtbeträge des Bezahlvorgangs* eine einfache Sortiermöglichkeit.

Damit der von uns angestrebte Versandaufpreis nicht in der Gesamtsumme der Bestellung verschwindet, sondern explizit ausgewiesen wird, erstellen wir für ihn ein nagelneues Totals-Model. Sehen Sie sich den folgenden Ausschnitt der *config.xml* an:

```
<global>
    <!-- … -->
    <sales>
        <quote>
            <totals>
                <shipping_surcharge>
                    <class>versandaufpreis/quote_address_total_shipping_surcharge</class>
                    <after>shipping</after>
                    <before>grand_total</before>
                </shipping_surcharge>
            </totals>
        </quote>
```

```
            <order_invoice>
                <totals>
                    <shipping_surcharge>
                        <class>versandaufpreis/order_invoice_total_shipping_surcharge</class>
                        <after>shipping</after>
                        <before>grand_total</before>
                    </shipping_surcharge>
                </totals>
            </order_invoice>
            <order_creditmemo>
                <totals>
                    <shipping_surcharge>
                        <class>versandaufpreis/order_creditmemo_total_shipping_surcharge
                        </class>
                        <after>shipping</after>
                        <before>grand_total</before>
                    </shipping_surcharge>
                </totals>
            </order_creditmemo>
    </sales>
    <!-- … -->
</global>
```

Insgesamt kommen also drei neue Total-Models aus unserem Modul zum Einsatz:

- *quote_address_total_shipping_surcharge* zur Anzeige im Checkout
- *order_invoice_total_shipping_surcharge* zur Anzeige in der Rechnung
- *order_creditmemo_total_shipping_surcharge* zur Anzeige in Rückerstattungen

Über den oben gezeigten Code definieren Sie die zugehörigen Klassen der Total-Models und bestimmen außerdem über die after- und before-Tags, wie sie sich in die standardmäßig vorhandenen Total-Models einreihen. Wir haben uns in diesem Fall dafür entschieden, den Versandaufpreis nach den Versandkosten (shipping) und vor der Gesamtsumme (grand total) erscheinen zu lassen. Dies gilt sowohl für die Darstellung im Frontend (quote), also beispielsweise im Warenkorb und in der Bestellhistorie, als auch für die über das Backend generierten Rechnungen (order_invoice) und Gutschriften (order_creditmemo). Sehen wir uns das erste Total-Model nun etwas genauer an:

```php
<?php

class Webkochshop_Versandaufpreis_Model_Quote_Address_Total_Shipping_Surcharge
    extends Mage_Sales_Model_Quote_Address_Total_Abstract
{
    /**
     * Berechnen des gesamten Versandkostenaufpreises
     *
     * @param Mage_Sales_Model_Quote_Address $address
     * @return
     *     Webkochshop_Versandaufpreis_Model_Quote_Address_Total_Shipping_Surcharge
     */
```

```php
public function collect(Mage_Sales_Model_Quote_Address $address)
{
    parent::collect($address);

    $total = 0;
    foreach ($address->getAllItems() as $item)
    {
        $total += $item->getShippingSurcharge() * $item->getQty();
    }

    /*
     * zum Grand Total addieren
     */
    $baseTotal = $this->_getBaseAmount($total);

    $this->_addAmount($total);
    $this->_addBaseAmount($baseTotal);

    /*
     * im Address-Model ablegen zur späteren Referenz in fetch()
     */
    $address->setShippingSurcharge($total);
    $address->setBaseShippingSurcharge($baseTotal);

    return $this;
}
```

Mithilfe der Methode `collect()` wird zunächst über alle Einträge von `$address` iteriert, um etwaige Aufschläge für jedes Produkt einer Bestellung berechnen zu können. Hierbei ist `$address` eine Instanz von `Mage_Sales_Model_Quote_Address`. Magento speichert die Totals in den Address-Models, was insofern praktisch ist, als dass sich die Totals ja zum Beispiel beim Checkout mit mehreren Adressen von Lieferanschrift zu Lieferanschrift unterscheiden können.

Über die Getter-Methode `getShippingSurcharge()` wird der entsprechende Attributwert ausgelesen, mit der bestellten Menge des Produkts multipliziert, und daraus wird die Gesamtsumme `$total` gebildet. Nun könnte man denken, dass es bei dieser Berechnung bleiben könnte – tatsächlich ist es allerdings so, dass es in Ihrem Onlineshop verschiedene Währungen geben kann. Der Versandaufpreis muss also noch die Währung umgerechnet werden, die in der jeweiligen Shopansicht als Standard festgelegt wurde. Um diese Umrechnung elegant lösen zu können, führen wir eine zweite Funktion in unsere Surcharge-Klasse ein:

```php
/**
 * den Versandkostenaufpreis in die Basiswährung des Shops umrechnen
 *
 * @param float $amount
 * @return float $amount konvertiert in die Basis Währung
 */
public function _getBaseAmount($amount)
```

```
        {
            $currentCurrency = Mage::app()->getStore()->getCurrentCurrency();
            $baseCurrency = Mage::app()->getStore()->getBaseCurrency();

            if ($baseCurrency->getCode() == $currentCurrency->getCode())
            {
                $baseAmount = $amount;
            }
            else
            {
                $baseAmount = Mage::helper('directory')
                    ->currencyConvert($amount, $currentCurrency, $baseCurrency);
            }

            return $baseAmount;
        }
```

Zuerst werden über zwei Getter-Methoden die Codes für die aktuell eingestellte und die in der Konfiguration als Standard definierte Währung ausgelesen und verglichen. Sind beide identisch, findet keine Umrechnung statt, gibt es einen Unterschied, wird über die Methode currencyConvert() der entsprechenden Helper-Klasse der Betrag in die aktuell anliegende Währung überführt.

Mithilfe der dritten und letzten Methode der Surcharge-Klasse wird dem Adressobjekt der Versandaufpreis zugewiesen, damit er im Frontent auch angezeigt werden kann. Die Methode fetch() ist in jedem Total-Model vorhanden. Wenn Sie möchten, dass ein Total-Betrag in der Auflistung angezeigt wird, muss ein Array mit den drei Einträgen dem Address-Model hinzugefügt werden. Ohne diesen Schritt würde der Betrag zwar berechnet, aber dem Kunden nicht angezeigt werden.

```
    /**
     * Zuweisen des Versandkostenaufpreises an das Addressobjekt zur Anzeige
     *
     * @param   Mage_Sales_Model_Quote_Address $address
     * @return
     *   Webkochshop_Versandaufpreis_Model_Quote_Address_Total_Shipping_Surcharge
     */
    public function fetch(Mage_Sales_Model_Quote_Address $address)
    {
        if ($address->getShippingSurcharge() > 0)
        {
            $address->addTotal(array(
                'code'  => $this->getCode(),
                'title' => Mage::helper('versandaufpreis')->__('Versandaufpreis'),
                'value' => $address->getShippingSurcharge()
            ));
        }
        return $this;
    }
}
```

Ist der Versandkostenaufpreis auf diese Weise berechnet und in die aktuelle Währung überführt worden, kann er von den beiden anderen Total-Models, die wir für unsere Extension benötigen, übernommen werden. Für das Total-Model der Rechnungserstellung im Backend wird dies über folgende übersichtliche Klasse realisiert:

```php
<?php

class Webkochshop_Versandaufpreis_Model_Order_Invoice_Total_Shipping_Surcharge
    extends Mage_Sales_Model_Order_Invoice_Total_Abstract
{
    /**
     * Übertrag des Versandkostenaufpreises auf das Rechnungs-Model
     *
     * @param Mage_Sales_Model_Order_Invoice $address
     * @return
     *    Webkochshop_Versandaufpreis_Model_Order_Invoice_Total_Shipping_Surcharge
     */

    public function collect(Mage_Sales_Model_Order_Invoice $invoice)
    {
        $order = $invoice->getOrder();
        $surcharge = $order->getShippingSurcharge();
        $baseSurcharge = $order->getBaseShippingSurcharge();

        $invoice->setGrandTotal($invoice->getGrandTotal() + $surcharge);
        $invoice->setBaseGrandTotal(
            $invoice->getBaseGrandTotal() + $baseSurcharge
        );

        return $this;
    }
}
```

Sie fragen sich vielleicht an dieser Stelle, wie die bisher berechneten Aufpreisdaten an dieses Model übergeben werden. Dies erledigen die folgenden Fieldsets aus der *config.xml*:

```xml
<fieldsets>
    <sales_convert_quote_item>
        <shipping_surcharge>
            <to_order_item>*</to_order_item>
        </shipping_surcharge>
    </sales_convert_quote_item>
    <sales_convert_order_item>
        <shipping_surcharge>
            <to_quote_item>*</to_quote_item>
            <to_shipment_item>*</to_shipment_item>
        </shipping_surcharge>
    </sales_convert_order_item>
    <sales_convert_quote_address>
        <shipping_surcharge>
            <to_order>*</to_order>
        </shipping_surcharge>
```

```
        <base_shipping_surcharge>
            <to_order>*</to_order>
        </base_shipping_surcharge>
    </sales_convert_quote_address>
    <sales_convert_order>
        <shipping_surcharge>
            <to_invoice>*</to_invoice>
            <to_cm>*</to_cm>
        </shipping_surcharge>
    </sales_convert_order>
</fieldsets>
```

Alle hier aufgelisteten Attribute werden entsprechend der Konfiguration bei einer Konvertierung (*Quote-Item → Order-Item*, *Order → Invoice* usw.) automatisch für das neue Model übernommen.

Nachdem Sie die eigentliche Berechnung und Zuweisung des Versandkostenaufpreises in drei neuen Total-Models kennengelernt haben, besteht der nächste Schritt darin, mithilfe der bereits häufiger erwähnten Event-Observer-Methode diese neuen Models überhaupt anzuwenden. Neue Attribute von Produkten werden nicht automatisch auf die Quote-Items übernommen, deswegen müssen wir das manuell mit dem Observer erledigen. Ohne den gingen die Informationen einfach verloren.

Wie immer ist die Konfigurationsdatei *config.xml* unser Ausgangspunkt, und die folgenden Zeilen verknüpfen Observer-Methoden mit den beiden relevanten Magento-Events:

```
<events>
    <sales_quote_product_add_after>
        <observers>
            <versandaufpreis>
                <type>singleton</type>
                <class>versandaufpreis/observer</class>
                <method>salesQuoteProductAddAfter</method>
            </versandaufpreis>
        </observers>
    </sales_quote_product_add_after>
    <sales_convert_quote_to_order>
        <observers>
            <versandaufpreis>
                <type>singleton</type>
                <class>versandaufpreis/observer</class>
                <method>salesConvertQuoteToOrder</method>
            </versandaufpreis>
        </observers>
    </sales_convert_quote_to_order>
</events>
```

In Rezept 5.4 »Kundenpreise anlegen«, auf Seite 123, haben Sie bereits kennengelernt, wie mit dieser Schreibweise definiert wird, welche Methoden welcher Observer-Klasse aufgerufen werden, wenn die jeweiligen Events ausgelöst werden. Das Event sales_quote_product_add_after, das auftritt, wenn ein Produkt dem Warenkorb hinzugefügt worden ist, ruft die Methode salesQuoteProductAddAfter() des Observers in /Model/ Observer.php auf. Analog verhält es sich mit dem Event sales_convert_quote_to_order, das immer dann auftritt, wenn aus einer Quote eine Order wird. Schauen wir uns nun die Observer-Klasse genauer an:

```php
<?php

class Webkochshop_Versandaufpreis_Model_Observer
{
    /**
     * Übertrag des Aufpreises vom Product-Model auf das Quote-Item-Model
     *
     * @param Varien_Event_Observer $observer
     */
    public function salesQuoteProductAddAfter($observer)
    {
        foreach ($observer->getEvent()->getItems() as $quoteItem)
        {
            $surcharge = $quoteItem->getProduct()->getShippingSurcharge();
            if ($surcharge > 0)
            {
                $quoteItem->setShippingSurcharge($surcharge);
            }
        }
    }

    /**
     * Übertrag des Versandkostenaufpreises vom Quote-Model auf das Order-Model
     *
     * @param Varien_Event_Observer $observer
     */
    public function salesConvertQuoteToOrder($observer)
    {
        $order = $observer->getEvent()->getOrder();
        $quote = $observer->getEvent()->getQuote();

        /*
         * Es ergibt zwar keinen Sinn, einen Versandkostenaufpreis für virtuelle
         * Produkte zu berechnen, doch dies ist ja auch nur ein Beispielrezept.
         */
        if ($quote->getIsVirtual())
        {
            $address = $quote->getBillingAddress();
        }
        else
        {
            $address = $quote->getShippingAddress();
        }

        $order->setShippingSurcharge($address->getShippingSurcharge());
        $order->setBaseShippingSurcharge($address->getBaseShippingSurcharge());
    }
}
```

Je nachdem, welches Event eintritt, wird über Setter-Methoden der zuvor berechnete Versandkostenaufschlag dem Quote-Item-Model bzw. dem Order-Model zugewiesen. Nach dem Zuweisen werden die neuen Attribute automatisch gespeichert, da wir ja die entsprechenden Attribute mit dem Setup-Skript angelegt haben. Die Attribute werden im Observer gesetzt, da es für das Übertragen von Werten aus dem Address-Model auf ein Order-Model keine automatische Zuweisung via Fieldsets gibt, wenn dynamisch entschieden werden muss, welches Adress-Model verwendet werden soll.

Nachdem Sie sich bisher vornehmlich darauf konzentriert haben, die zugrunde liegenden Werte zu berechnen und diese auf die relevanten Models zu übertragen, widmen Sie sich nun der Anzeige der berechneten Werte. Dies geschieht zum einen über einen neuen Block, der im Anschluss über Layoutdateien eingebunden wird. Den Block für den Versandkostenaufpreis erzeugen Sie auf die folgende Weise:

```php
<?php

class Webkochshop_Versandaufpreis_Block_Sales_Total_Shipping_Surcharge
    extends Mage_Core_Block_Abstract
{
    /**
     * Hinzufügen des Versandkostenaufpreises zum Totals-Array
     *
     * @return Webkochshop_Versandaufpreis_Block_Sales_Total_Shipping_Surcharge
     */
    public function initTotals()
    {
        $parent = $this->getParentBlock();

        $source = $parent->getSource();

        $value = $parent->getSource()->getShippingSurcharge();

        if ($value > 0)
        {
            $total = new Varien_Object(array(
                'code'       => 'shipping_surcharge',
                'value'      => $parent->getSource()->getShippingSurcharge(),
                'base_value' => $parent->getSource()->getBaseShippingSurcharge(),
                'label'      => $this->__('Versandaufpreis'),
                'field'      => 'shipping_surcharge'
            ));
            $parent->addTotal($total, 'shipping');
        }
        return $this;
    }
}
```

In Mage_Sales_Block_Order_Totals::_beforeToHtml() wird für jeden via Layout-XML zugewiesenen Kindblock die Methode initTotals() automatisch aufgerufen, falls sie vorhanden ist. Diese Kindblöcke erzeugen selbst keine direkte Ausgabe, sondern fügen das

---

Ergebnis dem Totals-Array des Elternblocks (`Mage_Sales_Block_Order_Totals`) hinzu. Bei der Beschreibung der Layoutdateien weiter unten werden Sie sehen, wie ein Totals-Block als Kindblock zugewiesen wird. Diese auf den ersten Blick recht ungewöhnliche Methode hat den Vorteil, dass sich Totals komplett in Modulen kapseln lassen.

In der Konfigurationsdatei braucht es zum Schluss nur die Verknüpfung zweier Layout-XML-Dateien, die die Formatierung des Front- bzw. Backends unserer *Versandaufpreis*-Extension übernehmen. Dies entspricht der Layoutupdate-Logik, die Sie bereits in Kapitel 4 kennengelernt haben:

```
<frontend>
    <!-- … -->
    <layout>
        <updates>
            <versandaufpreis>
                <file>versandaufpreis.xml</file>
            </versandaufpreis>
        </updates>
    </layout>
</frontend>

<adminhtml>
    <layout>
        <updates>
            <versandaufpreis>
                <file>versandaufpreis.xml</file>
            </versandaufpreis>
        </updates>
    </layout>
</adminhtml>
```

Das Einbinden des neuen Eintrags für den Versandkostenaufpreis im Frontend geschieht also zunächst über die Datei *versandaufpreis.xml*. Mit deren Besprechung endet zugleich auch unsere Arbeit im */app/code*-Ordner der Magento-Installation. Wie Sie bereits wissen, werden in Magento programm- und designrelevante Codeteile voneinander getrennt – die restliche Arbeit an unserer Extension erledigen wir demnach in */app/design/*. Dort hinterlegen wir im *frontend*-Bereich im *default*-Theme des *base*-Packages im Verzeichnis *layout* eine XML-Datei mit folgendem Inhalt:

```
<?xml version="1.0"?>
<layout version="0.1.0">

    <sales_order_view>
        <reference name="order_totals">
            <block type="versandaufpreis/sales_total_shipping_surcharge"
                name="total_shipping_surcharge" as="shipping_surcharge"/>
        </reference>
    </sales_order_view>

    <sales_order_invoice>
        <reference name="invoice_totals">
```

```
            <block type="versandaufpreis/sales_total_shipping_surcharge"
                    name="total_shipping_surcharge" as="shipping_surcharge"/>
        </reference>
    </sales_order_invoice>

    <sales_order_creditmemo>
        <reference name="creditmemo_totals">
            <block type="versandaufpreis/sales_total_shipping_surcharge"
                    name="total_shipping_surcharge" as="shipping_surcharge"/>
        </reference>
    </sales_order_creditmemo>

    <... alle anderen relevanten Update-Handles ...>

</layout>
```

Anhand dieses Ausschnitts erkennen Sie, dass das Layout der für unsere Zwecke wichtigen Bereiche so modifiziert wird, dass der neue Versandaufpreis-Block zum Einsatz kommen kann. Dies ist mit `sales_order_view` beispielsweise die Detailansicht einer Bestellung im Kundenkonto.

Auf ähnliche Weise ergänzen Sie die Totals-Anzeige für Bestellungen im Admin-Panel via Layoutdatei */app/design/adminhtml/default/default/layout/versandaufpreis.xml*.

Siehe auch

Das gesamte Modul finden Sie im Download-Code zum Buch im Archiv *Webkochshop_Versandaufpreis-0.1.0.zip*.

6.4 Das Admin-Panel um eigene Konfigurationsmöglichkeiten erweitern

Problem

Sie möchten eine Extension so dynamisch programmieren, dass bestimmte Konfigurationswerte im Admin-Panel gepflegt werden können und diese Änderungen nicht im eigentlichen Programmcode durchgeführt werden müssen.

Lösung

Magento stellt zu diesem Zweck die Datei *system.xml* zur Verfügung, die im *etc/*-Verzeichnis einer Extension abgelegt wird und dafür sorgt, dass nach der Installation der neuen Extension neue Eingabefelder im Admin-Panel zur Verfügung stehen. Diese Datei ist zur gleichen Zeit die Grundlage für das Rezept 6.6, »Gratisartikel in den Warenkorb legen«, auf Seite 163, mit dem wir uns weiter unten in diesem Kapitel beschäftigen. Für dieses Rezept benötigen wir die folgenden Konfigurationswerte:

Gratisartikel-SKU

Eindeutige Bestellnummer des Gratisartikels, der unter bestimmten Umständen in den Warenkorb gelegt und dem anschließend der Preis 0 zugewiesen wird.

Artikel-Mindestwert

Ein Artikel muss einen gewissen Wert haben, um das Hinzufügen des Gratisartikels auch auszulösen.

Artikel-Mindestanzahl:

Zusätzlich zum Mindestwert muss auch noch eine Mindestanzahl an Artikeln im Warenkorb vorhanden sein, um den Gratisartikel hinzuzufügen.

Zusatztext für Gratisprodukt

Hier wird ein beliebiger Text eingetragen, der beim Gratisartikel angezeigt wird.

Diskussion

Erstellen Sie die Grundstruktur einer Extension und legen Sie im */app/code/local/Webkochshop/GratisArtikel/etc/*-Verzeichnis die Datei *system.xml* mit dem folgenden Inhalt an:

```
<?xml version="1.0"?>
<config>
    <tabs>
        <webkochshop translate="label" module="gratis">
            <label>Webkochshop</label>
            <sort_order>508</sort_order>
        </webkochshop>
    </tabs>
    <!--...-->
```

Mit diesem ersten `<tabs>`-Knoten der XML-Datei legen Sie fest, dass Magento einen neuen Tab in der linken Navigationsleiste des Admin-Panels anlegt. Es ist also nicht nötig, dies manuell zu erledigen und eventuell ein Template anzupassen – stattdessen macht Magento die Arbeit für Sie und präsentiert einen neuen Eintrag, wie in Abbildung 6-2 dargestellt.

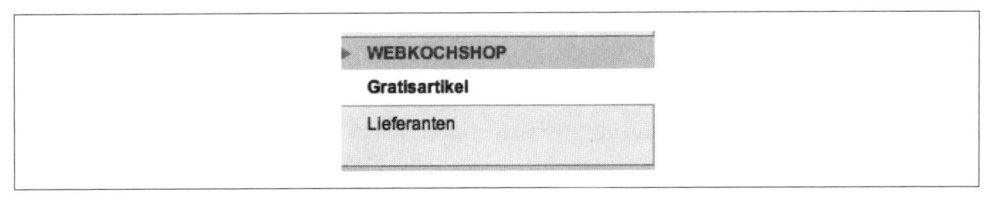

Abbildung 6-2: Ein neuer Menüeintrag erscheint im Admin-Panel

Mithilfe der Angabe `<sort_order>` haben Sie Einfluss auf die Position dieses neuen Tabs. Standardmäßig sortiert Magento die Einträge von 0 bis n und abhängig davon, wie andere (Core-)Module konfiguriert sind (schauen Sie sich dazu doch einfach mal die *system.xml*-Dateien dieser Module an, um das Geheimnis ihrer Sortierung ein wenig zu lüften). Meistens braucht es nur etwas Experimentierfreude, den passenden Platz zwischen den anderen Modul-Tabs zu finden.

Als Nächstes veranlassen wir die Extension, um unter dem Tab einen neuen, klickbaren Menüeintrag anzulegen. Dies geschieht im `<sections>`-Knoten:

```xml
<sections>
    <gratis translate="label" module="gratis">
        <tab>webkochshop</tab>
        <label>Gratisartikel</label>
        <sort_order>10</sort_order>
        <show_in_default>1</show_in_default>
        <show_in_website>1</show_in_website>
        <show_in_store>1</show_in_store>
        <!--...-->
```

Der Extension weisen wir hiermit den internen Konfigurationspfad *gratis* und den menschenlesbaren Titel *Gratisartikel* zu, der auch im Admin-Panel angezeigt wird. Über den `<tab>`-Knoten weisen wir diese Section dem vorher definierten Eintrag in der Navigation zu. Ebenso finden Sie hier erneut einen Sortierungsparameter `<sort_order>`, mit dessen Hilfe Sie Ordnung in Ihre Menüeinträge bringen können. Die letzten drei Einträge legen fest, in welchen Geltungsbereichen – default, website und store – diese Konfigurationsmöglichkeiten gelten sollen.

Menueinträge schön und gut – aber wo verbergen sich denn nun die Konfigurationseinstellungen? Diese Frage wird zu einem guten Teil von den nachfolgenden Zeilen der *system.xml* beantwortet:

```xml
<groups>
    <general translate="label" module="gratis">
        <label>Gratisartikel</label>
        <sort_order>10</sort_order>
        <show_in_default>1</show_in_default>
        <show_in_website>1</show_in_website>
        <show_in_store>1</show_in_store>
        <!--...-->
```

Mithilfe des `<groups>`-Knotens erzeugen Sie die Zwischenüberschriften im Inhaltsbereich des Admin-Panels, die sich per Mausklick so herrlich auf- und zuklappen lassen. Die von uns erzeugte Gruppe erhält den Namen *Gratisartikel* und kann – analog zu den `<sections>` – sowohl sortiert als auch den einzelnen Geltungsbereichen zugewiesen werden.

Nachdem Sie in der linken Navigationsleiste einen neuen Tab und einen neuen Menüpunkt hinzugefügt und im Inhaltsbereich eine neue Zwischenüberschrift mithilfe der *system.xml* angelegt haben, ist es nun an der Zeit, die eigentlichen Konfigurationsmöglichkeiten zu definieren. Dies geschieht im `<fields>`-Knoten:

```xml
<!--...-->
<fields>
    <free_product_sku translate="label">
        <label>Gratisartikel-SKU</label>
```

```xml
            <frontend_type>text</frontend_type>
            <sort_order>10</sort_order>
            <show_in_default>1</show_in_default>
            <show_in_website>1</show_in_website>
            <show_in_store>0</show_in_store>
        </free_product_sku>
        <min_item_value translate="label,comment">
            <label>Artikel-Mindestwert</label>
            <comment>Nur Artikel mit diesem Mindestwert werden gezählt
            </comment>
            <frontend_type>text</frontend_type>
            <sort_order>20</sort_order>
            <show_in_default>1</show_in_default>
            <show_in_website>1</show_in_website>
            <show_in_store>0</show_in_store>
        </min_item_value>
        <min_qty translate="label,comment">
            <label>Artikel-Mindestanzahl</label>
            <comment>Ab dieser Artikelanzahl wird der Gratisartikel dem
            Warenkorb hinzugefügt</comment>
            <frontend_type>text</frontend_type>
            <sort_order>30</sort_order>
            <show_in_default>1</show_in_default>
            <show_in_website>1</show_in_website>
            <show_in_store>0</show_in_store>
        </min_qty>
        <free_label translate="label">
            <label>Zusatztext für Gratisprodukt</label>
            <frontend_type>text</frontend_type>
            <sort_order>40</sort_order>
            <show_in_default>1</show_in_default>
            <show_in_website>1</show_in_website>
            <show_in_store>1</show_in_store>
        </free_label>
    </fields>
</general>
</groups>
</gratis>
</sections>
</config>
```

Auf diese Weise lässt sich also eine beliebige Anzahl von Eingabefeldern erstellen, die an der vorher festgelegten Stelle im Admin-Panel angezeigt werden. Jedes dieser Felder hat analog zu den ‹sections› und den ‹groups› einen internen Code, mit dem Sie in der Programmierung auf die eingetragenen Werte zugreifen können, sowie eine Benennung (label). Über den Knoten ‹frontend_type› haben Sie Einfluss darauf, welche Art von Eingabe möglich sein wird. Wählen Sie hier text aus wie in unserem Beispiel, steht Ihnen ein Textfeld zur Verfügung, das sich mit einer beliebigen Zeichenfolge füllen lässt. Weitere Varianten sind select und multiselect, mit deren Hilfe Sie Drop-down- und Multiselect-Menüs realisieren können.

Last, but not least erlaubt Ihnen der `<sort_order>`-Parameter auch auf dieser Ebene, alle Eingabefelder beliebig zu sortieren. Mittlerweile sollten Ihnen die Parameter für die Wahl des Geltungsbereichs ebenfalls bekannt vorkommen. In diesem Zusammenhang sehen Sie eine Besonderheit im aktuellen Beispiel: Im Feld `min_qty` haben wir den Wert 0 in den Knoten `<show_in_store>` eingetragen. Damit erreichen wir, dass dieser Konfigurationswert nicht auf StoreView-Ebene geändert werden kann, sondern nur auf globaler und auf Website-Ebene. Haben Sie demnach Magento so aufgebaut, dass über einzelne Store-Views verschiedene Sprachen abgebildet werden, gilt für jeden Sprachbereich die gleiche Artikelanzahl für den Gratisartikel.

Wenn Sie die gezeigte *system.xml* in eine eigene Extension integrieren, wird im Admin-Bereich Folgendes dargestellt (siehe Abbildung 6-3).

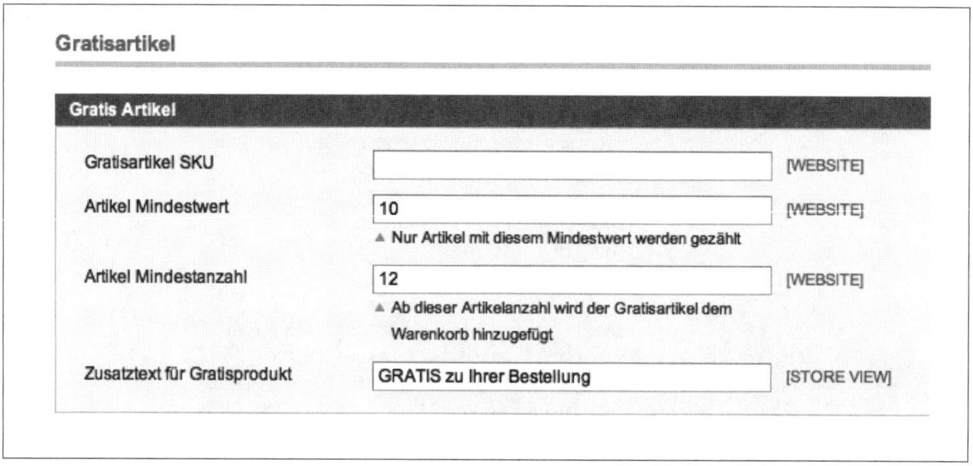

Abbildung 6-3: Das Admin-Panel wurde um einige Eingabefelder erweitert.

In diesem Rezept haben Sie erfahren, wie Sie Ihrer eigenen Extension auf einfache Weise verschiedene Konfigurationsmöglichkeiten spendieren können. Für diese Extension ist es dabei nicht von Bedeutung, an welcher Stelle und mit welcher Sortierung die neuen Eingabefelder angezeigt werden; die oben gezeigte Aufteilung in Tabs, Menüpunkte und Zwischenüberschriften dient lediglich der besseren Übersicht im Admin-Panel und soll denjenigen, die mit der Extension arbeiten, die Arbeit so leicht wie möglich machen. Bei der Verwendung der Konfigurationswerte in Ihrer Programmierung müssen Sie lediglich darauf achten, diese Hierarchiestufen beim Aufruf zu berücksichtigen. Auf die Mindestanzahl greifen Sie mit dem Aufruf `Mage::getStoreConfig('gratis/general/min_qty')` zu, in dem die `<section>`, die `<group>` und das `<field>` angegeben werden.

Um Standardwerte für die Eingabefelder zu vergeben, können Sie die XML-Struktur der *config.xml* wie folgt erweitern:

```
<config>
    <!-- ... -->
    <default>
        <gratis>
            <general>
                <free_product_sku></free_product_sku>
                <min_item_value>10</min_item_value>
                <min_qty>12</min_qty>
                <free_label>GRATIS zu Ihrer Bestellung</free_label>
            </general>
        </gratis>
    </default>
</config>
```

Wie Sie sehen können, spiegelt sich die Hierarchie aus der *system.xml*-Datei hier wider.

6.5 Nutzerrechte für neue Extensions anlegen

Problem

Werden für eine neue Extension erweiterte Konfigurationsmöglichkeiten mithilfe einer *system.xml* geschaffen, können Nutzer noch nicht darauf zugreifen, wenn sie innerhalb einer neuen Section angelegt werden. Fügen Sie neue Groups und Eingabefelder zu bestehenden Sections hinzu, hat der Admin sofort Zugriff darauf, und es müssen keine neuen Nutzerrechte vergeben werden.

Lösung

Wir ergänzen unser Modul um eine neue Datei *etc/adminhtml.xml* und fügen dort die sogenannten *Access Control Lists (ACL)* ein, sodass ein Admin-User auch die entsprechenden Rechte zur Konfiguration der Extension hat.

Diskussion

Das Hinzufügen von zusätzlichen Nutzerrechten für Ihre neue Extension vollzieht sich ausschließlich in der *adminhtml.xml*-Konfigurationsdatei, der zugehörige Code lautet wie folgt:

```
<?xml version="1.0" ?>
<config>
    <acl>
        <resources>
            <admin>
                <children>
                    <system>
                        <children>
                            <config>
                                <children>
```

```
                    <gratis translate="title" module="gratis">
                        <title>Gratisartikel</title>
                    </gratis>
                </children>
            </config>
        </children>
    </system>
</children>
</admin>
</resources>
</acl>
</config>
```

Lassen Sie sich von dieser komplexeren Verschachtelung nicht aus der Ruhe bringen; diese resultiert letztlich aus der Magento-eigenen Konvention und muss mit übernommen werden. Sie sorgt dafür, dass bei der Einstellung der Admin-Gruppen im Admin-Panel ein neuer Eintrag erstellt wird, wie Sie in Abbildung 6-4 sehen können.

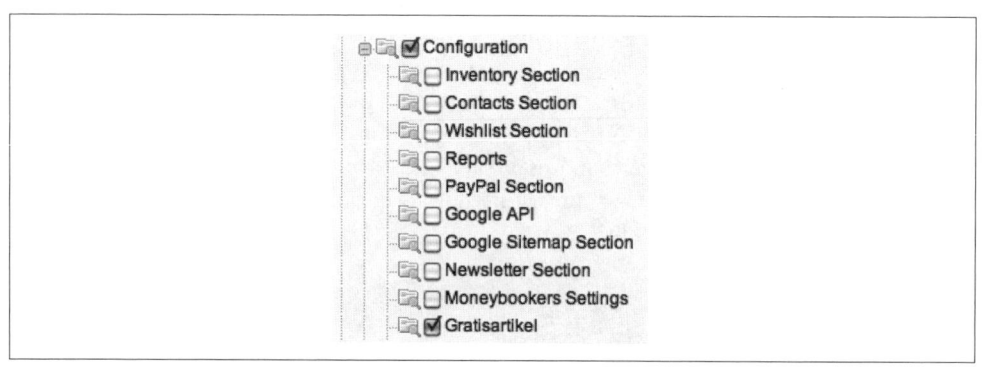

Abbildung 6-4: Im Admin-Panel kann nach Anpassung der ACL der Zugriff gesteuert werden.

 Vor Magento 1.4 wurde diese Konfiguration übrigens in der *config.xml* unter dem Knoten config/adminhtml hinzugefügt. Das funktioniert immer noch, entspricht jedoch nicht mehr den aktuellen Konventionen.

Entscheidend ist der <gratis>-Knoten, mit dem genau die Section unserer Extension angesprochen wird, für die Sie in Rezept 6.6, »Gratisartikel in den Warenkorb legen«, auf Seite 163, die neuen Konfigurationswerte angelegt haben. Mithilfe des oben gezeigten XML-Konstrukts erweitern Sie Magentos ACL so, dass ein Admin-Benutzer Zugriff auf die erweiterten Konfigurationsmöglichkeiten erhält. Damit die neuen ACL auch erkannt werden, müssen Sie zuerst den Magento-Cache aktualisieren und sich dann aus dem Admin-Panel erst aus- und dann wieder dort einloggen.

6.6 Gratisartikel in den Warenkorb legen

Problem

Ein vorher festgelegter (Gratis-)Artikel soll automatisch in den Warenkorb gelegt werden, wenn ein Kunde einen anderen, regulären Artikel dem Warenkorb hinzufügt. Wird dieser Artikel wieder entfernt, verschwindet auch der Gratisartikel. Der Gratisartikel darf in dieser Beispiel-Extension nicht als reguläres Produkt mit der gleichen SKU in den Warenkorb gelegt werden können, da in diesem Fall beim Entfernen der benötigten Anzahl nicht nur der Gratisartikel aus dem Warenkorb entfernt wird, sondern auch das reguläre Produkt.

Lösung

Um die beschriebene Funktionalität zu realisieren, nutzen wir das Event sales_quote_save_before, das immer vor dem Speichern des Quote-Models ausgelöst wird. Wir verwenden die Event-Observer-Methode, um die notwendige Logik für die Gratisartikel zu implementieren.

Außerdem nutzen wir die erweiterten Konfigurationsmöglichkeiten, um aus dem Gratismodul auf notwendige Konfigurationswerte zugreifen zu können, und die neuen Nutzungsrechte, um im Admin-Panel unter *System → Konfiguration* darauf zugreifen zu können.

Diskussion

Die eigentliche Logik der *Gratikartikel*-Extension vollzieht sich ausschließlich in einer – überschaubaren – Observer-Klasse, die wir an dieser Stelle genauer beleuchten möchten:

```php
<?php

class Webkochshop_GratisArtikel_Model_Observer
{
    /**
     * Prüfen, ob die Artikel im Warenkorb die Bedingungen für den Gratisartikel
     * erfüllen. Wenn ja, Aufruf der Methode zum Anlegen des Gratisartikels.
     *
     * @param Varien_Event_Observer $observer
     */
    public function salesQuoteSaveBefore($observer)
    {
        /**
         * @var $quote Mage_Sales_Model_Quote
         */
        $quote = $observer->getEvent()->getQuote();

        /*
         * Prüfen, ob die Bedingungen für den Gratisartikel erfüllt sind
         */
```

```
$minItemValue = Mage::getStoreConfig('gratis/general/min_item_value');
$count = 0;
foreach ($quote->getAllItems() as $item)
{
    if ($item->isDeleted()) continue;

    if ($item->getCalculationPrice() >= $minItemValue)
    {
        $count += $item->getQty();
    }
}
if ($count >= Mage::getStoreConfig('gratis/general/min_qty'))
{
    $freeProductQty = 1;
}
else
{
    $freeProductQty = 0;
}

$this->_setFreeProductOnQuote($quote, $freeProductQty);
}
```

Diese Methode wird unmittelbar dann aufgerufen, wenn das besagte Event in Magento ausgelöst wird. Vereinfacht gesagt, wird über das Objekt `Mage_Sales_Model_Quote` iteriert, um auf Basis der Einträge des Warenkorbs zu entscheiden, ob und wie unsere Gratisartikel-Logik angewendet wird. Sollte ein Produkt den gleichen oder einen höheren Wert haben als der, der in der Konfigurationsdatei angegeben wurde, wird ein ebenfalls vorher definierter Gratisartikel hinzugefügt, anderenfalls nicht. Besonders interessant ist in diesem Zusammenhang die folgende Zeile:

```
$minItemValue = Mage::getStoreConfig('gratis/general/min_item_value');
```

Mit dieser Syntax haben Sie die Möglichkeit, auf definierte Konfigurationswerte zuzugreifen; der String `gratis/general/min_item_value` im Funktionsaufruf gibt dabei an, auf welcher Hierarchiestufe der Konfigurationswert abgelegt wurde.

In den anderen Methoden der Observer-Klasse werden weitere Fallunterscheidungen getroffen, und es wird überprüft, ob es bereits automatisch hinzugefügte Gratisartikel im Warenkorb gibt.

```
protected function _setFreeProductOnQuote(Mage_Sales_Model_Quote $quote,
              $qty = 1)
{
    $sku = Mage::getStoreConfig('gratis/general/free_product_sku');

    ...

    /*
     * Fallbehandlung: Gratisartikel ist noch nicht im Warenkorb vorhanden.
     */
    if ($qty > 0)
```

```php
{
    /*
     * Produkt ist noch nicht im Warenkorb - Hinzufügen des Artikels.
     */
    $product = Mage::getModel('catalog/product')
        ->loadByAttribute('sku', $sku);
    if ($product)
    {
        if ($product->getId())
        {

            /*
             * Hinzufügen des Artikels zum Warenkorb
             */
            $quote->addProduct($product, $qty);
            $quoteItem = $quote->getItemByProduct($product);

            /*
             * Erzwingen eines Preises, auch wenn das Produkt einen
             * anderen Preis hat
             */
            $quoteItem->setCustomPrice(0);

            /*
             * Dem Kunden sollen keine zusätzlichen Versandkosten
             * durch den Gratisartikel entstehen.
             */
            $quoteItem->setFreeShipping($qty);

            /*
             * Setzen einer Custom-Option zur Anzeige eines Zusatztexts
             */
            $labelText = Mage::getStoreConfig('gratis/general/free_label');
            $options = array(array(
                'label'       => $labelText,
                'value'       => '',
                'print_value' => '',
            ));

            $quoteItem->addOption(array(
                'code'  => 'additional_options',
                'value' => serialize($options),
            ));

            ...

        }
    }
}
```

An dem oben gezeigten Ausschnitt aus der Methode _setFreeProductOnQuote() können Sie erkennen, wie auf die Systemkonfiguration mittels `Mage::getStoreConfig('gratis/general/free_product_sku')` zugegriffen wird. Außerdem sehen Sie, wie ein Produkt durch den PHP-Code `$quote->addProduct($product, $qty)` zum Warenkorb hinzugefügt wird.

Um einem Artikel im Warenkorb einen Preis zuzuweisen, der sich von dem des Produkts unterscheidet, wird die Methode `$quoteItem->setCustomPrice($neuerPreis);` genutzt. Als kleines Extra wird ein Optionswert dynamisch einem Quote-Item zugewiesen, sodass er als Zusatztext im Warenkorb und später in der Bestellung zu sehen ist. Dazu muss wie im obigen Beispiel ein Array gebaut werden, und dieses muss dann mit `$quoteItem->addOption()` hinzugefügt werden.

Siehe auch

Den vollständigen und ausführlich kommentierten Code finden Sie im Download-Code zum Buch im Archiv *Webkochshop_GratisArtikel-0.1.0.zip*.

6.7 Ein Bestellkommentarfeld einfügen

Problem

Sie möchten Ihren Kunden die Möglichkeit einräumen, während des Bestellvorgangs im Onepage-Checkout einen Bestellkommentar einzutragen.

Lösung

Fügen Sie den Order- und Quote-Models jeweils ein neues Attribut hinzu, in dem dieser Kommentar aufgenommen wird, und füllen Sie dieses mit der Event-Observer-Methode. Diese Extension haben wir für Sie unter dem Namen *Webkochshop_Orderkommentar* vorbereitet.

Diskussion

Als Erstes werden zwei neue Attribute via Installationsskript den Order- und Quote-Models hinzugefügt:

```php
<?php

/**
 * @var $installer Mage_Sales_Model_Mysql4_Setup
 */
$installer = $this;
$installer->startSetup();

$installer->addAttribute('quote', 'order_kommentar', array(
    'type'      => 'text',
```

```
        'label'    => 'Bestellkommentar',
        'required' => 0,
));

    $installer->addAttribute('order', 'order_kommentar', array(
        'type'     => 'text',
        'label'    => 'Bestellkommentar',
        'required' => 0,
));

    $installer->endSetup();
```

Anschließend definieren wir in der *config.xml*, welche Events dazu genutzt werden sollen, das Bestellkommentarfeld zu füllen:

```
<frontend>
    <!-- … -->
    <events>
        <sales_quote_save_before>
            <observers>
                <orderkommentar>
                    <type>singleton</type>
                    <class>orderkommentar/observer</class>
                    <method>salesQuoteSaveBefore</method>
                </orderkommentar>
            </observers>
        </sales_quote_save_before>
        <sales_model_service_quote_submit_before>
            <observers>
                <orderkommentar>
                    <type>singleton</type>
                    <class>orderkommentar/observer</class>
                    <method>salesModelServiceQuoteSubmitBefore</method>
                </orderkommentar>
            </observers>
        </sales_model_service_quote_submit_before>
    </events>
</frontend>
```

Der Observer mitsamt den beiden angemeldeten Methoden sehen Sie in folgendem Codebeispiel:

```
<?php

class Webkochshop_OrderKommentar_Model_Observer
{
    /**
     * Setzen des Kommentars auf dem Quote-Model
     *
     * @param Varien_Event_Observer $observer
     */
    public function salesQuoteSaveBefore($observer)
    {
        if ($this->_checkControllerAction('checkout', 'onepage', 'saveBilling'))
```

```
        {
            $kommentar = Mage::app()->getRequest()->getParam('kommentar');
            if ($kommentar)
            {
                $observer->getEvent()->getQuote()->setOrderKommentar($kommentar);
            }
        }
    }

    /**
     * Eintragen des Kommentars in die Order-History
     *
     * @param Varien_Event_Observer $observer
     */
    public function salesModelServiceQuoteSubmitBefore($observer)
    {
        /*
         * Der Kommentar wurde bereits durch den Eintrag in das Fieldset
         * config/fieldsets/sales_convert_quote auf dem Order-Model
         * erreicht. Hier fügen wir den Kommentar der Order-Historie hinzu.
         */
        $order = $observer->getEvent()->getOrder();
        $order->addStatusHistoryComment(
            Mage::helper('orderkommentar')->__(
                "<b>Bestellkommentar</b>:<br/>\n%s",
                $kommentar
            )
        );
    }
}
```

Die datenmäßige Grundlage für die Bestellkommentare ist mit diesen einfachen Schritten also geschaffen; was jetzt noch fehlt, ist die tatsächliche Anzeige eines neuen Eingabefelds im Onepage-Checkout, in das Ihre Kunden den entsprechenden Kommentar eintragen können. Die dazu nötigen Frontend-Umbauarbeiten beginnen mit dem Einbinden einer eigenen Layoutdatei in die *config.xml* unserer Extension:

```
<frontend>
    <layout>
        <updates>
            <orderkommentar>
                <file>orderkommentar.xml</file>
            </orderkommentar>
        </updates>
    </layout>
    <!--...-->
```

Die zugehörige Layoutdatei liest sich wie folgt:

```
<?xml version="1.0"?>
<layout version="0.1.0">
    <checkout_onepage_index>
        <reference name="head">
```

```
            <action method="addItem">
                <type>skin_css</type>
                <name>webkochshop/orderkommentar/css/kommentar.css</name>
            </action>
        </reference>
        <reference name="checkout.onepage.billing">
            <action method="setTemplate">
                <template>webkochshop/orderkommentar/checkout/onepage/billing.phtml
                </template>
            </action>
            <block type="core/template" name="orderkommentar.field"
                    template="webkochshop/orderkommentar/field.phtml"/>
        </reference>
    </checkout_onepage_index>
</layout>
```

Wie Sie sehen, wird hier mithilfe dieses XML-Schnipsels dem Inhaltsblock checkout.one-page.billing ein neues Template namens *billing.phtml* zugewiesen. Darüber hinaus erzeugt diese Layoutdatei einen neuen Block namens *orderkommentar.field*, der durch ein eigenes Template *field.phtml* formatiert wird. In diesem Template findet sich unter anderem auch der HTML-Code für das neue Eingabefeld:

```
<div id="orderkommentar">
    <label for="kommentar">
        <?php echo $this->__('Ihr Kommentar zur Bestellung:') ?>
    </label><br/>
    <textarea name="kommentar" id="kommentar" class="kommentar">
        <?php echo $this->htmlEscape($this->getParentBlock()->getQuote()->
getOrderKommentar()) ?>
    </textarea>
</div>
```

Voilà! Wenn Sie diese Schritte nachvollzogen haben, anschließend ein Produkt in den Warenkorb legen und den Bestellprozess beginnen, wird ein neues Eingabefeld wie in Abbildung 6-5 angezeigt.

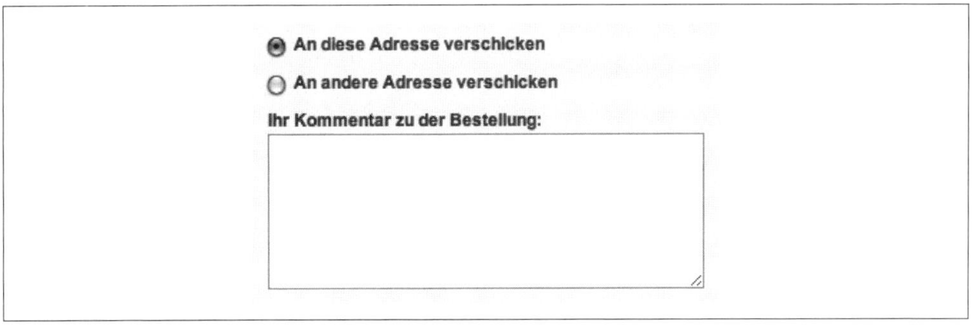

Abbildung 6-5: Ab sofort können Kunden ihrer Bestellung einen Kommentar hinzufügen

Zum vollständigen Shopbetreiberglück fehlt nun nur noch, dass die von den Kunden ein-gegebenen Kommentare auch entsprechend im Admin-Panel dargestellt werden. Die

Vorgehensweise ist hier die gleiche wie bei den Layoutupdates im Frontend: Es wird eine neue Layoutdatei für das Admin-Panel in der *config.xml* eingebunden, die für die entsprechenden Ausgaben verantwortlich ist.

Siehe auch

Den vollständigen Code zu diesem Rezept finden Sie im Archiv *Webkochshop_Order-Kommentar-0.1.0.zip* im Download-Code.

In diesem Kapitel haben wir uns mit der Frage auseinandergesetzt, wie Sie die Angebote und Bestellungen im Magento-Universum so anpassen können, dass sie für Ihre eigenen Zwecke nutzbar werden. Das nächste Kapitel steht ganz im Zeichen der Systemintegration.

KAPITEL 7

Systemintegration

7.0   Einführung

Dieses Kapitel beinhaltet Rezepte, die Ihnen Praxisbeispiele zur Anbindung einer Magento-Installation an Drittsysteme sowie zur Integration externer Technologien in Magento aufzeigen. Da die Fülle an potenziellen Integrationskandidaten nahezu unüberschaubar ist, ist es natürlich nicht möglich, alle erdenklichen Integrationsszenarien abzubilden. Auf der Magento-Seite ist die Vorgehensweise jedoch immer sehr ähnlich, sodass die vorgestellten Lösungen auch auf andere Produkte und Systeme anwendbar sein sollten.

Austausch von Daten zwischen zwei Systemen

In nahezu jedem Softwareprojekt spielt der Austausch von Daten mit Drittsystemen eine nicht unwesentliche Rolle. Egal ob Sie ein neues Customer-Relationship-Management-(CRM-)System einführen oder eine E-Commerce-Lösung implementieren, Schnittstellen zu vorhandenen Systemen wie beispielsweise ERP-Systemen sind eine wichtige Anforderung, die man nicht unterschätzen sollte. Gerade wenn man einen Austausch mit älteren (womöglich noch DOS-basierten) Anwendungen schaffen muss, gestaltet sich die Umsetzung häufig schwierig, da nur sehr rudimentäre Im- und Exportmöglichkeiten zur Verfügung stehen.

Magento selbst bietet vielfältige Möglichkeiten, Daten einzulesen oder auszugeben. So können Sie beispielsweise Produkte mit *DataFlow* exportieren, Bestellungen eventgesteuert über eine eigene Extension an einen Webservice schicken oder aus einem Drittsystem heraus auf die Magento-Core-SOAP-API zugreifen, um Kundendaten zu aktualisieren.

Für die Integration von Magento in eine bestehende Softwarelandschaft bieten sich zwei Verfahren an, die im Folgenden vorgestellt werden. Dabei handelt es sich um einen asynchronen Datenabgleich auf Basis von Dateien sowie um die synchrone Anbindung mittels Webservices oder APIs.

In vielen Systemen – so auch in Magento – besteht die Möglichkeit, Daten als Dateien im- und exportieren zu können. Der Vorteil dieser Methode liegt darin, dass Im- und Export voneinander getrennt ablaufen, daher spricht man hier auch von einem asynchronen Verfahren.

Geeignet ist der Austausch auf Dateiebene besonders dann, wenn große Mengen an Daten ausgetauscht werden, ohne dass dabei eine sofortige Rückmeldung des anderen Systems nötig ist. Typische Beispiele sind der Import von Produktdaten und Kategorien.

Im Gegensatz zum Austausch auf Dateibasis ist die Anbindung über Webservices und APIs ein synchrones Verfahren, d.h., das System schickt Daten an ein anderes und erwartet eine Erfolgs- oder Fehlermeldung, oder es schickt eine Anfrage und erwartet die angeforderten Daten.

Diese Methode sollten Sie einsetzen, wenn Daten zeitnah zur Weiterverarbeitung benötigt werden, z.B. bei einer Verfügbarkeitsprüfung für ein bestimmtes Produkt oder der Übermittlung eines Gutscheincodes an ein ERP-System zur Prüfung der Gültigkeit.

7.1 Produktbestände mit Drittsystemen synchronisieren

Problem

Sie haben einen umfangreichen Produktstamm und müssen Bestandsdaten möglichst schnell mit einem ERP-System abgleichen, um den Nutzern stets aktuelle Verfügbarkeitsdaten zur Verfügung stellen zu können.

Lösung

Importieren Sie Bestandsdaten mithilfe des *Inventory Item*-Models.

Diskussion

Die vorliegende Lösung eignet sich dank der Nutzung des *Inventory Item*-Models auch für den Abgleich vieler Bestandsdaten, da das sehr teure Laden und Speichern des eigentlichen Product-Models entfällt. Die importierten Bestände können jedoch nie hundertprozentig genau sein, da immer eine kleine zeitliche Differenz zwischen ERP- und Shopdaten besteht, weil es sich um zwei externe Systeme handelt, die – je nach Art der Implementierung – die Daten zeitversetzt ablegen. Sie sollten Nutzer daher darauf hinweisen, wann die Verfügbarkeitsdaten zuletzt aktualisiert wurden und dass es gegebenenfalls zu Abweichungen kommen kann. Dieses Problem können Sie abschwächen, wenn das verwendete ERP-System die Möglichkeit bietet, Bestände für ein Produkt über einen Webservice direkt abzufragen. Damit könnten Sie beispielsweise beim Beginn des Checkout-Prozesses für alle Produkte im Warenkorb die Verfügbarkeit prüfen und so verlässlichere Daten zur Lieferbarkeit darstellen.

7.2 Aufträge an ERP-Systeme exportieren

Problem

Magento kann Aufträge von Kunden annehmen und in der Datenbank speichern. Sie können die Aufträge im Admin-Panel einsehen und dort bearbeiten oder über die SOAP-API von einer anderen Software abholen lassen. Wenn Sie eine Warenwirtschaft einsetzen, werden Sie sicher einen automatischen Export von Aufträgen in die Warenwirtschaft realisieren wollen.

Lösung

Es gibt mehrere Ansätze dazu, zu welchem Zeitpunkt eine Bestellung exportiert wird: direkt beim Platzieren des Auftrags oder mit einem Hintergrundprozess, der regelmäßig alle neuen Bestellungen exportiert.

Diskussion

Variante 1: Eventbasiertes Exportieren

Nach dem Platzieren eines Auftrags wird das Event sales_order_place_after geworfen. Um mit diesem Event zu arbeiten, müssen Sie in der Datei */app/code/local/Visions/Ora/etc/config.xml* einen Observer für dieses Event anmelden:

```
<config>
    <global>
        <!-- ... -->
        <events>
            <sales_order_place_after>
                <observers>
                    <orderexport>
                        <type>singleton</type>
                        <class>orderexport/observer</class>
                        <method>salesOrderPlaceAfter</method>
                    </orderexport>
                </observers>
            </sales_order_place_after>
        </events>
        <!-- ... -->
    </global>
</config>
```

Die Konfiguration registriert einen Abonnenten mit dem Namen orderexport, der bei dem Event sales_order_place_after die Methode salesOrderPlaceAfter() der Klasse orderexport/observer (Webkochshop_OrderExport_Model_Observer) aufruft. Bei dem Aufruf wird der eingegangene Auftrag mitgeschickt. Nun legen Sie eine Observer-

Klasse mit der Methode exportOrder() in der Datei */app/code/local/Webkochshop/OrderExport/Model/Observer.php* an:

```php
<?php

class Webkochshop_OrderExport_Model_Observer
{
    /**
     * Exportieren einer Bestellung durch Post an eine externe API
     *
     * @param Varien_Event_Observer $observer
     */
    public function salesOrderPlaceAfter($observer)
    {
        /*
         * aus dem Event das Objekt mit dem Auftrag auslesen
         */
        $order = $observer->getEvent()->getOrder();

        /*
         * per HTTP-POST an das ERP-System verschicken
         */
        $headers = array(
            'Content-Type: application/xml;charset=UTF-8',
            'Accept: application/xml;charset=UTF-8',
        );

        /*
         * Alle Attribute mit Ausnahme des Kunden-Models sollen exportiert werden.
         */
        $attributes = $order->getData();
        unset($attributes['customer']);
        $attributes = array_keys($attributes);

        $http = new Varien_Http_Adapter_Curl();
        $http->write('POST', 'https://ihr.erp.com/orderPush',
            '1.1', $headers, $order->toXml($attributes)
        );

        /*
         * Antwort verarbeiten
         */
        $response = $http->read();
        $response = preg_split('/^\r?$/m', $response, 2);
        $response = trim($response[1]);

        /*
         * SimpleXml-Objekt erstellen
         */
        $result = simplexml_load_string($response);

        /*
         * Fehlerbehandlung
```

```
    */
    if (! $result)
    {
        Mage::logException(Mage::exception('Mage_Core',
            Mage::helper('orderexport')->__('Invalid output')
        ));
    }
    elseif ((string)$result->status != "ok")
    {
        $exception =
        Mage::logException(Mage::exception('Mage_Core',
            Mage::helper('orderexport')->__('Error status: ' . $result->status)
        ));
    }
    }
}
```

Der Auftrag wird mit der Hilfsmethode toXml() ins XML-Format konvertiert und per HTTP-POST an die Warenwirtschaft geschickt. Bei Fehlern wird eine Ausnahme geworfen.

Variante 2: Hintergrundprozess

Lassen Sie das Exportskript in Intervallen automatisch ausführen, indem Sie einen Cronjob in Magento realisieren. Registrieren Sie ein geplantes Ereignis in der Datei *config.xml* Ihrer Extension:

```
<config>
    <!-- … -->
    <crontab>
        <jobs>
            <orderexport>
                <schedule><cron_expr>*/5 * * * *</cron_expr></schedule>
                    <run><model>orderexport/observer::batchOrderExport</model></run>
            </orderexport>
        </jobs>
    </crontab>
    <!-- … -->
</config>
```

So wird in Magento alle fünf Minuten die Methode batchOrderExport aus der Klasse Webkochshop_OrderExport_Model_Observer aufgerufen. Nun müssen Sie diese Methode in der Datei */app/code/local/Webkochshop/OrderExport/Model/Observer.php* definieren:

```
public function batchOrderExport($schedule)
{
    /*
     * alle neu eingegangenen Bestellungen laden
     */
    $collection = Mage::getModel('sales/order')->getCollection()
        ->addAttributeToFilter('state', Mage_Sales_Model_Order::STATE_NEW)
```

```
        ->load();

    foreach ($collection as $order)
    {
        try
        {
            $this->_exportOrder($order);

            /*
             * den Status auf PROCESSING setzen, damit der Auftrag
             * kein zweites Mal verschickt wird
             */
            $order->setState(STATE_PROCESSING);
            $order->save();
        }
        catch (Exception $e)
        {
            Mage::logException($e);
        }
    }
}
```

In der Methode werden alle Aufträge mit dem Status *new* geladen und an die Warenwirtschaft verschickt. Nach dem Verschicken eines Auftrags wird dieser in den Status *processing* versetzt, sodass der Auftrag beim nächsten Mal nicht noch mal verschickt wird.

Bei Variante 1 wird der Auftrag zuerst zur Warenwirtschaft geschickt, bevor der Bestellprozess für den Kunden abgeschlossen ist. Das hat den Nachteil der etwas längeren Wartezeit. Bei einem Fehler kann der Auftrag gar nicht angenommen werden. Der einzige Vorteil ist, dass der Kunde sofort Feedback erhält, ob sein Auftrag verarbeitet werden kann.

Mit Variante 2 lassen sich Bestellungen viel schneller annehmen, und der Bestellprozess läuft für den Kunden flüssiger ab. Bei Problemen müsste der Kunde kontaktiert werden.

Siehe auch

Sie finden beide Varianten zusammengefasst in einem Modul im Download-Code zum Buch im Archiv *Webkochshop_OrderExport-0.1.0.zip*.

7.3 Highslide für Bilder und sonstige Medien nutzen

Problem

Sie möchten Mediendaten ansprechend darstellen und beispielsweise Produktbilder effektvoll in einem JavaScript-Pop-up-Fenster öffnen. Dabei liegt der Fokus auf flexiblen Konfigurationsmöglichkeiten und möglichst großer Kompatibilität zu allen gängigen Browsern.

Lösung

Setzen Sie den JavaScript-Thumbnail-Viewer *Highslide* ein. Er bietet vielfältige Möglichkeiten, unterschiedlichste Medien optisch ansprechend darzustellen.

Lizenzinformationen zu Highslide

Highslide steht unter der *Creative Commons Attribution-NonCommercial 2.5-License* (*http://creativecommons.org/licenses/by-nc/2.5/*). Für eine einzelne Domain fallen einmalig 29 Dollar Lizenzgebühren an. Für Agenturen und Freelancer steht außerdem eine Unlimited-Lizenz zur Verfügung, die für alle künftigen Projekte genutzt werden kann. Für Betreiber nicht kommerzieller oder privater Seiten ist Highslide kostenfrei.

Diskussion

Um Highslide in Magento zu integrieren, laden Sie zunächst das ZIP-Archiv von der Highslide-Webseite (*http://highslide.com/download.php*) herunter. In dem Archiv befindet sich das Verzeichnis *highslide*; dieses entpacken Sie in das Verzeichnis */js/* Ihrer Magento-Installation. Die Datei */js/highslide/highslide.css* kopieren Sie in das Verzeichnis */skin/frontend/default/default/css/*. Damit sind bereits alle benötigten Dateien an ihrem Platz. Nun muss Highslide beim Aufruf einer Magento-Seite noch geladen werden.

Um das zu erreichen, laden Sie zunächst die JavaScript- und CSS-Dateien, indem Sie die Datei *page.xml* im Layoutverzeichnis Ihres Themes öffnen und den Block mit dem Namen *head* suchen. Innerhalb dieses Blocks fügen Sie die folgenden Zeilen ein:

```
<action method="addJs"><script>highslide/highslide.js</script></action>
<action method="addCss"><stylesheet>css/highslide.css</stylesheet></action>
```

Anschließend öffnen Sie die Datei *page/html/head.phtml* im Template-Verzeichnis Ihres Themes und suchen die folgenden Zeilen:

```
<?php echo $this->getCssJsHtml() ?>
<?php echo $this->getChildHtml() ?>
```

Direkt im Anschluss fügen Sie diesen Abschnitt ein:

```
<script type="text/javascript">
    // Pfad zu den Highslide-eigenen Grafiken (Lade-Animation, Close-Button usw.)
    hs.graphicsDir = 'js/highslide/graphics/';
    // Weitere Optionen können hier gesetzt werden,
    // siehe Highslide-Doku unter http://highslide.com/ref/.
</script>
```

Damit ist Highslide bereits in Magento integriert und kann künftig an beliebigen Stellen im Frontend verwendet werden. Um einen Link mit Highslide zu öffnen, genügt es, die

Klasse *highslide* und das *onClick*-Ereignis zu nutzen. Hier sehen Sie einen Beispiel-Link, wie er in einer Template-Datei aussehen könnte:

```
<a href="<?php echo $this->getSkinUrl('images/bigimage.jpg') ?>" class="highslide"
onclick="return hs.expand(this)">Click for highslide popup!</a>
```

Auch in statischen Blöcken können Sie Highslide auf diese Weise verwenden:

```
<a href="{{skin url=images/bigimage.jpg}}" class="highslide" onclick="return hs.
expand(this)">Click for highslide popup!</a>
```

Die vorliegende Lösung bietet großen Spielraum für eigene Anpassungen in Verhalten und Design der Pop-ups. Um sich vorab einen Überblick über die zahlreichen Funktionen von Highslide zu verschaffen, empfiehlt sich ein Blick in den Onlineeditor unter *http:// highslide.com/editor/*. Hier können Sie diverse Darstellungsmöglichkeiten direkt ausprobieren und sich auch den passenden Quellcode anzeigen lassen, den Sie dann einfach in Ihr Magento-Template einfügen.

Durch die Fähigkeit, auch HTML-Inhalte als Pop-up darstellen zu können, eignet sich Highslide nicht nur zur Darstellung von Bildern oder Flash-Grafiken. Denkbar ist beispielsweise auch die Darstellung von Produkt-Features, wenn ein Besucher mit der Maus über ein Produktbild in der Produktliste fährt. Somit eröffnet Highslide auch aus Usability-Sicht neue Wege für Ihre Magento-Installation.

 Neben Highslide gibt es natürlich viele ähnliche Lösungen, die zum Teil auch als Open Source vorliegen. Populäre Beispiele sind *Lightbox* (*http:// www.lokeshdhakar.com/projects/lightbox2/*) und *Shadowbox* (*http://www. shadowbox-js.com/*), die sich ebenfalls auf ähnliche Weise in Magento integrieren lassen.

7.4 Ein Importer-Modul erstellen

Problem

Sie möchten per Skript Produkte in Magento anlegen, zum Beispiel um Artikel aus einem Warenwirtschaftssystem zu übernehmen oder zu aktualisieren.

Lösung

Wir erstellen zu diesem Zweck ein eigenes Importer-Skript in einer neuen Extension namens *Webkochshop_Import*.

Diskussion

Wie bei jeder guten Magento-Extension gilt unser erster Blick wieder der *config.xml*:

```xml
<?xml version="1.0"?>
<config>
    <!--...-->
    <global>
        <models>
            <import>
                <class>Webkochshop_Import_Model</class>
            </import>
        </models>
        <helpers>
            <import>
                <class>Webkochshop_Import_Helper</class>
            </import>
        </helpers>
        <resources>
            <import_setup>
                <setup>
                    <module>Webkochshop_Import</module>
                    <class>Mage_Catalog_Model_Resource_Eav_Mysql4_Setup</class>
                </setup>
            </import_setup>
        </resources>
        <import>
            <fields>
                <sku/>
                <name/>
                <type/>
                <description/>
                <price/>
                <special_price/>
                <category_ids/>
                <hersteller/>
                <autor/>
                <image/>
                <stock_qty/>
            </fields>
            <type_tax_class_map>
                <default>2</default>
                <buch>4</buch>
            </type_tax_class_map>
        </import>
    </global>
    <!-- … -->
</config>
```

Mittlerweile dürfte Ihnen diese XML-Struktur hinreichend bekannt sein, und Sie lassen sich davon nicht verunsichern. Wenn wir uns gemeinsam den `<resources>`-Knoten ansehen, erkennen Sie, dass wir dort als Setup-Klasse `Mage_Catalog_Model_Resource_Eav_Mysql4_Setup` eingetragen haben. Dahinter verbirgt sich ein Installationsskript, mit dessen Hilfe Sie zwei Produktattribute in die Magento-Datenbank schreiben können. Dieses Skript liest sich wie folgt:

```php
<?php
/**
 * @var $installer Mage_Catalog_Model_Resource_Eav_Mysql4_Setup
 */
$installer = $this;
$installer->startSetup();

$installer->addAttribute('catalog_product', 'autor', array(
    'type'                  => 'varchar',
    'label'                 => 'Autor',
    'global'                => Mage_Catalog_Model_Resource_Eav_Attribute::SCOPE_STORE,
    'input'                 => 'text',
    'required'              => 0,
    'searchable'            => 1,
    'used_in_product_listing' => 1,
    'is_configurable'       => 0
));

$installer->addAttribute('catalog_product', 'hersteller', array(
    'type'                  => 'varchar',
    'label'                 => 'Hersteller',
    'global'                => Mage_Catalog_Model_Resource_Eav_Attribute::SCOPE_STORE,
    'input'                 => 'text',
    'required'              => 0,
    'searchable'            => 1,
    'used_in_product_listing' => 1,
    'is_configurable'       => 0
));

$installer->endSetup();
```

Mithilfe dieser Logik werden also dem Catalog-Product-Model zwei weitere Attribute namens Autor und Hersteller hinzugefügt, deren Attributwerte sich jeweils aus einem Textbaustein zusammensetzen und die in der Produktauflistung Verwendung finden sollen. Sie sehen also, wie sich mit einfachen Mitteln weitere Produktattribute hinzufügen lassen, die – genau wie die Magento-Standardattribute auch – über das Importer-Skript importiert werden können, das wir Ihnen in diesem Rezept vorstellen möchten.

In der Datei *config.xml* finden sich noch einige weitere wichtige Konfigurationsschritte, die für die Funktion des Importers unabdingbar sind. So definieren Sie ebenfalls an dieser Stelle, wo die Quelldatei für den Import auf dem Server liegen soll:

```xml
<default>
    <import>
        <general>
            <import_data_dir>var/import</import_data_dir>
            <default_file_name>products.csv</default_file_name>
            <import_image_dir>var/import/media</import_image_dir>
        </general>
    </import>
</default>
```

Wie Sie unschwer erkennen können, ist eine *.csv*-Datei die Grundlage für den Import, die unter dem Namen *products.csv* im Verzeichnis *var/import* Ihrer Magento-Installation gespeichert ist. Diese Datei enthält die jeweiligen Produktdaten, wobei die ersten beiden Zeilen wie folgt aufgebaut sind:

```
"sku","name","type","desc","price","special_price","category_ids",
    "manufacturer","author","image","stock"
"ST01","Aluminiumstativ","Zubehör","Wetterfest, robust und federleicht, dieses
    Hilfsgerüst wird Ihnen immer ein treuer Begleiter sein.","59,99 €","55,00 €",
    "2,4","Gama",,"stativ-st01.jpg",250
```

Jede Spalte dieser Datei entspricht dabei ein Produktattribut, das Sie ebenfalls in der Datei *config.xml* als zu importierendes Attribut definiert haben:

```
<global>
    <!-- … -->
    <import>
        <fields>
            <sku/>
            <name/>
            <type/>
            <description/>
            <price/>
            <special_price/>
            <category_ids/>
            <hersteller/>
            <autor/>
            <image/>
            <stock_qty/>
        </fields>
    </import>
</global>
```

Lassen Sie uns nach diesem »Konfigurationsvorgeplänkel« zur eigentlichen Magie des Importers kommen und einen gemeinsamen Blick auf die Klasse */Model/Importer.php* werfen. Da diese naturgemäß etwas umfangreicher ist, beschränken wir uns dabei nur auf einige wesentliche Methoden; selbstverständlich können Sie den vollständigen Code von der Verlags-Website herunterladen.

```
/**
 * Array mit den Importfeldern
 *
 * @return array
 */
protected function _getImportFields()
{
    $config = Mage::getConfig()->getNode('global/import/fields');
    $fields = array_keys((array) $config);
    return $fields;
}
```

Die Aufgabe dieser Methode ist es, die benötigten Felder – d.h. die Spalten der *.csv*-Datei – herauszufinden, die Sie vorher im `<import>`-Knoten definiert haben. Ebenfalls enthalten ist eine Methode, die der Importklasse mitteilt, wo die zu importierende Datei auf dem Server zu finden ist:

```
/**
 * Rückgabe der zu importierenden Datei
 *
 * @return string
 */
public function getImportFile()
{
    $file = $this->getData('import_file');
    if (is_null($file))
    {
        $dir = Mage::getStoreConfig('import/general/import_data_dir');
        if (substr($dir, -1) != DS) $dir .= DS;
      $file = $dir . Mage::getStoreConfig('import/general/default_file_name');
        $this->setImportFile($file);
    }
    return $file;
}
```

Auch diese Methode nimmt unmittelbar Bezug auf die eingetragenen Werte der *config. xml*, die Sie einige Seiten vorher kennengelernt haben.

Da nun die zu importierenden Felder und die Quelldatei bekannt sind, werden mit den folgenden beiden Methoden die Produktdaten überprüft, in ein Array eingelesen und damit für den eigentlichen Import vorbereitet:

```
/**
 * Daten aus Importdatei ins Array einlesen
 *
 * @return Webkochshop_Import_Model_Importer
 */
protected function _readData()
{
    $f = fopen($this->getImportFile(), 'r');
    $data = array();
    while (($record = fgetcsv($f)) !== false)
    {
        if (count($record) <= 1)
        {
            /*
             * Ignorieren leerer Zeilen
             */
            continue;
        }
        $data[] = $record;
    }
    $this->setImportData($data);
    return $this;
}
```

```php
/**
 * Daten für den Import vorbereiten
 *
 * @return Webkochshop_Import_Model_Importer
 */
protected function _parseData()
{
    $data = $this->getImportData();
    $this->unsImportData();
    foreach ($data as $line => $record)
    {
        $data[$line] = array();

        /*
         * die erste Zeile aus der Importdatei überspringen
         */
        if ($line == 0) continue;
        foreach ($this->_getImportFields() as $i => $field)
        {
            /*
             * fehlerhafte Datensätze ignorieren
             */
            if (! isset($record[$i]))
            {
                continue 2;
            }
            $row[$field] = $this->_prepareFieldData($field, $record[$i]);
        }
        $data[$line] = $row;
    }
    $this->setImportData($data);
    return $this;
}
```

Last, but not least wird der eigentliche Import auf Basis des soeben erstellten Produkt-Arrays gestartet:

```php
/**
 * Anlegen bzw. Aktualisieren eines Product-Models
 *
 * @param array $data
 * @return Webkochshop_Import_Model_Importer
 */
protected function _processRecord(array $data)
{
    /**
     * @var $product Mage_Catalog_Model_Product
     */
    $product = Mage::getModel('catalog/product');

    $data['attribute_set_id'] = $this->_getAttributeSetIdByType($data['type']);
    $data['tax_class_id'] = $this->_getTaxClassIdByType($data['type']);
    $data['website_ids'] = array_keys(Mage::app()->getWebsites());
```

```php
$data['type_id'] = Mage_Catalog_Model_Product_Type::TYPE_SIMPLE;
$data['status'] = Mage_Catalog_Model_Product_Status::STATUS_ENABLED;

$image = $data['image'] ? $this->getImagesDir() . $data['image'] : '';

if ($id = $product->getIdBySku($data['sku']))
{
    $product->load($id);
    $stockItem = Mage::getSingleton('cataloginventory/stock_item')
        ->loadByProduct($id);
    $stockItem->addData($this->_getStockDataArray($data))->save();
}
else
{
    $data['stock_data'] = $this->_getStockDataArray($data);
}

/*
 * Entfernen der nicht direkt zuzuweisenden Werte
 */
unset($data['type'], $data['stock_qty'], $data['image']);

$product->addData($data);

if ($image)
{
    try
    {
        if ($product->getImage())
        {
            $this->_removeProductImage($product);
        }

        $product->addImageToMediaGallery(
            $image,
            $mediaAttribute=array('image', 'small_image', 'thumbnail'),
            $move=false,
            $exclude=true
        );
    } catch (Exception $e) {}
}

$product->save();

return $this;
}
```

In dieser Methode wird Zeile für Zeile des Produkt-Arrays abgearbeitet, und die jeweiligen Produkte werden entweder angelegt oder aktualisiert. Als Erstes wird das Product-Model über Mage::getSingleton('catalog/product'); instantiiert und dessen Methode reset() aufgerufen, mit deren Hilfe etwaige vorher vorhandene Werte entfernt werden.

Anschließend werden nacheinander im Array $data die Attributwerte gesammelt, aus denen das zu importierende Magento-Produkt aufgebaut sein soll.

Eine Besonderheit ist die darauffolgende if-else-Konstruktion, mit deren Hilfe während des Importvorgangs überprüft wird, ob ein Produkt mit der angegebenen SKU existiert. Ist dies der Fall, wird das Model für den Lagerbestand mittels Mage::getSingleton('cataloginventory/stock_item');->loadByProduct($id) instantiiert und mit der aktuell verfügbaren Menge gespeichert ($stockItem->addData($this->_getStockDataArray($data))->save();). Andernfalls wird die Menge als weiteres Attribut im $data-Array abgelegt. Dieses wird im Anschluss via $product->addData($data); an die jeweilige Produktinstanz angehängt. Nach einer letzten Fallunterscheidung, in der das jeweilige Produktbild hinzugefügt oder gelöscht wird (siehe dazu auch Rezept 7.6, »Bilder Produkten hinzufügen und löschen«, auf Seite 186), wird zum Schluss das Produkt über $product->save(); gespeichert.

In diesem Rezept haben Sie gesehen, wie Sie ein Produkt anlegen oder modifizieren können, ohne dabei das Admin-Panel zu verwenden. Mit einigen Modifikationen lassen sich die Produktinformationen dabei nicht allein aus einer Importdatei beziehen, sondern könnten beispielsweise auch von einem Webservice bereitgestellt werden.

7.5 Den Produktimport über ein Shell-Skript starten

Problem

Sie möchten einen Produktimport über ein Shell-Skript starten, weil ein Aufruf einer speziell präparierten URL für Ihr Projekt nicht infrage kommt.

Lösung

Verwenden Sie ein einfaches Shell-Skript, um diese Aufgabe auf einem Linux-System zu erledigen.

Diskussion

PHP-Shell-Skripte haben den Vorteil, dass sie normalerweise keiner Laufzeitbeschränkung unterliegen. Eine weitere nützliche Möglichkeit von PHP-Skripten besteht darin, Importe von Cronjobs zu starten.

Das folgende Skript lässt sich über die Konsole aufrufen und erledigt den Produktimport auf Basis der *products.csv*-Importdatei, die wir im Rezept 7.4, »Ein Importer-Modul erstellen«, auf Seite 178, besprochen haben:

```
<?php
/*
 * Usage:
```

```
 *
 * php -f app/code/local/Webkochshop/Import/shell/test-import.php
 */

require_once dirname(__FILE__) . '/../../../../../../shell/abstract.php';

class Webkochshop_Import_Test extends Mage_Shell_Abstract
{
    /**
     * Startet einen Importvorgang mit Testdaten.
     *
     * @return Webkochshop_Import
     */
    public function run()
    {
        $process = Mage::getModel('import/importer');

        $testDir = dirname(__FILE__) . DS . '..' . DS . 'data' . DS;

        $process->setImportFile($testDir . 'products.csv');
        $process->setImagesDir($testDir . DS . 'images' . DS);
        $process->import();

        return $this;
    }
}

$importer = new Webkochshop_Import_Test();
$importer->run();
```

7.6   Bilder Produkten hinzufügen und löschen

Problem

Für eine bestimmte Anwendung, die Sie implementieren möchten, ist es nötig, Produkten Bilder aus externen Quellen hinzuzufügen oder diese zu löschen.

Lösung

Nutzen Sie das *Media-Gallery*-Attribut des Product-Models, um die einem Produkt zugeordneten Bilder zu verwalten.

Diskussion

Einem Produkt ein Bild hinzuzufügen, ist sehr einfach. In dem folgenden Methodenaufruf wird deutlich, wie Sie mittels PHP einem Produkt ein neues Bild hinzufügen, das als Hauptbild, als Small-Image und als Thumbnail verwendet wird:

```
$product->addImageToMediaGallery(
```

```
        $image,
        $mediaAttribute=array('image', 'small_image', 'thumbnail'),
        $move=false,
        $exclude=true
    );
```

Etwas anders sieht es aus, wenn Sie das Hauptproduktbild eines Produkts löschen möchten:

```
/**
 * Entfernt das Hauptproduktbild.
 *
 * @param Mage_Catalog_Model_Product $product
 * @return Webkochshop_Import_Model_Importer
 */
protected function _removeProductImage(Mage_Catalog_Model_Product $product)
{
    $attributes = $product->getTypeInstance(true)->getSetAttributes($product);
    if (isset($attributes['media_gallery']))
    {
        $mediaGalleryAttribute = $attributes['media_gallery'];
        /**
         * @var $mediaGalleryAttribute Mage_Catalog_Model_Resource_Eav_Attribute
         */
        $mediaGalleryAttribute->getBackend()
            ->removeImage($product, $product->getImage());
    }
    return $this;
}
```

Ist das Attribut media_gallery gesetzt, wird es über die Methode removeImage() entfernt. Wenn Sie die Bilder auf diese Weise entfernen, wird nur die Zuweisung zum Produkt in der Datenbank gelöscht. Das Bild selbst liegt nach wie vor auf der Festplatte. Der ganze Pfad zu einem Produktbild wird benötigt, um die Datei entfernen zu können.

```
$file = $product->getImage();
$baseDir = Mage::getSingleton('catalog/product_media_config')->getBaseMediaPath();
if (file_exists($baseDir . $file))
{
    unlink($baseDir . $file);
}
```

Siehe auch

Den Code zu den Rezepten finden Sie im Download-Code zum Buch im Archiv *Webkochshop_Import-0.1.0.zip*

7.7 Eine Liste von Bestellungen via SOAP auslesen

Problem

Sie möchten die Magento-API dazu nutzen, eine Liste von Bestellungen via SOAP aus Ihrem Shop auszulesen.

Lösung

Legen Sie im Admin-Panel einen entsprechenden API-User an. Verwenden Sie anschließend ein Shell-Skript, um die Verbindung zu Magento mithilfe eines entsprechenden SOAP-Clients zu realisieren.

Diskussion

Im Admin-Panel ist bereits eine umfangreiche Nutzerverwaltung hinsichtlich der Magento-API integriert. Wenn Sie also via SOAP auf diese Schnittstelle zugreifen möchten, sollten Sie zunächst eine Benutzergruppe und einen Benutzer anlegen. Unter *System → Web-Dienste → Gruppenberechtigungen* erstellen Sie eine neue Rolle, die ausschließlich Zugriff auf den *Orders*-Teil der API hat, wie in Abbildung 7-1 gezeigt wird.

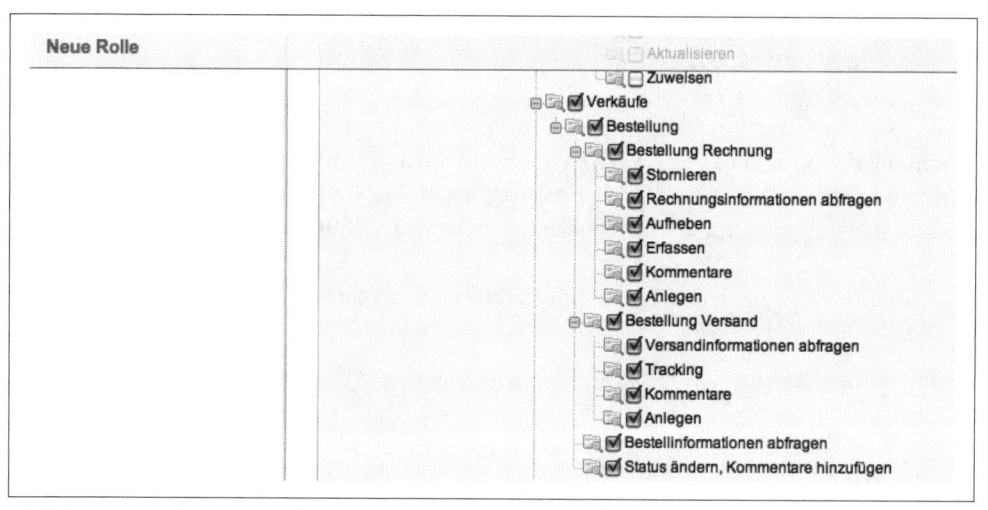

Abbildung 7-1: Anlegen einer Nutzergruppe für den API-Zugriff

Ist die Rolle gespeichert, legen Sie unter *System → Web-Dienste → Benutzer* einen neuen Benutzer an und weisen ihm die just erstellte Rolle zu – fertig! Ab sofort können Sie mit den Zugangsdaten dieses Benutzers auf die Magento-API zugreifen und damit auch das im Folgenden vorgestellte Shell-Skript nutzen, das Sie in der *Webkochshop_SOAP*-Extension im Download-Code zum Buch finden. Der Code für das Auslesen der Bestelldaten aus der Magento-Datenbank liest sich wie folgt:

```php
<?php

/*
 * Benutzung:
 *
 * php -f app/code/local/Webkochshop/SOAP/shell/listOrders.php -- \
 *              --url www.magento-domain.dev \
 *              --user userName \
 *              --pass xxx
 */

/*
 * Einbinden der Magento-Basisklasse für Shell-Skripte
 */
require_once dirname(__FILE__) . '/../../../../../../shell/abstract.php';

class List_Orders extends Mage_Shell_Abstract
{
    /**
     * Starten der API-Transaktion
     */
    public function run()
    {
        if ($this->getArg('help') || $this->getArg('h')) $this->usageHelp();

        $client = $this->_getClient();

        try
        {
            /*
             * Login
             */
            $apiUser = $this->getArg('user');
            $apiKey = $this->getArg('pass');
            if (! $apiKey) $apiKey = $this->getArg('key');

            $sessionId = $client->login($apiUser, $apiKey);

            /*
             * Aufbau des Filters
             */
            $params = array('filter' => array(
                array('key' => 'status', 'value' => 'pending'),
                array('key' => 'customer_is_guest', 'value' => '1')
            ));

            /*
             * Aufruf der Magento-v2-API-Methode zum Auflisten von Bestellungen
             */
            $result = $client->salesOrderList($sessionId, $params);
```

```
            print_r($result);
    }
    catch (Exception $e)
    {
        /*
         * erweitertes Debugging der SOAP-Transaktion im Fehlerfall
         */
        $log =
            "Request Header:\n". $client->__getLastRequestHeaders() ."\n" .
            "Request:\n". $client->__getLastRequest() ."\n" .
            "Response Header:\n". $client->__getLastResponseHeaders()."\n" .
            "Response:\n". $client->__getLastResponse()."\n";

        echo $log . "\n";
        throw $e;
    }

    echo "\n";
    }
}
```

Hier wird also ein SOAP-Client erzeugt, der unter Berücksichtigung der eben erstellten Zugangsdaten eine Verbindung mit der API aufbaut ($client->login($apiUser, $api-Key);). Wenn die Verbindung steht, wird mit $result = $client->salesOrderList($sessionId, $params); der eigentliche API-Befehl abgesetzt und das Result-Array über print_r() ausgegeben.

$params ist in diesem Fall ein Array mit einem Filter, um nur Gastbestellungen abzufragen, die den Status pending haben.

 Über die Magento-API lassen sich auch noch andere Daten aus der Datenbank auslesen, wie beispielsweise Kunden- und Produktdaten. Weitere Informationen zu den möglichen Aufrufen erhalten Sie auf der Magento-Website (*http://www.magentocommerce.com/support/magento_core_api*).

Sie sehen also, wie sich mit einfachen Mitteln eine Verbindung via SOAP aufbauen lässt. Durch die Vielfalt der möglichen Abfragen ist es auf dieser Basis auch möglich, vielfältige Drittsysteme mit dieser leistungsfähigen Schnittstelle anzubinden.

Siehe auch

Das Beispielskript für das Auflisten der Bestellungen via SOAP finden Sie im Archiv *Webkochshop_SOAP.zip*.

In diesem Kapitel haben wir uns mit der Frage auseinandergesetzt, wie sich Magento und andere Systeme miteinander verknüpfen lassen. Als Nächstes beschäftigen wir uns mit der Performance von Magento.

KAPITEL 8

Performance und Skalierbarkeit

8.0 Einführung

Kurze Ladezeiten werden als wichtiges Qualitätsmerkmal von Websites gesehen. So haben Benutzerexperimente bei Amazon und Google gezeigt, dass schon Verzögerungen im Bereich von 100 Millisekunden von Benutzern negativ wahrgenommen werden und so zu einem geringeren Umsatz führen (wenn Sie mehr darüber erfahren möchten, finden Sie unter *http://glinden.blogspot.com/2006/11/marissa-mayer-at-web-20.html* ausführlichere Informationen). Es lohnt sich also eigentlich bei jedem Projekt, etwas Zeit in die Verbesserung der Performance zu investieren. Führende Magento-Shops schaffen einen kompletten Seitenaufbau in 1,5 bis 2 Sekunden. In diesem Kapitel werden Sie Rezepte kennenlernen, die Ihnen eine ähnliche Performance ermöglichen.

In engem Zusammenhang mit der Performance steht die Skalierbarkeit – ein Shop ist performant, wenn er bei nur einem Zugriff schnell reagiert; er ist skalierbar, wenn diese Eigenschaft auch bei vielen gleichzeitigen Anfragen erhalten bleibt. Wie wir zeigen werden, lässt sich mit Magento ein höchst performanter Shop aufbauen, der Ladezeiten unter einer Sekunde bietet. Die Skalierbarkeit lässt sich ebenfalls sehr weit steigern. Hinter beidem steckt ein einfaches Konzept: die gezielte Verwendung von Caching, also dem Zwischenspeichern von Inhalten zur wiederholten Ausgabe.

In diesem Kapitel gehen wir zunächst auf etwas Hintergrundwissen ein. Die Performance von Webapplikationen im Allgemeinen ist schwer zu verstehen und hängt von vielen Faktoren ab. Überraschend ist, dass die Ausführungszeit der Applikation – die Zeit, in der Magento auf dem Server ausgeführt wird – in der Regel weniger als die Hälfte der gesamten Ladezeit des Benutzers ausmacht; die übrige Zeit wird benötigt, um statische Dateien zu laden, JavaScript zu interpretieren und die Seite zu rendern. Wie wir sehen werden, kann man durch vergleichsweise einfache Eingriffe hier viele *easy wins* erreichen.

Danach stellen wir Ihnen einige – ebenfalls kostenlose – Tools vor, mit deren Hilfe Sie die Skalierbarkeit und Performance eines Magento-Shops analysieren und so gezielte Verbesserungen vornehmen können. Mit *Fiddler* steht Ihnen ein sehr komfortables Tool zur Verfügung, das als Proxy zwischen Browser und Server verwendet wird. So kann exakt gemessen werden, welche Komponenten wann und mit welchem Zeitaufwand geladen werden. Magento hilft bei der Optimierung mit einem Code-Profiler, der die Ausführungszeiten von einzelnen Codeblöcken anzeigt, und einem Datenbank-Profiler, der die gleiche Information für Datenbankabfragen liefert.

Caching ist die wirkungsvollste Strategie, um die Performance von Magento zu verbessern. Gleichzeitig erhöht Caching die Skalierbarkeit, da pro Benutzer weniger Requests anfallen, seltener Datenbankabfragen gemacht usw. Magento selbst hat eine sehr effektive Caching-Infrastruktur, die unter anderem Ergebnisse von Datenbankabfragen und Blöcke speichern kann. Durch eine gute Verwendung von *Block-Caching* wird die Ausführungszeit von Magento oft mehr als halbiert, wenn ein Cache-Treffer vorliegt.

Whole Page Caching geht noch einen Schritt weiter und liefert direkt eine ganze vorgespeicherte Seite zurück. Die Performance ist hervorragend, da bei einem Treffer nur Sekundenbruchteile für das Generieren der Antwort benötigt werden. Für die Skalierbarkeit ist das ebenfalls optimal: Eine Katalogseite wird quasi wie eine komplett statische Seite behandelt und dem Benutzer direkt, ohne überhaupt PHP und Magento auszuführen, zurückgegeben. Darin liegt auch der Nachteil dieser Lösung: Die Seite wird statisch, und man kann nur über Umwege noch Informationen wie den Warenkorb anzeigen. Whole Page Caching ist gerade für große Projekte eine sehr interessante Lösung, und wir zeigen, wie Magento mit den Webservern *Apache* und *nginx* davon Gebrauch machen kann.

Performance von Magento

Magento wurde gerade in frühen Entwicklungsphasen für schlechte Performance kritisiert. Da in diesen Versionen noch einige ineffiziente Funktionen enthalten waren, konnte das System – gerade bei großen Produktdatenbanken oder bei Verwendung der Layered-Navigation – tatsächlich recht behäbig sein. Mittlerweile sind diese Probleme weitgehend gelöst, da die problematischen Funktionen ersetzt und weitere Caching-Verfahren, wie der *Flat Catalog*, eingeführt wurden. Magento ist ein performantes System geworden.

Trotzdem kommt vielen Entwicklern eine Standardinstallation zunächst einmal langsam vor. Das liegt zum Teil daran, dass Magento gewisse Anforderungen an die Konfiguration des Systems stellt, um performant sein zu können; dazu gehören die Verwendung eines *Opcode Cache* wie APC und die Aktivierung des *Query Cache* von MySQL.

Zum anderen ist das Standarddesign recht mächtig und besteht aus vielen Komponenten. Üblicherweise beansprucht das Laden der Komponenten deutlich mehr Zeit als die Ausführung von Magento, ein Faktor, der häufig übersehen wird. Durch eine geeignete Konfiguration des Webservers kann man diesen Aufwand erheblich verringern. Für die meisten Projekte ist damit schon genug getan, um den Benutzer mit kurzen Ladezeiten zu erfreuen und die benötigte Skalierbarkeit zu erreichen.

Weil Magento aber zunehmend auch für sehr große Projekte eingesetzt wird, gehen wir im Verlauf dieses Kapitels auf die vielen Möglichkeiten ein, die Skalierbarkeit noch weiter zu erhöhen. Neben Änderungen an der Infrastruktur, wie der Nutzung eines *Reverse Proxy*, um Bilder auszuliefern, bietet die Applikation selbst viele Angriffspunkte. Das Block-Caching, also das Zwischenspeichern von Seitenteilen, ist eine besondere Stärke.

Für Shops mit starken Lastschwankungen ist das Caching ganzer Seiten interessant. Magento lässt sich gut erweitern, um diese Anforderung umzusetzen.

Caching

Fast alle Rezepte in diesem Kapitel behandeln direkt das Thema Caching. Aber warum ist Caching so wichtig für die Performance und Skalierbarkeit von Magento sowie für Webapplikationen im Allgemeinen? Ohne Caches werden fast alle Ressourcen des Systems verwendet, um immer wieder die gleichen Datenbankabfragen auszuführen, die gleichen Funktionen zu berechnen, die gleichen Seiten zu erzeugen und die gleichen statischen Daten zu versenden. Auch wenn man jeden dieser Prozesse ein bisschen optimieren könnte, ist es bedeutend effizienter, diese Redundanzen direkt zu vermeiden. An diesem Punkt setzt Caching an.

Weiterhin sind E-Commerce-Seiten besonders geeignet für Caching, da sich tatsächlich der Löwenanteil der Anfragen auf Kategorien, Produkte und die Startseite beschränkt. Mit gutem Caching lässt sich die Last der Applikationsserver also deutlich senken.

Abbildung 8-1 zeigt schematisch, welche Caches Magento-Entwicklern zur Verfügung stehen. Häufig unterschätzt werden der Cache des Browsers eines jeden Besuchers sowie des Proxyservers zwischen Besucher und Webserver (die gerade im deutschsprachigen Raum weit verbreitet sind). Auf dem Applikationsserver steht prinzipiell der ganzseitige Cache durch den Webserver zur Verfügung, der MySQL Query-Cache und als Dienst für Magento das Cache-Backend, daneben viele weitere Caches des Betriebssystems und anderer Applikationen. Magento selbst hat zusätzlich noch mächtige Caching-Funktionalitäten.

In den folgenden Rezepten werden Sie zunächst analysieren, wo Probleme Ihrer Infrastruktur liegen, und dann schrittweise von einfachen Änderungen zu komplizierten übergehen.

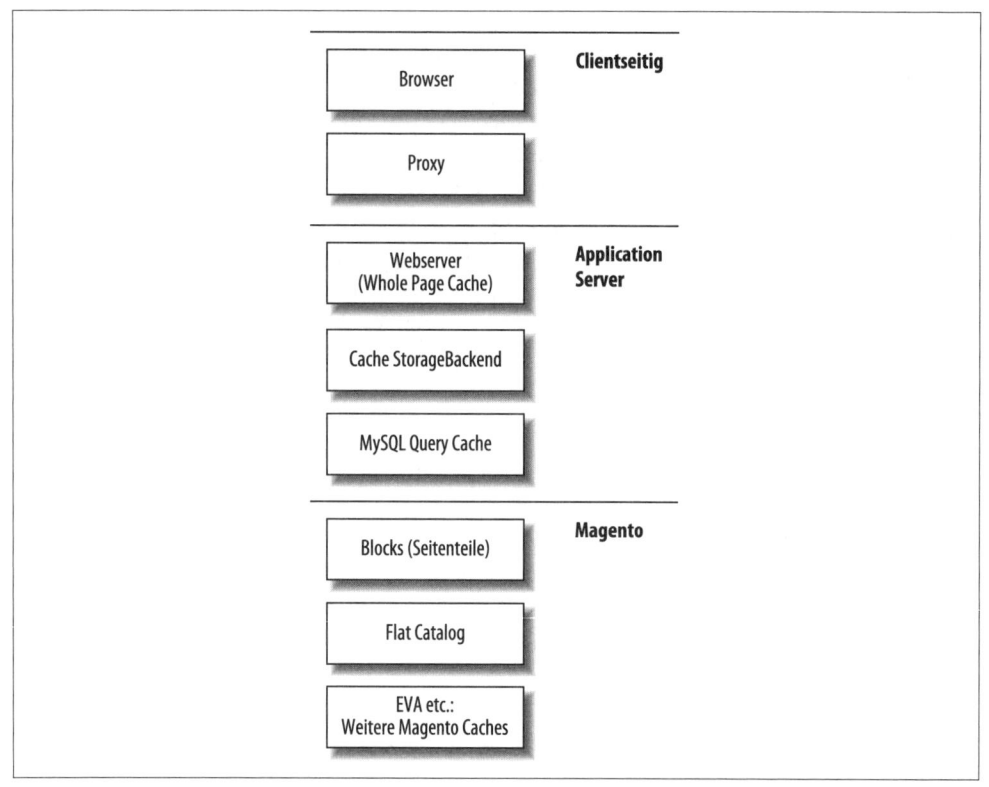

Abbildung 8-1: Hierarchie des Cachings

8.1 Die Systemperformance mit Fiddler analysieren

Problem

Sie möchten genauer verstehen, woraus sich die Ladezeit Ihres Shops zusammensetzt.

Lösung

Setzen Sie die Freeware *Fiddler* zur Performanceanalyse ein.

Diskussion

Fiddler (*http://www.fiddler2.com*) funktioniert auf Ihrem Computer wie ein Proxyserver, der zwischen Ihren Browser und Ihren Entwicklungsserver geschaltet wird. Im Gegensatz zu normalen Proxys hält Fiddler fest, wann Ihr Browser welche Daten anfordert und wann er sie erhält. Daraus können einige Statistiken und eine grafische Timeline als Zusammenfassung erstellt werden.

Die Installation von Fiddler ist, wie bei Windows-Programmen üblich, recht einfach. Öffnen Sie nach dem ersten Start die Einstellungen im Menü unter *Tools → Fiddler Options* und stellen Sie sicher, dass die Optionen *Reuse Connections to Servers* und *Reuse Connections to Clients* aktiviert sind; andernfalls werden die Ergebnisse Ihrer Analyse etwas verfälscht. Eine solche Analyse sehen Sie in Abbildung 8-2.

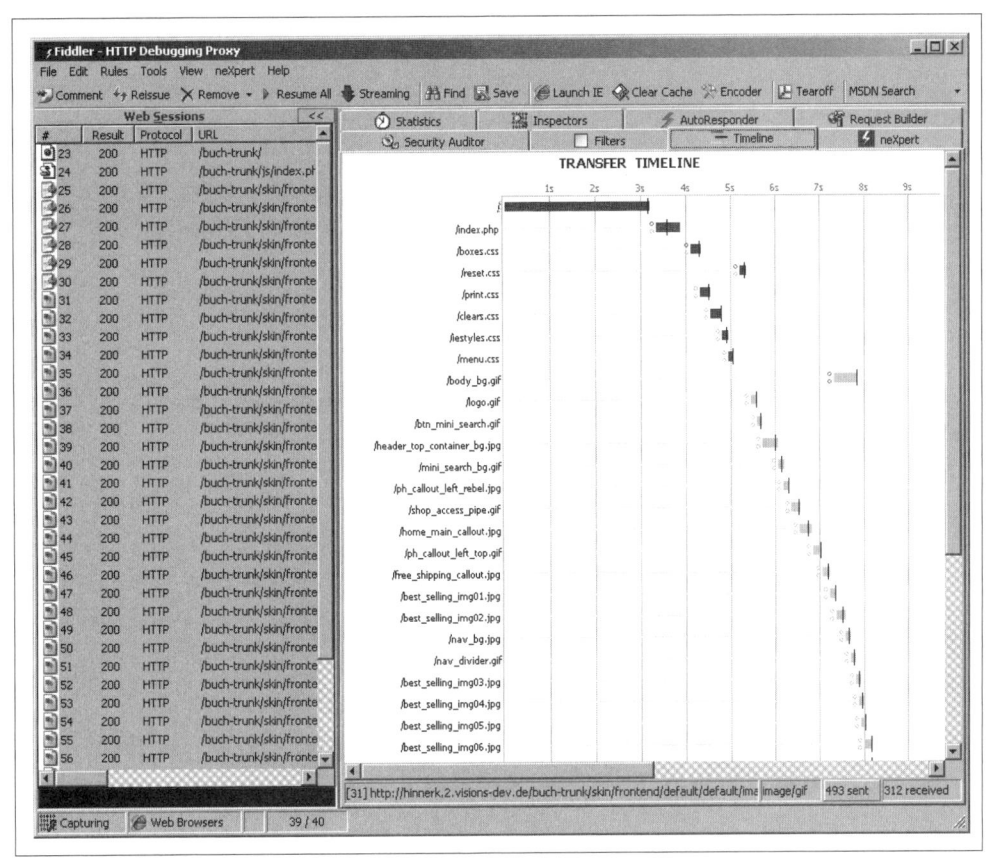

Abbildung 8-2: Fiddler-Timeline

Aktivieren Sie jetzt unter *File → Capture Traffic* die Datenaufnahme. Falls Sie den Internet Explorer verwenden, können Sie direkt über die Toolbar Ihre Session starten. Nutzen Sie stattdessen den Firefox, erscheint erst nach dem Neustart in der Statusleiste ein Button, mit dem Sie Fiddler auch in diesem Browser benutzen können.

Löschen Sie den Cache Ihres Browsers und öffnen Sie eine Seite Ihres Entwicklungs-Workspace. Wechseln Sie nach dem Seitenaufbau zu Fiddler, das alle HTTP-Anfragen protokolliert hat, und klicken Sie auf den *Timeline*-Tab. Sie können nun genau nachvollziehen, wie sich die Ladezeit Ihrer Seite zusammengesetzt hat.

In Abbildung 8-2 sehen Sie die Ladezeit eines Magento-Stores mit dem Beispieldesign und der Beispielproduktdatenbank; sämtliche Caches sind deaktiviert. Aus dem *Statistics*-Tab ist ersichtlich, dass der gesamte Ladeprozess knapp über 9 Sekunden gedauert hat. Davon entfallen etwa 3 Sekunden auf die Ausführung von Magento und folglich zwei Drittel der Zeit auf das Laden von JavaScript, CSS, Bildern usw.

Das zweite Objekt, das geladen wird, ist die Sammlung der Skripte. Bilder werden nacheinander geladen, nachdem das JavaScript interpretiert wurde. Insgesamt besteht die Seite aus knapp 40 Objekten – und die größte Verzögerung beim Laden resultiert aus der Vielzahl der Objekte. Designern kommt bei der Performanceoptimierung eine wichtige Rolle zu, da sie – zum Beispiel durch die Verwendung von sogenannten Sprite-Grafiken – die Anzahl der Objekte stark reduzieren können, ohne den visuellen Eindruck der Seite zu ändern.

 Fiddler hat eine sehr gute Onlinehilfe, und das Tool kann auch beim allgemeinen Debugging sehr hilfreich sein.

8.2 Einfache Lasttests mit ab2

Problem

Sie möchten schnell und einfach ein Gefühl dafür entwickeln, wie skalierbar Ihr Magento-System ist.

Lösung

Nutzen Sie das auf fast allen Linux-Servern bereits vorinstallierte Apache-Benchmark-Tool *ab2* (*ab* in älteren Versionen).

Diskussion

Mit ab2 können Sie eine bestimmte Anzahl von Requests festlegen, die auf einer URL Ihres Entwicklungsservers ausgeführt werden sollen, und deren Concurrency-Level – also wie viele Requests gleichzeitig stattfinden.

Geben Sie auf der Kommandozeile Folgendes ein:

```
ab2 -n 1000 -c 10 http://ihredomain.de/
```

Nachdem alle Requests durchgeführt wurden, erhalten Sie eine Zusammenfassung. Die beiden wichtigsten Werte sind die verarbeiteten Anfragen pro Sekunde (*requests per second*) und die durchschnittliche Antwortzeit (*mean total time*)

ab2 wurde entwickelt, um die Performance von Webservern zu testen. Dafür ist es sehr hilfreich, außerdem kann es – für unsere Zwecke wichtiger – feststellen, wie sich Änderungen an der Systemkonfiguration auf die Performance auswirken. Es ist durchaus möglich, durch Anpassungen an die Konfiguration, wie in den folgenden Rezepten beschrieben, den Durchsatz zu verdoppeln.

Gleichzeitig ist offensichtlich, dass die simulierte Last sehr unrealistisch ist: Besucher rufen nicht immer die gleiche Seite auf, sondern verschiedene, und fragen neben dynamischen Daten auch statische an. Wie man die Statistiken von ab2 umrechnet in aktive Sessions, die das System unterstützen kann, ist oft vollkommen unklar und muss häufig mit zusätzlichen Maßnahmen gemessen werden.

8.3 Mit Code-Profiling die Performance einzelner Funktionen messen

Problem

Sie möchten gezielt nach Performanceproblemen in Ihren eigenen Modulen oder dem Magento-Core suchen und benötigen dafür Informationen über die Laufzeiten einzelner Funktionen und darüber, wie häufig diese Funktionen aufgerufen wurden.

Lösung

Nutzen Sie zur Performancemessung den *Magento-Profiler*.

Diskussion

Aktivieren Sie zunächst im Admin-Panel die Anzeiger der Profiler-Informationen für Ihren Entwicklungsstore unter *System → Configuration → Advanced → Developer → Debug → Profiler*. Wenn Sie danach eine Seite aufrufen, erscheinen unter der normalen Ausgabe ein Tab *Profiler* und eine leere Tabelle.

Jetzt müssen Sie auch die Datensammlung aktivieren. Gehen Sie dazu in die Datei *lib/Varien/Profiler.php* und setzen Sie die private Variable $_enabled auf true:

```
static private $_enabled = true; //false;
```

Die entsprechende Zeile finden Sie vor dem Beginn der Funktionen. Nach dem nächsten Reload ist die Tabelle gefüllt (siehe Abbildung 8-3).

In jeder Zeile befindet sich ein Timer mit der Information, wie viel Zeit insgesamt mit diesem Timer verbracht und wie häufig er ausgelöst wurde. Der *mage*-Timer misst die gesamte Laufzeit von Magento. Es können mehrere Timer gleichzeitig laufen, sodass die Summe der Timer nicht unbedingt der Laufzeit entspricht. Abhängig von Ihrer Systemkonfiguration finden Sie möglicherweise auch Informationen zu der Speichernutzung, während ein Timer aktiv war.

```
                             Memory usage: real: 28573696, emalloc: 28290592
```

Code Profiler	Time	Cnt	Emalloc	RealMem
mage	1.9780	1	0	0
mage::app	0.9224	1	0	0
mage::app::construct	0.0020	1	0	0
mage::app::register_config	0.0031	1	0	0
mage::app::init	0.9161	1	0	0

Abbildung 8-3: Der Magento-Profiler

Über der Tabelle finden Sie die Speichernutzung während der Requestverarbeitung insgesamt. Es werden zwei Messwerte geliefert, deren Unterschiede praktisch nicht wichtig sind und die sich nur durch Unix-Interna erschließen.

Selbstverständlich können Sie den Profiler auch in Ihren eigenen Modulen verwenden. Fügen Sie einfach entsprechende Start- und Stopp-Statements in Ihren Code ein:

```
Varien_Profiler::start('custom timer');
sleep(1);
Varien_Profiler::stop('custom timer');
```

Profiler können bei der Fehlersuche und Optimierung sehr hilfreich sein. Für PHP sind auch Standard-Profiler verfügbar (zum Beispiel enthält *Xdebug* einen Profiler), doch sind deren Ausgaben häufig schwer zu interpretieren: Da in einem normalen Magento-Requestzyklus sehr viele Funktionen aufgerufen werden und Vererbung weithin eingesetzt wird, geben einem diese Lösungen oft zu viel Information, um wirklich nützlich zu sein.

Dass wir den Profiler durch eine Änderung in einer Bibliothek aktivieren, ist nicht gerade elegant. Leider gibt es zurzeit keine andere Möglichkeit: Der Profiler wird das erste Mal in der Mage::run()-Funktion verwendet, lange bevor ein Event-Handler aufgerufen werden kann. Denken Sie daran, den Profiler wieder zu deaktivieren – sowohl im Admin-Panel als auch in der *Profiler.php* –, bevor Sie ein Projekt in den Live-Betrieb übernehmen.

Versuche, die Performance von einzelnen Core-Funktionen zu optimieren, sind in der Regel nur aussichtsreich, wenn sie – zum Beispiel durch eine besondere Produktdatenstruktur – deutlich langsamer laufen als üblich.

8.4 Clientseitiges Caching für statische Daten optimieren

Problem

Sie wollen das Volumen an Requests nach statischen Dateien reduzieren, indem Sie das Caching von Browsern und Proxyservern steuern.

Lösung

Erweitern Sie die Standard-*.htaccess*-Datei von Magento um folgenden Code:

```
<IfModule mod_expires.c>
    ExpiresActive On
</IfModule>
<FilesMatch ".(gif|png|jpg|jpeg|js)$">
    Header append Cache-Control "public"
</FilesMatch>
<FilesMatch ".php$">
    Header append Cache-Control "private"
</FilesMatch>
```

Diskussion

Magento konfiguriert zwar *Cache Expiry Lifetimes* für statische Daten schon in der Standard-*.htaccess*-Datei. Jedoch wird die Konfiguration nicht aktiviert – das bleibt dem Shopadministrator selbst überlassen. In den ersten drei Zeilen des Rezepts korrigieren wir dieses Problem. Danach setzen Sie für gängige Typen von statischen Daten explizit den Cache-Control-Header *public*. Wie eingangs erklärt, erlaubt dieser Header Proxyservern, die zwischen Ihrem Shopsystem und dem Besucher stehen, diese Daten lokal zwischenzuspeichern. Falls eine solche Datei wieder über den Proxyserver angefragt wird, kann sie direkt zurückgegeben werden – auch an einen anderen Benutzer. Als reine Vorsichtsmaßnahme setzen Sie dann den Cache-Control-Header *private* für alle aus PHP generierten Ausgaben. So ist sichergestellt, dass kein Proxy fälschlicherweise personenbezogene Daten speichert.

Wenn Sie beispielsweise neue Bilder in das Admin-Panel von Magento hochladen, erhalten diese automatisch einen neuen Namen. So wird verhindert, dass sogenannte *Stale Caches* veraltete Versionen an ihre Benutzer ausliefern. Diese Disziplin sollten Sie auch bei Designänderungen berücksichtigen, um das gleiche Problem zu verhindern.

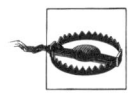 Wenn Sie neue Versionen von statischen Dateien einpflegen, zum Beispiel bei einer Designänderung, sollte die neue Version unbedingt einen neuen Dateinamen erhalten. So vermeiden Sie, dass aufgrund von clientseitigem Caching einige Benutzer die falsche Version sehen.

8.5 Statische Daten mit dem Reverse-Proxy-Verfahren ausliefern

Problem

Sie möchten Ihren Applikationsserver entlasten, indem Sie Bilder und andere statische Daten über einen weiteren Server ausliefern, der als *Caching Reverse Proxy* konfiguriert ist.

Lösung

Installieren und konfigurieren Sie die jeweiligen Apache-Module.

Diskussion

Optimieren Sie zunächst auf Ihrem Applikationsserver die Cache-Control-Einstellungen für statische Dateien (siehe dazu Rezept 8.4, »Clientseitiges Caching für statische Daten optimieren«, auf Seite 198). Das ist unbedingt notwendig, damit der neue, dedizierte Server für statische Dateien effektiv arbeiten kann. Da Caching erst in Apache ab der 2.2er-Serie unterstützt wird, sollten Sie auch sichergehen, keine veraltete Version zu verwenden.

Konfigurieren Sie nun diesen Server so, dass er unter der Domain *ihredomain.de* erreichbar ist, und erstellen Sie einen Virtual Host für diese Subdomain gemäß den Anleitungen Ihrer Linux- Distribution oder der Anleitung auf der offiziellen Apache-HTTPD-Website (*http://httpd.apache.org/docs/*).

Installieren Sie zusätzlich die Apache-Module *mod_proxy*, *mod_cache* und *mod_disk_cache*, falls diese noch nicht in Ihrer Distribution enthalten sind, und aktivieren Sie sie. Der empfohlene Weg, um Module zu aktivieren, ist zwischen von Distribution zu Distribution unterschiedlich. Um sich zu vergewissern, dass die Module aktiv sind, sollten Sie in dem Apache-Konfigurationsordner nach folgenden Direktiven suchen:

```
LoadModule proxy_module        /usr/lib/apache2/modules/mod_proxy.so
LoadModule cache_module        /usr/lib/apache2/modules/mod_cache.so
LoadModule disk_cache_module   /usr/lib/apache2/modules/mod_disk_cache.so
```

Die Pfade können je nach Distribution abweichen. Jetzt tragen Sie in die Virtual-Host-Konfiguration Folgendes ein:

```
ProxyRequests Off
ProxyPass /media http://www.ihredomain.de
ProxyPass /skin http://www.ihredomain.de
ProxyPassReverse / http://www.ihredomain.de

CacheEnable disk /
CacheRoot /var/cache/apache
CacheDirLength 1
CacheDirLevels 6

<LocationMatch !``/(media|skin)``>
RewriteRule . - [F]
</LocationMatch>
```

Die erste Direktive deaktiviert *Forward Proxy*-Zugriffe. Wie in der Diskussion erläutert, kann Ihr Mediaserver also nicht als offener Proxy im Internet missbraucht werden. Die nächsten beiden Direktiven lösen aus, dass Anfragen unter den *media/*- oder *skin/*-

Ordnern weitergeleitet werden an den Applikationsserver. `ProxyPassReverse` stellt sicher, dass URLs, die an Benutzer weitergegeben werden, korrekt auf den Mediaserver verweisen und nicht auf den Applikationsserver, von dem sie ursprünglich heruntergeladen wurden.

In der folgenden Sektion aktivieren Sie das Festplatten-Caching-Modul. Alle »cachebaren« Antworten, die unter der Subdomain geliefert werden, werden im Ordner */var/cache/apache/* zwischengespeichert. Nach einer komplizierten Heuristik wird entschieden, wann die Cache-Ergebnisse direkt an weitere Benutzer ausgeliefert werden. Wie in vielen Teilen der Infrastruktur des Internets ist diese Heuristik ein Kompromiss, um das Verfahren trotz verbreiteter fehlerhafter Implementation noch funktionsfähig zu halten. Genauere Informationen dazu erhalten Sie in dem *Guide to Caching* der offiziellen Apache-Dokumentation (*http://httpd.apache.org/docs/2.1/caching.html*).

Sofern Sie Ihren Applikationsserver wie im letzten Rezept korrekt für die Cachebarkeit konfiguriert haben, ist das Verfahren effektiv. `CacheDirLength` legt die maximale Verzeichnistiefe des Caches fest. Magento hat zur Zeit der Drucklegung dieses Buchs für statische Dateien eine maximale Verzeichnistiefe von 5, aber aus Vorsicht kann dieser Wert etwas höher gesetzt werden. Der letzte Teil innerhalb der `LocationMatch`-Direktive ist optional. Er stellt noch einmal sicher, dass über den Mediaserver keine Anfragen zu dynamischen Daten gemacht werden können – Besucher bekommen stattdessen eine *Forbidden*-Meldung. So können mögliche Sicherheitslücken vermieden werden.

Falls das Verzeichnis */var/cache/apache* noch nicht existiert, sollten Sie es jetzt erstellen und dem Benutzer, unter dem Apache ausgeführt wird (üblicherweise *www-data*), volle Rechte darauf geben.

Starten Sie nun Apache neu. Ab jetzt sollten Bilder aus Ihrem Shop auch auf dem Mediaserver erreichbar sein. Probieren Sie es aus, zum Beispiel indem Sie die Seite *http://media.ihredomain.de/skin/frontend/base/default/favicon.ico aufrufen.*

Melden Sie sich nun im Admin-Panel an und gehen Sie auf den Menüpunkt *System → Configuration → Web → Unsecure*. Stellen Sie als *Base URL* für die *skin/-* und *media/-*Verzeichnisse Verweise zu dem neuen System ein, also *http://media.ihredomain.de/skin* und *http://media.ihredomain.de/skin*. Nach dem Speichern und dem obligatorischen Refresh des Konfigurations-Caches verwendet Ihr Magento-System den externen Server für statische Dateien.

Statische Daten über einen externen Server auszuliefern, gehört zu den von Varien empfohlenen Performance- und Skalierbarkeitsverbesserungen. Sie ist wirksam, weil so die Anzahl der Zugriffe auf den Applikationsserver erheblich gesenkt werden kann – oftmals um mehr als 70% –, und daher mehr dynamische Requests verarbeitet werden können. Und von Magento aus ist sie sehr einfach über eine Konfigurationsoption umzusetzen. Abbildung 8-4 verdeutlicht diesen Mechanismus.

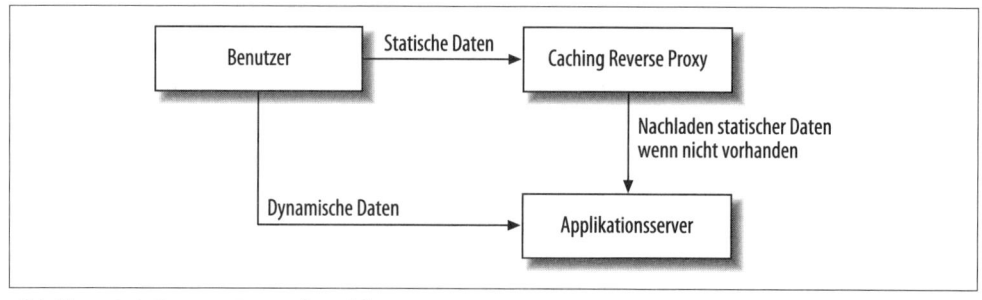

Abbildung 8-4: Reverse-Proxy für Bilder

Auf dem Mediaserver wird ein sogenannter Reverse-Proxy eingesetzt. Diese bilden das Gegenstück zu *Forward Proxys*, wie sie oft von Unternehmen und ISPs eingesetzt werden, die Anfragen des Benutzers zu WWW-Servern im Internet weiterleiten. Dem Besucher erscheint das System wie ein normaler Server, lediglich im Hintergrund werden Daten von dem fest konfigurierten Applikationsserver geladen.

8.6 Statische Daten durch Pipelining schneller ausliefern

Problem

Sie möchten mithilfe von HTTP-Pipelining statische Daten über mehrere Domainnamen ausliefern, um so die gefühlte Performance für Besucher zu verbessern.

Lösung

Der Nameserver Ihres Providers und Ihr Applikationsserver müssen für das Pipelining konfiguriert werden.

Diskussion

Viele Browser beschränken künstlich die Anzahl der gleichzeitigen Verbindungen pro Hostname auf wenige Verbindungen; so treten beim Download von statischen Daten unnötig lange Wartezeiten auf. Gerade beim ersten Seitenaufruf eines Benutzers, bei dem viele Objekte geladen werden müssen, ist die Latenz deutlich schlechter als notwendig.

Um dem entgegenzuwirken, müssen Sie zuerst sicherstellen, dass Ihr Magento-Shop auch unter den Domains *www1.ihredomain.de* und *www2.ihredomain.de* erreichbar ist. Überprüfen Sie zunächst, ob die Nameserver-Konfiguration von Ihrem Provider angepasst werden muss, indem Sie die beiden Subdomains pingen:

```
ping www1.ihredomain.de
ping www2.ihredomain.de
```

Sind beide Adressen erreichbar, ist der Nameserver korrekt konfiguriert; andernfalls müssen Sie sich an Ihren Provider wenden.

Der nächste Schritt besteht darin, den Webauftritt ebenfalls unter den Domains erreichbar zu machen. Falls Sie Apache verwenden, können Sie einfach die `ServerAlias`-Direktive in Ihre Virtual-Host-Konfiguration einbauen:

```
ServerAlias www1.ihredomain.de www2.ihredomain.de
```

Rufen Sie jetzt eine dieser Domains im Browser auf; Sie sollten in jeden Fall Ihren Shop sehen.

Wie wir eingangs bei unserer Analyse des Seitenaufbaus mit Fiddler festgestellt haben, fällt der größte Zeitaufwand beim Aufruf nicht in bei Applikation, sondern beim Laden der statischen Daten an. Noch genauer könnte man sagen: beim Warten, bis mit dem Laden begonnen wird. Die verbreiteten Browser – Internet Explorer und Firefox – beschränken sich auf wenige gleichzeitige Requests pro Domainnamen, um Server nicht zu überlasten und fehlerhafte Software bei Routern und Webservern zu kompensieren. Gerade wenn eine Seite aus vielen kleinen Dateien besteht, wie es in Onlineshops üblich ist, führt dieses Verhalten zu merklichen Verzögerungen beim Seitenaufbau.

Pipelining ist ein einfacher Trick, um das Browserverhalten zu umgehen. Da die Verbindungsbeschränkung pro Hostname gilt, können wir dem Benutzer einfach Daten von verschiedenen Hostnamen, aber dem gleichen Server, zum Download anbieten.

Da wir die Caching-Infrastruktur außerhalb unseres Shops, also beim Besucher und möglichen Proxys dazwischen, nicht aushebeln wollen, sollte das gleiche Bild immer von dem gleichen Hostnamen abgerufen werden. Der einfachste Weg dahin ist, den Hostnamen nach einer deterministischen Funktion des Dateipfads zu berechnen; in dem Beispiel verwenden wir deshalb den Rest der ganzzahligen Teilung durch die Anzahl der zusätzlichen Hostnamen.

Voraussichtlich wird dieser Trick weniger wichtig werden, sobald die großen Browser mehrere Verbindungen pro Hostname zulassen. In der Zwischenzeit kann Pipelining aber einen sehr wertvollen Beitrag leisten, gerade um den Performanceeindruck beim ersten Seitenaufruf zu verbessern.

8.7 APC als Magento-Cache-Backend verwenden

Problem

Sie möchten den Durchsatz Ihres Shops durch Verwendung von APC als Cache-Backend verbessern.

Lösung

Passen Sie eine Einstellung in der Datei *local.xml* an.

Diskussion

Fügen Sie in der Datei *local.xml* folgende Zeilen ein:

```
<global>
    <cache>
        <backend>apc</backend>
        <prefix>magento_</prefix>
    </cache>
</global>
```

Nach dem üblichen Refresh des Konfigurations-Caches verwendet Ihr Magento-System APC als Speicher für temporäre Daten.

Gerade wenn ein Applikationsserver viele Anfragen gleichzeitig bearbeitet, können Lese- und Schreiboperationen auf dem Dateisystem zu einem Flaschenhals werden. Bei einer unmodifizierten Magento-Installation lässt sich erfahrungsgemäß durch diesen kleinen Eingriff der Durchsatz – also die Anzahl an Requests, die pro Sekunde bearbeitet werden können – spürbar steigern.

8.8 Eine Memcached-Caching-Infrastruktur in Magento integrieren

Problem

Sie möchten das sehr schnelle Cache-Backend *Memcached* verwenden, das auch in Clustern eingesetzt werden kann.

Lösung

Wie APC wird auch Memcached bereits *out-of-the-box* von Magento unterstützt, sodass eine kleine Änderung der Konfigurationsdatei ausreicht.

Diskussion

Erweitern Sie die Datei *local.xml* Ihrer Shopinstallation wie folgt:

```
<global>
    <cache>
        <backend>memcached</backend>
        <memcached>
            <compression/>
            <cache_dir/>
            <hashed_directory_level/>
            <hashed_directory_umask/>
            <file_name_prefix/>
            <servers>
                <default>
```

```
        <host>127.0.0.1</host>
        <port>11211</port>
        <persistent>1</persistent>
      </default>
    </servers>
  </memcached>
</cache>
</global>
```

Diese Konfiguration nimmt an, dass Sie Memcached bereits lokal unter dem Standardport 11211 installiert haben; wie immer benötigt Magento einen Refresh des Konfigurationscaches bevor die Änderung aktiv wird.

Memcached ist ein sehr mächtiges Tool, um die Effizenz des Cachings zu steigern. Neben der hohen Geschwindigkeit ist es auch möglich, verteilte Caches aufzubauen und so zum Beispiel in einem Cluster einen gemeinsamen Cache für alle Knoten zu verwenden. Das hat den Vorteil, dass Probleme mit asynchronen Caches nicht auftreten können.

Auch wenn Sie mit APC sehr gute Benchmark-Ergebnisse erreichen können, sollten Sie überprüfen, ob diese auch bei realistischem Requestverhalten noch bestehen. Da Memcached jedoch das einfachste Verfahren ist, Magento clusterfähig zu machen, ist dieses Rezept trotzdem wichtig.

Siehe auch

Auf der Memcached-Website (*http://www.danga.com/memcached/*) finden Sie eine sehr hilfreiche Dokumentation zum Aufbau verteilter Caches, der auch erfreulich einfach ist.

8.9 Seitenteile mithilfe von Block-Caching zwischenspeichern

Problem

Weil sich Produktdaten nicht ständig verändern, möchten Sie den Inhalt von Produktseiten zwischenspeichern und Ihren Besuchern diese zwischengespeicherte Kopie für eine gewisse Zeit anzeigen – statt bei jedem Zugriff die komplette Seite neu zu generieren.

Lösung

Mithilfe der kleinen Extension *Webkochshop_Caching* modifizieren Sie das Cache-Verhalten der Product-View-Blöcke.

Diskussion

Zuerst leiten Sie eine Unterklasse von `Mage_Catalog_Block_Product_View` ab und überschreiben in der Datei *config.xml* den Block `catalog/product_view` mit der neuen Klasse. In diese Klasse fügen Sie jetzt ein:

```
class Webkochshop_Caching_Beispiel_Block_CatalogProductView
    extends Mage_Catalog_Block_Product_View
{
    public function getCacheKey()
    {
        $key = "product_" . $this->getProduct()->getId() . "_" .
            md5($this->getTemplate()) . "_" .
            Mage::app()->getStore()->getId();
        return($key);
    }

    public function getCacheTags()
    {
        $usedProducts = $this->getProduct()->getTypeInstance()->getUsedProducts();
        $cacheTags = array();
        foreach($usedProducts as $usedProduct)
        {
            $cacheTags[] = Mage_Catalog_Model_Product::CACHE_TAG . "_" .
                $usedProduct->getId();
        }
        return($cacheTags);
    }

    public function getCacheLifetime()
    {
        return(600);
    }
}
```

Jetzt wählen Sie im Admin-Panel unter *System → Cache Management → All Caches* die Option *Refresh* aus. Ab sofort wird die HTML-Ausgabe aller `Mage_Catalog_Block_Product_View`-Blöcke für 10 Minuten (= 600 Sekunden) zwischengespeichert. Wenn innerhalb dieser Zeit erneut ein solcher Block abgefragt wird – und die Attribute-Produkt-ID sowie das Template mit einer gespeicherten Version übereinstimmen –, zeigt Magento direkt die Ausgabe aus dem Cache an, ohne sie neu zu berechnen.

Wird ein von Ihrer Klasse abgeleiteter Block angefragt, prüft Magento zunächst, ob die Ausgabe bereits im Cache vorliegt. Das ist genau dann der Fall, wenn eine Seite mit dem *Cache Key*, den die Funktion `getCacheKey()` zurückgegeben hat, vorliegt, die weniger als `getCacheLifetime()` Sekunden alt ist. Ihr Aufgabe ist, den Cache Key so zu setzen, dass dieser Algorithmus immer die richtige Entscheidung trifft. Liegt nach diesem Kriterium ein Treffer vor, wird das Template nicht mehr aufgerufen und direkt die zwischengespeicherte Ausgabe zurückgegeben.

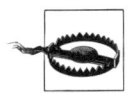 Kleine Fehler im Cache Key können zu großen Problemen bei der Applikation führen! Vergessen wir die Produkt-ID, wird auf jeder Seite das gleiche Produkt anzeigt. Wenn wir Preise nach Benutzergruppen ausdifferenzieren, muss die Benutzergruppe Teil des Cache Key werden – sonst zeigen wir Benutzern Preise an, die nicht für sie bestimmt sind

Block-Caching sollte sparsam verwendet werden: Nur wenn ein Block häufig aufgerufen wird, immer die gleiche Ausgabe zurückgibt und nicht schnell neu errechnet werden kann, eignet er sich für das Caching.

In dem Beispiel besteht der Cache Key aus dem Präfix *product*, der Produkt-ID und einem Hash aus dem Namen des aktuellen Templates. Die Produkt-ID ist eine Zahl, die eindeutig ein Produkt identifiziert; aber es kann sein, dass eine Kategorie die gleiche ID hat wie das Produkt. Deshalb müssen wir das Präfix angeben, um Überschneidungen auszuschließen.

Wenn wir einen Blick in das Layout des Catalogs werfen – die Datei *app/design/frontend/base/default/layout/catalog.xml* –, wird klar, dass verschiedene Templates die Blockklasse *catalog/product_view* verwenden. Je nach Template unterscheidet sich die Ausgabe des Blocks auch für das gleiche Produkt; also muss der Cache Key diesen Zusammenhang auch mit abbilden.

Cache Tags fassen zusammen, welche Daten zur Erstellung des Blocks verwendet werden. Sie werden als Array übergeben und vom Core-Model dazu verwendet, gezielt ein Objekt aus dem Cache zu entfernen, das mit hoher Wahrscheinlichkeit nicht mehr aktuell ist. Setzen wir zum Beispiel das Tag `product_6100`, wird das Cache-Objekt automatisch gelöscht, nachdem eine Änderung – wie neue Preise oder veränderte Lagermengen – für das Produkt mit der ID 6100 durchgeführt wurde. Diese Funktion ist in `Mage_Catalog_Model_Product` implementiert und läuft natürlich ins Leere, wenn zum Beispiel ein selbst geschriebener Produktimport direkt in die Datenbank schreibt.

Der letzte Wert, den wir setzen, ist die *Cache Lifetime*, die in Sekunden angegeben wird. Eine Lifetime von 0 bedeutet, dass das Cache-Objekt niemals abläuft.

In älteren Cache-Systemen ist häufig kein Tagging-Feature verfügbar wie in Magento, sodass traditionell kurze Werte – im Bereich von ein paar Sekunden bis zu einer Minute – als Lifetime verwendet werden. Mit einer perfekten Tagging-Implementation ist das nicht mehr nötig: Der Cache wird gezielt gelöscht, wenn die zugrunde liegenden Daten nicht mehr aktuell sind.

In der Praxis verwenden wir Lifetimes im Bereich von 10 Minuten, wie in dem Beispiel angegeben. So lässt sich die Serverlast erheblich senken, aber falls das Tagging doch einmal nicht greift, zeigen wir nur für vergleichsweise kurze Zeit veraltete Informationen an.

8.10 Ganzseitiges Caching mit nginx und Memcached

Problem

Sie wollen ganze Seiten – zum Beispiel Kategorieseiten und die Startseite –, die von Magento generiert wurden, in einem Cache speichern und direkt an den Benutzer zurückgeben, ohne Magento auszuführen.

Lösung

Magento muss so erweitert werden, dass es Cookies in Abhängigkeit davon setzt, ob ein Benutzer angemeldet ist oder der Warenkorb leer ist. Über dieses Cookie kann nginx dann entscheiden, ob für eine Anfrage der Cache angewendet werden soll. Wenn ja, überprüft das Memcached-Modul, ob ein Cache-Treffer vorhanden ist; ansonsten wird Magento ausgeführt. Damit Seiten im Cache gespeichert werden können, müssen Sie zusätzlich noch den Catalog-Controller erweitern, sodass die Responses in den Cache geschrieben werden. Wir gehen in diesem Rezept davon aus, dass nginx bereits für Magento eingerichtet ist und Memcached installiert ist.

Diskussion

Katalogseiten von Kunden, die nicht angemeldet sind und einen leerem Warenkorb haben, sind oftmals komplett identisch bei gleichzeitigen Aufrufen. *Whole Page Caching* funktioniert nur, wenn man diese Annahme machen kann – also wenn die Seite sich wirklich exakt wie eine statische verhält. Sonst tritt zum Beispiel die Warenkorbproblematik auf: Besuchern wird nicht der Wert ihres eigenen Warenkorbs angezeigt, sondern der des Kunden, dessen Request benutzt wurde, um den Cache zu füllen. Um diesen Ansatz verwenden zu können, wird der Software-Stack des Shops deutlich komplexer, und die Features, die verwendet werden können, werden eingeschränkt. In Abbildung 8-5 wird die Lösung schematisch zusammengefasst.

Zunächst erstellen wir Observer, die die Cookies `loggedin` und `cart_items` setzen und aktuell halten. Erstellen Sie also die `Webkochshop_WholePage_Model_Observer`-Klasse:

```
class Webkochshop_WholePage_Model_Observer
{
    public function setLoginCookie($observer)
    {
        setcookie('loggedin', 1);
    }

    public function setLogoutCookie($observer)
    {
        setcookie('loggedin', 0);
    }
```

```
    public function setShoppingQtyCookie($observer)
    {
        $cart = Mage::getSingleton('checkout/cart');
        setcookie('cart_items', $cart->getItemsCount());
    }
}
```

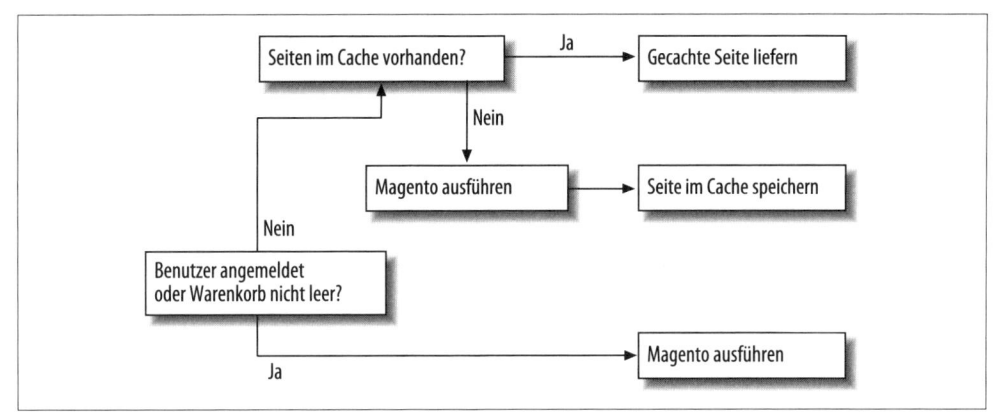

Abbildung 8-5: Whole-Page-Caching mit nginx

Wie üblich, registrieren wir die Handler in der Datei *config.xml*:

```
<global>
    <frontend>
        <events>
            <checkout_cart_update_items_after>
                <observers>
                    <wholepage>
                        <type>singleton</type>
                        <class>wholepage/observer</class>
                        <method>setShoppingQtyCookie</method>
                    </wholepage>
                </observers>
            </checkout_cart_update_items_after>
            <customer_login>
                <observers>
                    <wholepage>
                        <type>singleton</type>
                        <class>wholepage/observer</class>
                        <method>setLoginCookie</method>
                    </wholepage>
                </observers>
            </customer_login>
            <customer_logout>
                <observers>
                    <wholepage>
                        <type>singleton</type>
                        <class>wholepage/observer</class>
```

```
            <method>setLogoutCookie</method>
          </wholepage>
        </observers>
      </customer_logout>
    </events>
  </frontend>
</config>
```

Jetzt werden die Cookies, über die nginx entscheidet, wann auf den Cache zurückgegriffen werden darf, richtig gesetzt. Es bleibt nur noch, den Cache auch wirklich zu füllen.

Zunächst cachen Sie nur Kategorieseiten. Da wir den Controller direkt erweitern wollen, arbeiten Sie nicht mit der üblichen Methode, Controller zu überladen, sondern überschreiben stattdessen die Controller-Konfiguration direkt:

```
<frontend>
    <routers>
        <catalog>
            <args>
                <modules>
                    <Webkochshop_WholePage before="Mage_Catalog">Webkochshop_
                        Wholepage</Webkochshop_WholePage>
                </modules>
            </args>
        </catalog>
    </routers>
```

Magento wird also angewiesen, die Controller-Klassen des Catalogs aus dem *Webkochshop_WholePage*-Modul zu lesen. Hauptvorteil für diese Anwendung ist, dass die Adressen von Katalogseiten nicht einfach mit regulären Ausdrücken zu fassen sind.

Erstellen Sie jetzt die Klasse Webkochshop_Wholepage_CategoryController wie folgt:

```php
<?php

include_once("Mage/Catalog/controllers/CategoryController.php");

class Webkochshop_WholePage_CategoryController
    extends Mage_Catalog_CategoryController
{
    const MEMCACHE_LIFETIME = 60;

    public function postDispatch()
    {
        parent::postDispatch();

        $cart = Mage::getSingleton('checkout/cart');
        $session = Mage::getSingleton('customer/session');

        if ($session->isLoggedIn() == false &&
            $cart->getItemsCount() == 0)
        {
            $output = $this->getLayout()->getOutput();

            $memcached = new Memcache();
```

```
        $memcache->connect('127.0.0.1', '11211');
        $memcache->setCompressThreshold(0, 1);
        $memcache->set($_SERVER['REQUEST_URI'],
            $output, false, self::MEMCACHE_LIFETIME);
        $memcache->close();
      }
    }
  }
```

In diesem Codeschnipsel müssen wir zunächst über `include_once` den Kategorien-Controller manuell laden; da das Muster der Dateinamen für Controller von dem sonst in Magento üblichen abweicht, funktioniert der Autoloader in diesem Fall nicht. Die `post`-`Dispatch`-Methode wird aufgerufen, nachdem die Ausgabe gesendet wurde. Um zu garantieren, dass die Ausgabe, die gecacht wird, wirklich mit der tatsächlichen übereinstimmt, ist dieser Hook der richtige. Nach den oben besprochenen Kriterien wird das Speichern nur durchgeführt, wenn der Warenkorb leer und der Benutzer nicht angemeldet ist. Über die PHP-Memcached-Erweiterung kontaktieren wir den lokal auf dem Standardport 11211 installierten Daemon. Für Memcached besteht der Cache Key nur aus der URL inklusive Query-String, falls vorhanden.

 Deaktivieren Sie unbedingt die automatische Kompression von Memcached-Objekten! Als Voreinstellung werden in PHP Objekte ab einer bestimmten Größe mit gzip verkleinert; nginx verwendet jedoch einen anderen Memcached-Client, der diese Kompression nicht versteht. Falls die Kompression dennoch verwendet wird, erscheint bei größeren Seiten gegebenenfalls ein Zeichensalat statt der gewünschten Ausgabe.

Der letzte Schritt ist, Memcached in nginx zu aktivieren. Im `server{ }`-Block der Konfiguration ergänzen Sie:

```
location / {
    default_type text/html;
    set $memcached_key $uri;

    set $cache 0
        if ($request_method = GET) {
            set $cache 1;
        }
        if ($cookie_loggedin = 1) {
            set $cache 0;
        }
        if ($cookie_cart_items > 0) {
            set $cache 0;
        }

        if ($cache = 1) {
            memcached_pass 127.0.0.1:11211;
        }
    error_page 404 = @fcgi;
}
```

Ziel dieser Konfiguration ist, dass nginx im Fall eines Cache-Treffers direkt die Ausgabe aus dem Memcached zurückgibt und diese andernfalls zur Weiterverarbeitung an das FastCGI-Interface übergibt. In der Konfiguration setzen Sie zuerst als MIME-Type für die Magento-Ausgabe text/html; da der Memcached diese Information nicht enthält, muss sie manuell eingestellt werden. In der nächsten Zeile wird der Request-URI inklusive gegebenenfalls vorhandener GET-Parameter als Cache-Schlüssel gesetzt.

nginx unterstützt keine verschachtelten if-Bedingungen, und hat kein else-Konstrukt. Daher setzen wir eine temporäre Variable $cache zunächst auf 0. Die nachfolgenden Bedingungen stellen sicher, dass nur bei GET-Requests von nicht angemeldeten Besuchern mit leeren Warenkörben $cache auf 1 gesetzt wird.

In diesem Fall wird dann über memcached_pass versucht, die Seite aus dem Memcached zu laden. Falls kein Treffer vorliegt, gibt das Modul den Status 404 (HTTP File Not Found) zurück. Bei Ihrem nächsten Besuch auf einer Kategorieseite wird also der Memcached gefüllt; rufen Sie kurz danach die gleiche Seite noch einmal ab, und Ihre Ausgabe wird direkt aus dem Cache geliefert.

In diesem – zugegebenermaßen recht komplexen – Rezept haben wir ein Verfahren entwickelt, mit dem der Webserver, in diesem Fall nginx, ganze Seiten des Shops direkt an den Benutzer zurückgibt, ohne Magento überhaupt aufzurufen. In der Caching-Hierarchie ist das die gröbste Stufe, die wir erreichen können. Sie bringt den größten Gewinn an Performance im Fall eines Treffers – in diesem Fall kann die Seite in der Regel in einer Viertelsekunde ausgegeben werden –, hat aber geringere Hit Rates als zum Beispiel beim Block-Caching möglich. Außerdem wird die Funktionalität der Seite möglicherweise eingeschränkt: Die Seiten, die so ausgeliefert werden, müssen auch tatsächlich komplett statisch sein. Für individuelle Produktempfehlungen usw. ist kein Platz mehr.

Erfahrungsgemäß kann ein Whole Page Cache trotzdem sehr effektiv sein, gerade wenn Stoßzeiten auftreten. Viele Benutzer verbringen Zeit auf der Seite mit einem leeren Warenkorb, und bei B2C-Shops sind nur wenige angemeldet. Bei entsprechend großem Cache ist es möglich, dass sämtliche Kategorieseiten im Cache sind und so eine spürbare Entlastung des Servers eintritt. Wie groß der Gewinn tatsächlich ausfällt, ist allerdings sehr projektabhängig und lässt sich im Voraus schlecht schätzen.

Dieses Rezept kann analog auf weitere Controller übertragen werden, damit nicht nur Katalogseiten gecacht werden. Besonders interessant ist es, den CMS-Controller so zu erweitern. Damit kann die Startseite ebenfalls über Whole Page Caching sehr schnell geliefert werden und dem Besucher bei der ersten Anfrage – bei der häufig alle statischen Daten ebenfalls noch geladen und interpretiert werden müssen – eine sehr gute gefühlte Performance vermitteln.

Eine andere interessante Erweiterung betrifft die Warenkorbproblematik. Sie können die Effizenz des Caches weiter steigern, indem Sie die Anzahl der Einträge im Warenkorb aus dem cart_items-Cookie per JavaScript clientseitig einbinden – eine Template-Änderung reicht. Nun kann der ganzseitige Cache auf Kunden mit vollem Warenkorb ausgedehnt werden.

In diesem Kapitel haben Sie anhand einiger Rezepte aus der Praxis erfahren, wie sich die Performance eines Magento-Shops messen lässt und welche Mittel zur Verfügung stehen, diese zu steigern und damit die Benutzbarkeit zu verbessern. Die Rezepte im nächsten Kapitel beschäftigen sich mit der Frage, was es beim Deployment eines brandneuen Magento-Projekts zu beachten gilt.

KAPITEL 9

Deployment

9.0   Einführung

Nach dem Abschluss der Implementationsphase geht das Magento-Projekt in den Live-Betrieb über. Der fertige Sourcecode wird einfach auf dem Produktionsserver installiert, und das Projekt ist abgeschlossen. Richtig? Leider nein. Bei allen Projekten ist das Bereitstellen neuer Versionen für den Produktionsbetrieb – mit anderen Worten das Deployment – ein sich häufig wiederholender Prozess. Mit ein bisschen Planung und sinnvoller Verwendung von Werkzeugen wie *Git* oder *Subversion* ist dieser Prozess auch einfach und schnell zu handhaben. Im ersten Teil des Kapitels zeigen wir Ihnen als Beispiel einen einfachen Workflow, der sich bei Projekten bewährt hat.

Natürlich können auch während des Produktionsbetriebs immer wieder Fehler auftreten. Wichtig ist, dass Sie von solchen Problemen schnell Kenntnis bekommen. Das klingt etwas leichter, als es ist: Systemadministratoren verwenden üblicherweise ein Monitoring, um das System zu überwachen. Damit werden viele Probleme wie voll gelaufene Festplatten oder abgestürzte Dienste erkannt. Dies gilt aber nicht zwangsläufig für Probleme der Applikation: Wenn in Magento eine Exception auftritt, wird nur leise eine Datei mit der Fehlermeldung in den */reports*-Ordner gespeichert. In einem Rezept zeigen wir am Beispiel eines *Nagios*-Plug-ins, wie Magento in das System-Monitoring eingebunden werden kann.

Wichtig ist auch der Umgang mit Fehlermeldungen. Standardmäßig zeigt Magento dem Besucher alle Details einer Fehlermeldung an; für die meisten Besucher wird das unverständlich sein. Dazu können in diesen Fehlern auch Zugangsdaten für die Datenbank und andere sensible Daten stehen. Ein Rezept zeigt, wie es anders geht.

9.1 Interne Versionierung und Release-Management

Von einem guten Deployment erwarten wir, dass möglichst nur kurze – oder gar keine – Ausfallzeiten des Live-Systems auftreten. Auf jeden Fall muss vermieden werden, dass bei einem fehlgeschlagenen Deployment Daten verloren gehen oder es keinen klaren Pfad zur Wiederherstellung der vorherigen funktionierenden Version gibt. Konfigurationseinstellungen, die während der Entwicklung gemacht werden – wie zum Beispiel die Aktivierung des Profilers oder Datenbankeinstellungen –, sollten nicht versehentlich in den Live-Betrieb übergehen.

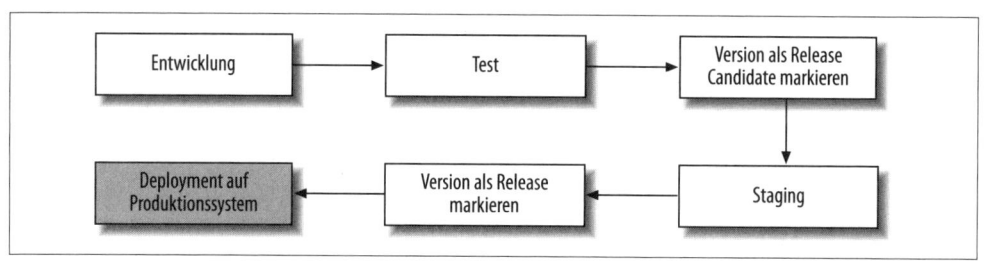

Abbildung 9-1: Schritte des Deployments

Dafür ist es zunächst notwendig, klar zu markieren, welche Version des Projekts überhaupt zum Produktionseinsatz freigegeben wurde. Über sogenannte *Tags* im Versionskontrolltool *Subversion* können Sie dies elegant lösen. Tags lassen sich als Markierung einer bestimmten Version des Trunks verstehen; mit einem Tag können Sie eine bestimmte Version des Trunks einfrieren und in der Zukunft wieder auf diese Version zurückverweisen – selbst wenn mittlerweile weitere Änderungen im Trunk gemacht wurden.

Tags erstellen Sie mit dem Konsolenclient wie folgt:

```
svn copy https://repo-server/project/trunk https://repo-server/project/tags/1.2.4
```

Der aktuelle Stand des Trunks wurde nun als Version 1.2.4 gesichert. Auch wenn der Aufruf copy heißt, hat Subversion lediglich eine Markierung gesetzt. Diese können Sie genau so verwenden, als wäre es eine Kopie – allerdings ohne den Nachteil, pro Tag so viel Speicherplatz zu brauchen wie für eine einfache Festplattenkopie. Deshalb können Tags gern frei eingesetzt werden, und es ist auch nicht notwendig, alte Tags zu löschen.

Die Namen der Tags können Sie frei wählen. Zum Beispiel könnten Sie sich – wie in dem Beispiel oben – am Versionssystem von Magento orientieren und mit Major-, Minor- und Patch-Versionen arbeiten. Eine neue Patch-Version sollte dann nur kleine Änderungen enthalten, ein Minor-Update vielleicht zusätzliche Features oder ein Magento-Update. Die Major-Version würde sich bei grundlegenden Änderungen oder einem Relaunch ändern.

 Wenn Sie sich den *svn log* Ihres Tags-Ordners anschauen, können Sie die komplette Release-Historie Ihres Projekts einsehen.

9.2 Deployment und der Symlink-Hack

Sie haben nun eine interne Versionierung für Ihr Projekt eingeführt. Diese möglichst effektiv für das Deployment zu nutzen, ist das nächste Ziel. In dieser Sektion entwickeln wir einen Prozess, in dem für neue Releases ein neuer Ordner auf dem Produktionssystem angelegt wird – diesmal also eine volle Kopie auf Dateiebene – und wir mithilfe von *symbolischen Links* dem Webserver signalisieren, welche Version gerade für den Produktiveinsatz und welche für das Staging eingesetzt werden soll.

Entwicklungssystem
Hier wird an der Applikation gearbeitet. In dieser Version befinden sich keine Kunden- oder Zugangsdaten, diese sind nur im Produktionssystem verfügbar. Die Konfiguration kann stark von dem Produktionssystem abweichen, zum Beispiel weil Entwicklungstools installiert oder Sicherheitseinstellungen nicht »scharf« gestellt sind.

Testsystem
Nach Abschluss einer Entwicklungsphase wird eine Testversion auf diesem System installiert. Die Konfiguration sollte dem Produktionssystem ähnlich sein, doch besteht keine Anbindung an die Produktionsdatenbank. Ein gutes Testing erlaubt einen *dry run*, bevor man an dem laufenden System arbeitet.

Staging
Ein Bereich auf dem Produktionssystem, der nicht öffentlich zugänglich ist. Hier wird eine neue Version zunächst installiert, mit einer aktuellen Kopie der Produktionsdatenbank verbunden und ein letztes Mal getestet.

Produktion
Das System, das öffentlich zugänglich ist und ständig von außen besucht werden kann.

In Tabelle 9-1 finden Sie eine Liste der Systeme, die ein Release normalerweise durchläuft. Von der Entwicklung bis zum Produktionseinsatz kann es ein langer Weg sein! Je nach Größe des Projekts wird diese Trennung mehr oder weniger ausgeprägt sein. In der Praxis wird man oft Development und Testing auf einem System ausführen und Staging und Produktion auf einem anderen. Das ist zwar nicht ideal – ein Fehler im Staging kann prinzipiell auch das Produktionssystem betreffen –, doch mit etwas Vorsicht kann diese Gefahr weitgehend gebannt werden. Nachdem Sie diese Sektion abgeschlossen haben, werden Sie eine Ordnerstruktur wie die in Tabelle 9-1 haben.

Tabelle 9-1: Typischer Release-Zyklus

Ordner (unter /srv/magento)	Inhalt
v1.2.1	Version Ihrer Applikation inklusive aller Konfigurationen
v1.2.2	eine weitere Version
data	Produktbilder und weitere statische Daten
staging	ein Symlink auf den Ordner v1.2.2
production	ein Symlink auf v1.2.1

Erstellen Sie zunächst mithilfe von svn checkout einen Ordner für die aktuelle Version dieser Applikation; der Name des Ordners sollte mit der Versionsnummer übereinstimmen, zum Beispiel so:

```
svn co https://webkochshop-repo/tags/1.2.1 v1.2.1
```

Wenn Sie Ihr Repository wie im Abschnitt »Die Entwicklungsumgebung einrichten«, auf Seite XV beschrieben konfiguriert haben, enthält dieser Ordner keine Konfigurationsdateien und keine statischen Daten, sondern nur Ihren Sourcecode. Legen Sie ebenfalls zwei Datenbanken, *myproject_production* und *myproject_staging*, an.

Erstellen Sie jetzt einen symbolischen Link mit Namen *production*, der auf den neuen Ordner verweist:

```
ln -s v1.2.1 production
```

 Verwenden Sie keine absoluten Pfade. In einigen Konfigurationsszenarien kann der Webserver den Pfad dann nicht korrekt auflösen; Symlinks mit relativen Pfaden funktionieren hingegen immer.

Erstellen Sie nun zwei virtuelle Hosts in Ihrer Apache-Konfiguration. Einer verweist auf die Hauptdomain Ihres Projekts und wird mit dem */srv/magento/production/*-Ordner verbunden. Der andere, zum Beispiel mit dem Hostnamen *staging.ihredomain.de*, wird mit */srv/magento/staging* verbunden. Es ist übrigens sinnvoll, den Staging-Host mit Benutzerauthentifizierung zu schützen. Das Verfahren hierzu ist Apache-Standard, sodass wir nicht im Detail darauf eingehen. Achten Sie darauf, dass für das */srv/magento*-Verzeichnis die Option *FollowSymlinks* aktiviert ist – sonst erscheint statt Ihres Projekts lediglich eine wenig aussagekräftige Fehlermeldung.

Nun können Sie auf Ihr Projekt zugreifen und eine Magento-Installation durchführen. Im Laufe einer erfolgreichen Installation wird eine Konfigurationsdatei */app/etc/local.xml* erstellt.

Speichern Sie eine Kopie der Datei in *data/local-production.xml* und eine weitere Kopie in *data/local-staging.xml,* bei der Sie den Namen der Datenbank auf *myproject_staging* geändert haben.

Ihre Deployment-Infrastruktur ist jetzt bereit. Wenn Sie also in Kürze eine neue Version des Projekts freigeben wollen, erstellen Sie einen neuen Ordner und markieren die Version als Staging:

```
svn co https://my-repo/tags/1.2.4 v1.2.4
cp data/local-staging.xml v1.2.4/app/etc/local.xml
rm staging
ln -s v1.2.4 staging
```

Unter *staging.ihredomain.de* steht nun die neue Version bereit. Alles okay damit? Dann markieren Sie die Version zur Produktion:

```
rm production
ln -s v1.2.4 production
```

Herzlichen Glückwunsch – *www.ihredomain.de* wurde erfolgreich aktualisiert.

9.3 Magento in ein Monitoring integrieren

Problem

Sie möchten, sobald Probleme in der Magento-Applikation auftreten, von Ihren Kunden darüber in Kenntnis gesetzt werden.

Lösung

Integrieren Sie Magento in Ihr Monitoring mithilfe eines selbst entwickelten *Nagios*-Plugins. Die Software Nagios (früher NetSaint) dient der Überwachung komplexer IT-Infrastrukturen.

Diskussion

Der erste Schritt besteht darin, dem Monitoring Bescheid zu geben, wenn Exceptions von Magento erzeugt werden. In diesem Rezept entwickeln Sie ein Nagios-Plug-in, um das Problem zu lösen; falls Sie ein anderes Monitoring verwenden, prüfen Sie, ob es auch Nagios-Plug-ins abfragen kann. Falls nicht, sollte sich das Rezept recht direkt auf Ihre Anforderungen übertragen lassen.

Finden Sie zunächst heraus, in welchem Verzeichnis Ihre Nagios-Plug-ins integriert sind; bei Debian ist dies */usr/lib/nagios/*. Erstellen Sie dort die Datei *check_magento* und fügen Sie ein:

```
#!/usr/bin/perl
use Getopt::Std;
# by default: warn if any errors occured, criticial if 5+ in time period
# time period t is 5 minutes
%options = ("w", 1, "c", 5, "t", 5);
getopts("w:c:d:t:h", \%options);
```

```perl
if (%options->{d} eq "") {
    # missing required param - exit with UNKNOWN code
    print "UNKNOWN Need to specificy -d (path to report directory). ";
    print "See check_magento -h for help.\n";
    exit 3;
}
if (%options->{h} ne "") {
    # show online help and exit with UNKNOWN code
    print "check_magento: nagios Plug-in to monitor the number of Magento "
    . "exceptions logged in a given time period, say the last 5 minutes before "
    . "running check\n"
    . "\nArguments:\n\t-d [dir]\treport/ directory of your installation "
    . " [required]\n"
    . "\t-t [min]\tTime interval\n"
    . "\t-w [thres]\tTreshold that raises warning\n"
    . "\t-c [thres]\tTreshold that raises critical\n";
    exit 3;
}
if (! -d %options->{d}) {
    # could not find report directory
    print "WARNING Could not find report directory (%options->{d})\n";
    exit 1;
}


# ready to run checks
chdir(%options->{d});
$cmd = " find . -mmin -".%options->{t}." | grep \"^\./[0-9]*\$\" | wc -l ";
$new_reports = `$cmd`;
chomp($new_reports);

if ($new_reports >= %options->{c}) {
    print "CRITICAL";
    $exit_code = 2;
}
elsif ($new_reports >= %options->{w})
{
    print "WARNING";
    $exit_code = 1;
}
else
{
    print "OK";
    $exit_code = 0;
}

print " $new_reports Magento reports in last ". %options->{t} ." minutes "
    . " | 'mage_reports'=$new_reports\n";
exit $exit_code;
```

Machen Sie nun das Skript ausführbar, indem Sie Folgendes auf der Konsole eingeben:

```
chmod +x check_magento
```

Nun benötigen Sie nur noch den Pfad zu dem *var/report*-Verzeichnis Ihrer Magento-Installation. Falls Sie Magento unter */var/www/htdocs* installiert haben, ist der Pfad also */var/www/htdocs/var/report*.

Ihren ersten Test führen Sie mit folgendem Konsolenkommando durch:

```
./check_magento -d /var/www/htdocs/var/report
```

Wahrscheinlich lesen Sie jetzt, dass in den letzten 5 Minuten keine neuen Reports von Ihrem Magento erstellt wurden. Nun müssen Sie nur noch Nagios dazu bringen, diesen Agenten auch abzufragen. Je nachdem, wie Ihr Nagios-System konfiguriert wurde, sind die Schritte dazu etwas unterschiedlich. In jedem Fall müssen Sie check_magento als neuen Nagios-Befehl definieren und bei Ihrem Produktionsserver als Dienst hinzufügen.

Zusammenfassend können wir sagen, dass Sie in diesem Rezept einen Agenten erstellt haben, der regelmäßig abgefragt wird und Sie warnt, wenn Fehlermeldungen erzeugt werden. Die Erfahrung zeigt, dass diese Vorgehensweise viel besser ist, als direkt aus der Applikation eine E-Mail mit den Fehlerdetails zu verschicken. Im Zweifelsfall können Sie sonst mit Hunderten von E-Mails pro Minute bombardiert werden, während Sie versuchen, ein Problem zu beheben.

Sie können in dem Agenten Schwellenwerte einstellen, ab denen gewarnt wird. Mit dem Parameter -w setzen Sie die Grenze, ab der das Skript den Status WARNING zurückgibt; analog dazu verhält sich -c für CRITICAL. Über *-t* setzen Sie das Zeitfenster in Minuten ein. Um ab einem Fehler in den letzten 15 Minuten zu warnen und ab zehn Fehlern den Status CRITICAL zu setzen, müssen Sie also das Kommando

```
check_magento -w 1 -c 10 -t 15
```

verwenden.

In diesem Kapitel haben Sie gesehen, wie man den Deployment-Prozess für ein Magento-Projekt plant und durchführt. Das nächste Kapitel beschäftigt sich mit der Frage, mit welchen Mitteln sich das Admin-Panel so anpassen lässt, dass es genau die Konfigurationsmöglichkeiten bereitstellt, die Sie für Ihre neuen Extensions benötigen.

KAPITEL 10

Bezahlung und Versand

10.0 Einführung

Erfahrungsgemäß ist die Anpassung von Versand- und Bezahlarten an die eigenen Bedürfnisse einer der wichtigsten Bereiche bei der Implementierung eigener Magento-Projekte. Grund genug, uns einmal im Detail damit zu beschäftigen, wie diese Schnittstellen in Magento aufgebaut sind. In den folgenden Rezepten lernen Sie die jeweiligen APIs der Versand- und Bezahlmodule kennen und erfahren, wie Sie im Nu eigene Funktionalitäten realisieren können.

10.1 Tabellarische Versandkosten um eigene Regeln erweitern

Problem

Die spezielle Versandlogik eines Unternehmens macht es erforderlich, ein Versandmodul funktional anzupassen. Es soll die Möglichkeit geschaffen werden, ein Maximalgewicht und einen maximalen Warenwert pro Paket in der Konfiguration des Versandmoduls einstellen zu können.

Lösung

Wir erstellen die neue Extension *Webkochshop_Shipping*, die auf den tabellarischen Versandkosten basiert und diese um eigene Regeln erweitert. Sowie ein Paket den Maximalwert oder das Maximalgewicht erreicht, wird ein weiteres Paket berechnet.

Diskussion

Als Grundlage für unsere neue Extension sollen die tabellarischen Versandkosten dienen, die bei einer Standardinstallation von Magento bereits enthalten sind und dort auch gute Dienste leisten.

In unserer *Tablerates*-Extension kann ein Versandpreis in Abhängigkeit vom Besteller oder dem Bestellgewicht und der Lieferadresse definiert werden. Diese Preisliste kann in tabellarischer Form als CSV-Datei aus der Magento-Systemkonfiguration ex- und importiert werden. Es ist jedoch nicht möglich, ein Maximalgewicht oder einen Maximalwert für eine Lieferung festzulegen. Dadurch ist der Administrator gezwungen, die Preisliste so weit auszuführen, dass theoretisch alle möglichen Bestellmengen abgedeckt werden. Eine hundertprozentige Sicherheit kann es so jedoch nie geben, deswegen ist dieser Workaround eine mangelhafte Lösung. Diese Erweiterung behebt dieses Problem, indem bei Bedarf einfach weitere Pakete gepackt und berechnet werden.

Wie immer soll die Konfigurationsdatei *config.xml* als Ausgangspunkt für Ihre Extension-Expedition dienen, wobei wir uns zunächst die folgenden Zeilen genauer ansehen, in denen wir die benötigten Models definieren:

```
<global>
    <models>
        <versand>
            <class>Webkochshop_Shipping_Model</class>
        </versand>
        <!-- Überschreiben des Models Tabellarische Versandkosten
        <shipping>
            <rewrite>
                <carrier_tablerate>Webkochshop_Shipping_Model_Carrier_Tablerate
                </carrier_tablerate>
            </rewrite>
        </shipping>
        <!--...-->
</global>
```

An dieser Stelle führen wir mit *Webkochshop_Shipping_Model* ein neues Model ein und überschreiben gleichzeitig, wie im Kommentar angedeutet, das Model für die tabellarischen Versandkosten. Wie Sie gleich sehen können, werden bei diesem Model neue, im Admin-Panel einstellbare Konfigurationswerte verwendet. Dies sind das maximale Gewicht und der maximale Wert pro Paket. In der Datei *config.xml* können auf folgende Weise Konfigurationswerte festgelegt werden:

```
<default>
    <carriers>
        <!--...-->
        <tablerate>
            <!-- Zur späteren Erweiterbarkeit wird das Paket-Model in der -->
            <!-- Systemkonfiguration festgelegt. -->
            <box_model>versand/box</box_model>

            <!-- maximales Gewicht pro Paket. Die Gewichtseinheit ist -->
            <!-- undefiniert, muss aber natürlich durchgängig verwendet werden.
            <max_package_weight>0</max_package_weight>

            <!-- maximaler Wert eines Pakets
```

```
                <max_package_value>0</max_package_value>
            </tablerate>
        </carriers>
    </default>
```

Die Daten im Knoten config/default/ können mit der Methode Mage::getStoreConfig() einfach ausgelesen werden. Wie im Folgenden zu sehen sein wird, können diese Werte bei Bedarf in der Systemkonfiguration im Admin-Panel editierbar gemacht werden. Bevor wir uns also eingehender mit diesen Models befassen, sehen wir uns gemeinsam die Datei *system.xml* an, in der der Admin-Bereich für die tabellarischen Versandkosten entsprechend erweitert wird:

```
<config>
    <sections>
        <carriers>
            <groups>
                <!--...-->
<!-- Erweitern der Core-Tablerate-Konfiguration um die neuen Felder -->
                <tablerate>
                    <fields>
                        <max_package_weight translate="label,comment" module="versand">
                            <label>Maximalgewicht pro Paket</label>
                            <frontend_type>text</frontend_type>
                            <sort_order>50</sort_order>
                            <show_in_default>1</show_in_default>
                            <show_in_website>1</show_in_website>
                            <show_in_store>0</show_in_store>
                            <comment>Auf 0 setzen für keine Paket-Gewichts-Beschränkung
                            </comment>
                        </max_package_weight>
                        <max_package_value translate="label,comment" module="versand">
                            <label>Maximalwert pro Paket</label>
                            <frontend_type>text</frontend_type>
                            <sort_order>60</sort_order>
                            <show_in_default>1</show_in_default>
                            <show_in_website>1</show_in_website>
                            <show_in_store>0</show_in_store>
                            <comment>Auf 0 setzen für keine Paketwertbeschränkung
                            </comment>
                        </max_package_value>
                    </fields>
                </tablerate>
            </groups>
        </carriers>
    </sections>
</config>
```

Durch dieses Stück XML werden der Konfiguration der tabellarischen Versandkosten zwei neue Eingabefelder hinzugefügt, mit denen Sie das Maximalgewicht und den Maximalwert pro Paket festlegen können, wie Sie in Abbildung 10-1 sehen können.

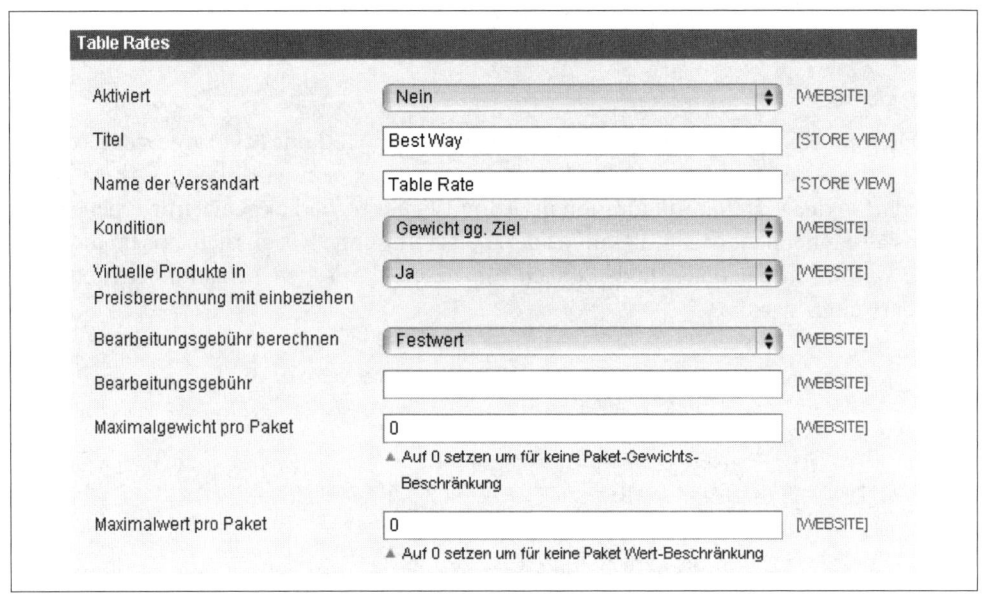

Table Rates		
Aktiviert	Nein	[WEBSITE]
Titel	Best Way	[STORE VIEW]
Name der Versandart	Table Rate	[STORE VIEW]
Kondition	Gewicht gg. Ziel	[WEBSITE]
Virtuelle Produkte in Preisberechnung mit einbeziehen	Ja	[WEBSITE]
Bearbeitungsgebühr berechnen	Festwert	[WEBSITE]
Bearbeitungsgebühr		[WEBSITE]
Maximalgewicht pro Paket	0	[WEBSITE]
	▲ Auf 0 setzen um für keine Paket-Gewichts-Beschränkung	
Maximalwert pro Paket	0	[WEBSITE]
	▲ Auf 0 setzen um für keine Paket Wert-Beschränkung	

Abbildung 10-1: Neue Konfigurationsmöglichkeiten für die tabellarischen Versandkosten

So vorbereitet, können wir uns nun in die Diskussion des zugehörigen Models stürzen:

```php
<?php

/**
 * Erweitern der Tablerate-Versandart um eine bessere Paketberechnung
 */
class Webkochshop_Shipping_Model_Carrier_Tablerate
    extends Mage_Shipping_Model_Carrier_Tablerate
{
    /**
     * Ermitteln der Kosten und Preise für die verfügbaren Versandmethoden dieser
     * Versandart
     *
     * @param Mage_Shipping_Model_Rate_Request $request
     * @return Mage_Shipping_Model_Rate_Result
     */
    public function collectRates(Mage_Shipping_Model_Rate_Request $request)
    {
        if (! $this->getConfigFlag('active')) return false;

        /*
         * Erzeugen eines Result-Objekts
         */
        $result = Mage::getModel('shipping/rate_result');

        if (! $request->getConditionName())
        {
            if ($this->getConfigData('condition_name'))
```

```
    {
        $request->setConditionName($this->getConfigData('condition_name'));
    }
    else
    {
        $request->setConditionName($this->_default_condition_name);
    }
}

try
{
    $this->getPacker()
        ->setRequest($request)
        ->addData(array(
            'max_package_weight' =>
                (float) $this->getConfigData('max_package_weight'),
            'max_package_value' =>
                (float) $this->getConfigData('max_package_value'),
            'include_virtual_price' =>
                (bool) $this->getConfigFlag('include_virtual_price'),
        ))
        ->packItems();

    $this->_collectRatesForBoxes();
}
catch (Mage_Core_Exception $e)
{
    $error = $this->_getErrorMethod(
        'Fehler bei der Berechnung der Versandmethode', $e->getMessage()
    );
    $result->append($error);
    return $result;
}

/*
 * Rückgabe der zusammengeführten Ergebnisse in einem Result-Objekt
 */
if (null !== $this->getTotalPrice())
{
    $method = $this->_getResultMethod();
    $result->append($method);
}

    return $result;
}
```

Über die Methode collectRates() werden die Kosten und Preise für diese Versandart berechnet und in einem $result-Objekt zusammengeführt. Die Berechnung für die einzelnen Packstücke geschieht dabei in der try/catch-Konstruktion, in der versucht wird, über die Getter-Methode getPacker() an die relevanten Werte zu gelangen. Mit der Konstruktion $this->getConfigData('max_package_weight') bzw. $this->getConfigData('max_package_value') greifen Sie dabei auf die Konfigurationswerte zu, die

Sie – wie oben gesehen – in der Datei *system.xml* eingerichtet und über das Backend mit Werten gefüllt haben. Die Methode getPacker() hat den folgenden Inhalt:

```
/**
 * ein Packer-Model erzeugen und zur Verfügung stellen
 *
 * @return Webkochshop_Shipping_Model_Packer
 */
public function getPacker()
{
    $packer = $this->getData('packer');
    if (is_null($packer))
    {
        $packer = Mage::getModel('versand/packer');
        $this->setPacker($packer);
    }
    return $packer;
}
```

Sie können erkennen, wie diese Methode im Kern dazu dient, über $packer = Mage::get-Model('versand/packer'); eine neue Instanz von Webkochshop_Shipping_Model_Packer zu erzeugen und damit auf die eigentliche Paketberechnung zuzugreifen. Hier werden die einzelnen *Quote-Items* entsprechend den Vorgaben durch Maximalgewicht und Maximalwert auf Pakete aufgeteilt, und die so entstandenen Kosten für jedes Paket werden berechnet und aufaddiert. Die Klasse Webkochshop_Shipping_Model_Packer arbeitet dabei mit Webkochshop_Shipping_Model_Box zusammen, die von Mage_Shipping_Model_Rate_Request abgeleitet ist. Diese Vorgehensweise macht es einfach, den Preis für jedes Paket von einem Magento-Versandmodul zu erfragen, da dieses ein *Rate_Request*-Model erwartet. In diesem Beispiel wird die neue Paketberechnung für das Tablerate-Versandmodul verwendet, sie könnte jedoch auch auf die gleiche Weise in jedem anderen Versandmodul benutzt werden. Die detaillierte Diskussion des Packer- und Box-Models würde den Rahmen dieses Kapitels sprengen, Sie finden sie jedoch – ausführlich kommentiert – im Download-Code zum Buch.

Wenn Sie sich nach diesem kurzen Exkurs wieder der Methode collectRates() im der erweiterten Klasse Tablerates zuwenden, finden Sie dort den Aufruf $this->_collectRatesForBoxes(). Damit wird die tatsächliche Preisberechnung für die vom Packer-Model erstellten Pakete angestoßen. Diese greift für jedes Paket auf die Versandkosten zu, die sich standardmäßig aus dem Modul *Tabellarische Versandkosten* ergeben:

```
/**
 * Sammeln der Kosten pro Paket
 *
 * @return Webkochshop_Shipping_Model_Carrier_Tablerate
 */
protected function _collectRatesForBoxes()
{
    $box = $this->getPacker()->resetBoxQueue(false);
    do
    {
```

```php
        if ($box && count($box->getAllItems()) > 0)
        {
            $rate = $this->getRate($box);
            if (empty($rate))
            {
                /*
                 * keinen passenden Rate-Eintrag gefunden
                 */
                return $result;
            }
            if ($rate['price'] >= 0)
            {
                $this->setTotalPrice(
                    ((float) $this->getTotalPrice()) + $rate['price']);
                $this->setTotalCost(
                    ((float) $this->getTotalCost()) + $rate['cost']);
            }
        }
    }
    while ($box = $this->getPacker()->getNextBox(false));

    return $this;
}
```

Es ist deutlich zu sehen, wie über die Result-Objekte der oben kurz angerissenen Packer- und Box-Klassen iteriert wird, um die gesamten Versandkosten zu errechnen und dem Model über die Setter-Methoden $this->setTotalPrice bzw. $this->setTotalCost zuzuweisen. Das Cost-Attribut beschreibt hierbei die Kosten, die dem Händler entstehen, das Price-Attribut den Betrag, der dem Kunden in Rechnung gestellt wird. Die meisten Versandmodule setzen beide Attribute immer auf den gleichen Wert, aber wenn darauf Wert gelegt wird, unterstützt Magento so eine exakte Gewinnkalkulation.

Die Rückgabe der durch ein Versandmodul berechneten Werte erfolgt mithilfe von Result-Objekten. Im Normalfall wird eine Mage_Shipping_Model_Rate_Result_Method-Instanz zurückgeliefert. Sollte eine Versandkostenberechnung nicht erfolgreich sein, wird die Fehlermeldung als Mage_Shipping_Model_Rate_Result_Error-Model zurückgeführt. Für beide Fälle ist in unserem Model je eine Result-Methode definiert, eine für den Fall, dass die Bearbeitung ohne Probleme abgeschlossen werden konnte, die andere für den Fehlerfall:

```php
/**
 * Erzeugen einer Versandmethoden-Result-Instanz
 *
 * @return Mage_Shipping_Model_Rate_Result_Method
 */
protected function _getResultMethod()
{
    $method = Mage::getModel('shipping/rate_result_method');

    $method->setCarrier('tablerate');
    $method->setCarrierTitle($this->getConfigData('title'));
```

```
$method->setMethod('bestway');
$method->setMethodTitle($this->getConfigData('name'));

$shippingPrice = $this->getFinalPriceWithHandlingFee(
    $this->getTotalPrice()
);

$method->setPrice($shippingPrice);
$method->setCost($this->getTotalCost());

return $method;
}
```

Mit einer Reihe von Setter-Methoden werden hier die für die Anzeige der Ergebnisse relevanten Werte zusammengefasst; dies betrifft beispielsweise den internen Code des Versandmoduls ($method->setCarrier('tablerate')), den Code der speziellen Versandmethode ($method->setMethod('bestway')) und den Preis ($method->setPrice()) sowie die Kosten ($method->setCost()). Sollte bei der Berechnung der Versandmethode ein Fehler auftreten, kommt folgende Funktion zum Einsatz:

```
/**
 * Erzeugen einer Versandmethode-Fehler-Instanz
 *
 * @param string $title
 * @param string $msg
 * @return Mage_Shipping_Model_Rate_Result_Error $msg
 */
protected function _getErrorMethod($title, $msg)
{
    $error = Mage::getModel('shipping/rate_result_error')
        ->setCarrier($this->_code)
        ->setCarrierTitle($this->getConfigData('title'))
        ->setMethod('error')
        ->setMethodTitle(Mage::helper('versand')->__($title))
        ->setErrorMessage($msg)
        ->setCost('0.00')
        ->setPrice('0.00');

    return $error;
}
```

Wird also in der try/catch-Konstruktion von collectRates() ein Fehler geworfen, wird über setErrorMessage() eine Fehlermeldung ausgegeben, und die Kosten und der Preis werden mit setCost() bzw. setPrice() auf 0 gesetzt.

Mithilfe des oben beschriebenen Verfahrens haben Sie die tabellarischen Versandkosten um zwei sinnvolle Konfigurationsmöglichkeiten erweitert, die sich in der Praxis sicherlich als nützlich herausstellen werden.

10.2 Ein Dummy-Versandmodul erstellen

Problem

Sie stehen vor der Aufgabe, ein komplett neues Versandmodul erstellen zu müssen.

Lösung

Wir begleiten Sie bei der Erstellung eines komplett neuen Versandmoduls, das wir *Dummy*-Modul taufen wollen und das Zufallsversandkosten erzeugt.

Diskussion

Schauen wir uns dazu gemeinsam erneut die Konfigurationsdatei *config.xml* an:

```
<config>
    <!-- ... -->
    <default>
        <carriers>
            <!-- ... -->
            <dummy>
                <active>0</active>
                <title>Dummy-Versandtitel</title>
                <name1>Methode 1 Name</name1>
                <name2>Methode 2 Name</name2>

                <!-- Verarbeitungsgebühr für diese Versandart -->
                <handling_fee></handling_fee>

                <!-- P (Prozent der Versandkosten) oder F (Fix) -->
                <!-- Der Standard, wenn nichts angegeben ist, ist F. -->
                <handling_type>F</handling_type>

                <!-- P (pro Paket) oder O (pro Bestellung (order)) -->
                <!-- Wenn P, wird die Verarbeitungsgebühr pro Paket -->
                <!-- hinzugezählt, sonst nur ein Mal pro Versandadresse. -->
                <handling_action>P</handling_action>

                <!-- maximales Gewicht pro Paket. Die Gewichtseinheit  -->
                <!-- ist undefiniert, muss aber durchgängig verwendet werden. -->
                <max_package_weight></max_package_weight>

                <model>versand/carrier_dummy</model>
            </dummy>
        </carriers>
    </default>
```

Um das neue *Dummy*-Modul auch über das Admin-Panel konfigurieren zu können, benötigt die bereits weiter oben kurz vorgestellte Datei *system.xml* ebenfalls eine Reihe von neuen Einträgen:

```xml
<?xml version="1.0"?>
<config>
    <sections>
        <carriers>
            <groups>
                <dummy translate="label" module="versand">
                    <label>Dummy-Versandmodul</label>
                    <frontend_type>text</frontend_type>
                    <sort_order>20</sort_order>
                    <show_in_default>1</show_in_default>
                    <show_in_website>1</show_in_website>
                    <show_in_store>1</show_in_store>
                    <fields>
                        <active translate="label">
                            <label>Enabled</label>
                            <frontend_type>select</frontend_type>
                            <source_model>adminhtml/system_config_source_yesno</source_model>
                            <sort_order>10</sort_order>
                            <show_in_default>1</show_in_default>
                            <show_in_website>1</show_in_website>
                            <show_in_store>0</show_in_store>
                        </active>
                        <title translate="label">
                            <label>Title</label>
                            <frontend_type>text</frontend_type>
                            <sort_order>20</sort_order>
                            <show_in_default>1</show_in_default>
                            <show_in_website>1</show_in_website>
                            <show_in_store>1</show_in_store>
                        </title>
                        <name1 translate="label">
                            <label>Methode 1 Name</label>
                            <frontend_type>text</frontend_type>
                            <sort_order>30</sort_order>
                            <show_in_default>1</show_in_default>
                            <show_in_website>1</show_in_website>
                            <show_in_store>1</show_in_store>
                        </name1>
                        <name2 translate="label">
                            <label>Methode 2 Name</label>
                            <frontend_type>text</frontend_type>
                            <sort_order>30</sort_order>
                            <show_in_default>1</show_in_default>
                            <show_in_website>1</show_in_website>
                            <show_in_store>1</show_in_store>
                        </name2>
                        <handling_type translate="label">
                            <label>Calculate Handling Fee</label>
                            <frontend_type>select</frontend_type>
```

```xml
                    <source_model>shipping/source_handlingType</source_model>
                    <sort_order>40</sort_order>
                    <show_in_default>1</show_in_default>
                    <show_in_website>1</show_in_website>
                    <show_in_store>0</show_in_store>
                </handling_type>
                <handling_fee translate="label">
                    <label>Handling Fee</label>
                    <frontend_type>text</frontend_type>
                    <sort_order>50</sort_order>
                    <show_in_default>1</show_in_default>
                    <show_in_website>1</show_in_website>
                    <show_in_store>0</show_in_store>
                </handling_fee>
                <max_package_weight translate="label">
                    <label>Maximalgewicht pro Paket</label>
                    <frontend_type>text</frontend_type>
                    <sort_order>60</sort_order>
                    <show_in_default>1</show_in_default>
                    <show_in_website>1</show_in_website>
                    <show_in_store>0</show_in_store>
                </max_package_weight>
                <sallowspecific translate="label">
                    <label>Ship to applicable countries</label>
                    <frontend_type>select</frontend_type>
                    <sort_order>70</sort_order>
                    <frontend_class>shipping-applicable-country</frontend_class>
                    <source_model>adminhtml/system_config_source_shipping
                    allspecificcountries</source_model>
                    <show_in_default>1</show_in_default>
                    <show_in_website>1</show_in_website>
                    <show_in_store>0</show_in_store>
                </sallowspecific>
                <specificcountry translate="label">
                    <label>Ship to Specific countries</label>
                    <frontend_type>multiselect</frontend_type>
                    <sort_order>80</sort_order>
                    <source_model>adminhtml/system_config_source_country</source_model>
                    <show_in_default>1</show_in_default>
                    <show_in_website>1</show_in_website>
                    <show_in_store>0</show_in_store>
                    <can_be_empty>1</can_be_empty>
                </specificcountry>
                <sort_order translate="label">
                    <label>Sort order</label>
                    <frontend_type>text</frontend_type>
                    <sort_order>90</sort_order>
                    <show_in_default>1</show_in_default>
                    <show_in_website>1</show_in_website>
                    <show_in_store>0</show_in_store>
                </sort_order>
            </fields>
        </dummy>
<!-- ... -->
```

Ein Versandmodel vererbt immer die abstrakte Klasse `Mage_Shipping_Model_Carrier_Abs-tract`. Die wichtigste Methode für ein Versandmodul ist `collectRates()`. Sie wird aufgerufen, um die Berechnung eines Versandmoduls zu starten. Übergeben wird ein `Mage_Shipping_Model_Rate_Request`-Model, das alle für die Berechnung benötigten Daten der Bestellung bereitstellt (z.B. die Lieferadresse und alle Artikel der Lieferung):

```
public function collectRates(Mage_Shipping_Model_Rate_Request $request)
{
    $result = Mage::getModel('shipping/rate_result');

    $method = Mage::getModel('shipping/rate_result_method');
    $method->setCarrier($this->_code);
    $method->setCarrierTitle($this->getConfigData('title'));
    $method->setMethod('method1');
    $method->setMethodTitle($this->getConfigData('name1'));

    $value = $request->getPackageValue();
    $amount = $value / 100 * 5 + $request->getPackageWeight() * .01;
    $shippingPrice = $this->getFinalPriceWithHandlingFee($amount);

    $method->setPrice($shippingPrice);
    $method->setCost($amount);

    $result->append($method);

    /* bei Bedarf weitere Versandmethoden hinzufügen … */

    return $result;
}
```

Für jede verfügbare Versandmethode des Moduls wird ein `Result_Method`-Objekt instantiiert und einem `Rate_Result`-Objekt mit `append()` hinzugefügt. In Tabelle 10-1 finden Sie die wichtigsten Methoden, um auf die Bestellparameter zuzugreifen.

Tabelle 10-1: Shippingrate Request Getter-Methoden

Methode	Beschreibung
`$request->getPackageValue()`	Liefert den Wert aller Artikel in dieser Lieferung in der Basiswährung.
`$request->getPackageValueWithDiscount()`	Tut das Gleiche wie `getPackageValue()`, nur unter Berücksichtigung aller Rabatte.
`$request->getAllItems()`	Liefert alle Artikel der Lieferung als Quote-Item-Instanzen.
`$request->getPackageWeight()`	Liefert das Gesamtgewicht der Artikel der Lieferung. Es ist natürlich nötig, überall im Shop die gleiche Einheit zu verwenden, egal ob Kilogramm, Gramm oder Pfund. Die Gewichtseinheit wird nicht von Magento vorgegeben.
`$request->getCountryId()`	Liefert das Land der Lieferadresse als zweistelligen ISO-Code, z.B. DE.

Tabelle 10-1: Shippingrate Request Getter-Methoden (Fortsetzung)

Methode	Beschreibung
`$request->getFreeShipping()`	Wenn ein Free-Shipping-Rabattcode angewendet wurde, wird `true` zurückgegeben. Ein Versandmodul sollte das berücksichtigen.

Die Liste ist nicht vollständig. Um alle im Request-Objekt verfügbaten Daten einzusehen empfehlen wir einen Blick in die Methode `Mage_Sales_Model_Quote_Address::collectShippingRates()`.

Oft müssen bei der Versandkostenberechnung auch die einzelnen Artikel einer Bestellung berücksichtigt werden, wie beispielsweise bei der erweiterten *Tablerates*-Berechnung in Rezept 10.1, »Tabellarische Versandkosten um eigene Regeln erweitern«, auf Seite 223. Deswegen finden Sie in Tabelle 10-2 einen groben Überblick über die Getter-Methoden der `Mage_Sales_Model_Quote_Item`-Objekte:

Tabelle 10-2: Getter-Methoden der Mage_Sales_Model_Quote_Item-Objekte

Methode	Beschreibung
`$item->getProduct()`	Erlaubt Zugriff auf das dem Quote-Item entsprechende Product-Model.
`$item->getQty()`	Die Anzahl dieses Artikels in der Lieferung.
`$item->getFreeShipping()`	Wenn ein Produkt als versandkostenfrei markiert ist (zum Beispiel über einen Coupon), liefert die Methode `true` zurück. Ein korrekt implementiertes Shipping-Modul sollte das berücksichtigen.
`$item->getProduct()->isVirtual()`	In einer Bestellung sind alle Artikel enthalten, auch virtuelle und downloadbare Produkte. Damit dem Kunden nicht zu viel berechnet wird, sollten diese Artikel außen vor gelassen werden.
`$item->getHasChildren() && $item->isShipSeparately()`	Um zu prüfen, ob bei einem Configurable oder Bundled Product die zugeordneten Simple Products ausgewertet werden müssen oder das Parent Product, können diese Methoden verwendet werden. Wenn obiges Statement in einer `if()`-Bedingung `true` liefert, müssen die zugeordneten Simple Products einzeln berechnet werden (siehe `getChildren()` unten).
`$item->getParentItem()`	Ist der Artikel ein einem Configurable oder Bundled Product zugeordnetes Simple Product? Diese Methode gibt Aufschluss.
`$item->getChildren()`	Wenn der Artikel ein Configurable oder Bundled Product ist, kann so auf die zugeordneten Simple Products zugegriffen werden. Mit `$item->getHasChildren()` kann geprüft werden, ob welche vorhanden sind.
`$item->getBaseRowTotal()`	Artikelpreis * Anzahl in der Basiswährung. Um alle Optionen zu erforschen, die Quote-Items bieten, sei ein Blick in `Mage_Sales_Model_Quote_Item_Abstract` und `Mage_Sales_Model_Quote_Item` empfohlen.

Die zweite wichtige Methode eines Versandmoduls ist `getAllowedMethods()`. Diese Methode liefert alle theoretisch verfügbaren Methoden als Array im Format *Methode_* *code => Methode_name.* Ob eine Methode wirklich für eine Bestellung verfügbar ist, entscheidet sich jedoch in collectRates().

```
public function getAllowedMethods()
{
    return array(
        'dummymethod1' => $this->getConfigData('name1'),
        'dummymethod2' => $this->getConfigData('name2')
    );
}
```

Dank der nun bekannten Shipping-API wird es Ihnen bestimmt gelingen, eigene Versandmodule bei Bedarf zu implementieren.

Siehe auch

Auch dieses Modul (*Webkochshop_Shipping-0.1.0.zip*) befindet sich im Download-Code zum Buch. Der Quellcode ist reichlich kommentiert und kann von Ihnen nach Bedarf angepasst werden.

10.3 Ein neues Bezahlmodul erstellen

Problem

Payment-Module in Magento müssen mit den unterschiedlichsten Payment-Anbietern und Bezahlvarianten funktionieren, und entsprechend groß ist die Anzahl der Möglichkeiten.

Diskussion

Die Thematik in diesem Abschnitt ist recht komplex. Im Groben lassen sich Bezahlmodule in drei Kategorien einteilen:

1. Keine Onlineautorisierung oder -bezahlung: Die Daten werden nur zur späteren manuellen Bearbeitung gespeichert (Beispiel: Rechnung).

2. Server-zu-Server-Transaktion zur Autorisierung oder Zahlung. Das Formular mit den Zahlungsdaten wird von Magento ausgewertet, und das Bezahlmodul übermittelt die Daten via curl an den Payment-Anbieter. Dieser gibt das Ergebnis direkt an das PHP-Skript zurück. Das passiert für den Kunden unsichtbar, er verlässt nie den Magento-Shop (Beispiel: Authorizenet).

3. Redirect: Der Kunde wird zur Eingabe seiner Payment-Daten auf die Webseite des Payment-Anbieters weitergeleitet. Nach Abschluss des Zahlungsvorgangs landet der Kunde wieder in Magento. Der Shop wird über den Erfolg oder Misserfolg des Zahlungsvorgangs informiert (Beispiel: PayPal Standard).

Die Payment-API bietet Möglichkeiten, jede der Varianten zu implementieren, die Thematik ist jedoch recht komplex. In Magento sind mehrere Payment-Methoden häufig zu Modulen zusammengefasst – beispielsweise sind *PayPal Standard* und *PayPal Express* in einem PayPal-Modul gruppiert. Jedes Payment-Modul kann also mehrere Zahlarten umfassen. Jede Zahlart wird durch eine Model-Klasse repräsentiert. Dieses Zahlart-Model vererbt immer die abstrakte Klasse `Mage_Payment_Model_Method_Abstract`.

Alle Möglichkeiten zu diskutieren, sprengt den Rahmen des Buchs, wir haben im Anhang jedoch eine Referenz über die beteiligten Klassen und den technischen Ablauf einer Bezahlung eingefügt. An dieser Stelle soll der kurze Überblick genügen.

Siehe auch

Im Download-Code finden Sie ein Dummy-Payment-Modul als mögliche Basis für eigene Projekte zum Download (*Webkochshop_Payment-0.1.0.zip*).

In den Rezepten dieses Kapitels drehte sich alles um die Frage, wie Sie die Infrastruktur von Magento nutzen zu können, um hinsichtlich Bezahlung und Versand eigene Regeln und Funktionalitäten zu integrieren. Das letzte Kapitel widmet sich der Frage, wie Sie das Admin-Panel für Ihre Zwecke anpassen können.

KAPITEL 11

Das Admin-Panel erweitern

11.0 Einführung

Obwohl Magento von Haus aus bereits eine Menge an Konfigurationsmöglichkeiten im Admin-Panel für Sie bereithält, ergibt sich möglicherweise doch in einem konkreten Projekt doch die Anforderung, zusätzliche Menüpunkte in die Drop-down-Menüs und neuen Eingabemasken integrieren zu müssen. Eine sortier- und filterbare Liste von Einträgen wie beispielsweise die Produktliste unter *Katalog* → *Produkte* oder die Kundenliste im Kundenbereich, über die Sie auf einzelne Datensätze eines bestimmten Datentyps zugreifen können, bezeichnet man im Magento-Universum als *Grid*.

In den Rezepten dieses Kapitels widmen wir uns der Frage, wie Sie ein solches neues Admin-Grid aufbauen können, um einen neuen Datentyp zu pflegen. Nach und nach stellen wir Ihnen eine *Lieferant*-Extension vor, mit deren Hilfe sich eine Lieferantendatenbank pflegen lässt und jedes Produkt einem Lieferanten zugeordnet werden kann. Außerdem zeigen wir Ihnen – sozusagen als Sahnestück dieses Kapitels – die Möglichkeit, zusätzliche, durch Templates vollständig konfigurierbare E-Mails via Cronjob an die jeweiligen Lieferanten zu schicken, falls ein Produkt bestellt wurde, für das eine Lieferantenverknüpfung hinterlegt wurde.

11.1 Eine Lieferanten-Entity erstellen

Problem

In Ihrem Magento-Shop möchten Sie einen neuen Datentyp (Entität oder *Entity*) pflegen, um zusätzlich zum standardmäßig vorhandenen Attribut manufacturer Lieferanteninformationen zu jedem Produkt speichern zu können. Diese Lieferanteninformationen bestehen aus Daten wie Firmenname, Vor- und Nachname des Ansprechpartners u.Ä. und sollen später auch komplett über das Admin-Panel pflegbar sein.

 Auf Entitäten und ihren Platz im EAV-Modell sind wir in Kapitel 3 bei der Diskussion des Datenmodells von Magento im Detail eingegangen.

Lösung

Mithilfe eines Install-Skripts werden die entsprechenden (EAV-)Tabellen erstellt, in die die neuen Daten gespeichert werden. Dieses Skript ist Bestandteil der neuen Extension *Lieferant* im bereits bekannten Namespace *Webkochshop*. Durch ein neues Attribut an der Entity product findet dann eine Zuordnung zwischen Produkten und Lieferanten statt.

Diskussion

Der erste Schritt zum Erzeugen einer neuen Entität und ihrer Verankerung innerhalb Ihrer Magento-Datenbank besteht darin, mittels eines Installationsskripts (siehe dazu auch den Abschnitt »Datenbanktabellen über ein Installationsskript erstellen«, auf Seite 65) eine neue Tabelle zu erzeugen, in die später die Lieferanteninformationen gespeichert werden. Damit Ihre Extension auch weiß, dass es diese neue Entität bzw. die neuen Attribute gibt, müssen diese neuen Models bzw. Resource-Models zunächst in der Datei *config.xml* der Extension angegeben werden:

```
<global>
    <models>
        <lieferant>
            <class>Webkochshop_Lieferant_Model</class>
            <resourceModel>lieferant_mysql4</resourceModel>
        </lieferant>
        <lieferant_mysql4>
            <class>Webkochshop_Lieferant_Model_Resource_Mysql4</class>
            <entities>
                <lieferant>
                    <table>lieferant</table>
                </lieferant>
            </entities>
        </lieferant_mysql4>
    </models>
    <!-- ... -->
    <resources>
        <lieferant_setup>
            <setup>
                <module>Webkochshop_Lieferant</module>
                <class>Mage_Eav_Model_Entity_Setup</class>
            </setup>
        </lieferant_setup>
    </resources>
```

 In diesem Beispiel verwenden wir die Standard-Setup-Klasse, da keine existierenden Entitäten (z.B. Produkte, Kunden oder Bestellungen) erweitert werden.

Das Anlegen der neuen Entity `lieferant` geschieht in der Datei *sql/lieferant_setup/ mysql4-install-0.1.0.php* – dem Installationsskript für unsere Extension:

```php
<?php

/**
 * @var $installer Mage_Eav_Model_Entity_Setup
 */
$installer = $this;

/*
 * Erzeugen der Tabelle für die Lieferanten
 */
$this->run("
DROP TABLE IF EXISTS {$this->getTable('lieferant')};
CREATE TABLE {$this->getTable('lieferant')} (
    `entity_id` INT(11) UNSIGNED AUTO_INCREMENT PRIMARY KEY,
    `firma` VARCHAR(255) NOT NULL DEFAULT '',
    `vorname` VARCHAR(255) NOT NULL DEFAULT '',
    `nachname` VARCHAR(255) NOT NULL DEFAULT '',
    `email` VARCHAR(255) NOT NULL DEFAULT '',
    `note` VARCHAR(500) NOT NULL DEFAULT '',
    `store_id` SMALLINT(5) UNSIGNED NOT NULL
);
");

/*
 * Anlegen der Einträge in der eav_entity_type- und der eav_attribute-Tabelle
 */
$this->installEntities(array(
    'lieferant' => array(
        'entity_model' => 'lieferant/lieferant',
        'table' => 'lieferant/lieferant',
        'attributes' => array(
            'firma' => array('type' => 'static', 'label' => 'Firma'),
            'vorname' => array('type' => 'static', 'label' => 'Vorname'),
            'nachname' => array('type' => 'static', 'label' => 'Nachname'),
            'email' => array('type' => 'static', 'label' => 'Email'),
            'note' => array('type' => 'static', 'label' => 'Nachricht'),
            'store_id' => array('type' => 'static', 'label' => 'Store ID')
        ),
    ),
));
```

Nach einer Überprüfung, die sicherstellt, dass nicht bereits eine Tabelle namens *lieferant* in der Datenbank existiert – sollte das der Fall sein, wird diese kurzerhand vorher entfernt –, wird eine neue Tabelle erzeugt, in der die wichtigsten Firmendaten gespeichert werden. Im zweiten Schritt legt das Skript eine neue Entität in der *eav_entity_type*-Tabelle und einige neue Attribute in der *eav_attribute*-Tabelle an.

 Wenn Sie Ihr Wissen bezüglich des EAV-Modells und seiner Verwendung in Magento ein wenig auffrischen möchten, legen wir Ihnen die Lektüre von Kapitel 3 nahe, in dem wir die Datenstrukturen im Detail beschreiben.

Im nächsten Rezept lernen Sie, wie Sie ein Interface erstellen, über das Sie die Lieferantentabelle einfach pflegen können.

11.2 Eine Datentabelle über ein eigenes Admin-Grid bearbeiten

Problem

Sie möchten Adressdaten für Lieferanten pflegen können und benötigen dazu ein eigenes Grid im Admin-Panel.

Lösung

Zunächst erstellen Sie einen neuen Eintrag im Admin-Menü. Anschließend fügen Sie einen eigenen *Adminhtml*-Controller hinzu und integrieren zum Schluss ein Grid und ein Formular zum Anlegen und Bearbeiten von Entitäten.

Diskussion

Um ein neues Admin-Grid erstellen und damit die Lieferanteneinträge pflegen zu können, sind verschiedene Schritte erforderlich. Sinnvollerweise strukturieren wir die Diskussion dieser Schritte erneut anhand der Datei *config.xml* der *Lieferant*-Extension.

Der erste Schritt besteht darin, einen neuen Router für das Admin-Panel anzulegen, über den Sie auf das neue Admin-Grid zugreifen können. Wie Sie bereits in Kapitel 2, im Abschnitt »Rewrites«, auf Seite 30 gelesen haben, handelt es sich dabei um eine Zuordnung zwischen dem URL-Parameter und dem für die Verarbeitung zuständigen Controller. Dies bedeutet, dass sich im Admin-Panel hinter der URL *admin/webkochshop_lieferant/index* das neue Grid verbergen wird. In diesem Zusammenhang ist eine Stelle der Datei *config.xml* von Bedeutung:

```
<admin>
    <routers>
        <adminhtml>
            <args>
                <modules>
                    <lieferant before="Mage_Adminhtml">Webkochshop_Lieferant_
                        Adminhtml</lieferant>
```

```
            </modules>
        </args>
      </adminhtml>
    </routers>
  </admin>
```

Hier überlagern wir Magentos internen *adminhtml*-Router mit unserem eigenen. Durch die verwendete Syntax weiß das System dann, dass es den zugehörigen Controller in *Webkochshop/Lieferant/controllers/Adminhtml/* der neuen Extension finden wird. Der Wert before="Mage_Adminhtml" sagt Magento, dass es zuerst in unserem Modul nach passenden Controllern suchen soll, bevor es dies im *Adminhtml*-Modul tut. Auf die gleiche Weise ist es möglich, Controller aus anderen Modulen zu überlagen.

Wie Sie in Kapitel 2 in aller Ausführlichkeit nachlesen können, handelt es sich bei Controllern vereinfacht gesagt um Steuerungseinheiten, die Benutzereingaben entgegennehmen bzw. berechnete Daten wieder zum Benutzer zurücksenden. Jede Aktion, die ein Nutzer ausführen kann, ist in einer separaten Methode des Controllers – der Action() – hinterlegt. Wenn Sie sich die Funktionalität des geplanten Grids für die Lieferantenadressen vor Augen führen, werden Sie sehen, dass eine Reihe von Actions nötig sind, um das Grid effizient nutzen zu können.

Stellvertretend sollen für den Controller in *Webkochshop/LieferantController.php* zwei Methoden näher erläutert werden:

```php
<?php

class Webkochshop_Lieferant_Adminhtml_Webkochshop_LieferantController
    extends Mage_Adminhtml_Controller_Action
{
    /**
     * Laden des Layout-XML, Setzen des aktiven Menüeintrags,
     * Aufbauen der Breadcrumb-Leiste
     *
     * @return Webkochshop_Lieferant_Adminhtml_Webkochshop_LieferantController
     */
    protected function _initAction()
    {
        $this->loadLayout();
        $this->_setActiveMenu('catalog/lieferant');
        $this->_addBreadcrumb(Mage::helper('adminhtml')->__('Catalog'),
            Mage::helper('lieferant')->__('Lieferant'));
        return $this;
    }

    /**
     * Ausgabe des Lieferanten-Grids
     */
    public function indexAction()
    {
        $this->_initAction();
        $this->renderLayout();
    }
```

Mithilfe von _initAction() bzw. indexAction() werden im Controller vorbereitende Maßnahmen getroffen, deren Ergebnis das Laden der Datei *lieferant.xml* (siehe »Blöcke und Templates«, auf Seite 82) und das Setzen eines aktiven Menüpunkts im zugehörigen Drop-down-Menü ist.

 Es hat den Anschein, als würde sich über den Ausdruck $this->_addBreadcrumb eine Breadcrumb-Leiste erzeugen lassen. Im *Adminhtml* gibt es diese jedoch in der aktuellen Version nicht. Vermutlich ist das noch ein Relikt aus einer älteren Version der Verwaltungsoberfläche. Vielleicht wird in Zukunft diese Information ja wieder ausgewertet werden.

Rufen Sie also die oben genannte URL auf, um das neue Admin-Grid zu sehen, werden diese beiden Actions aufgerufen, und die Auflistung wird angezeigt. Die anderen Actions newAction(), editAction(), saveAction() und deleteAction() kommen dann ins Spiel, wenn ein neuer Lieferant angezeigt, bearbeitet, gespeichert oder gelöscht werden soll.

11.3   Ein neues Admin-Grid aufbauen und gestalten

Problem

Ein neues Admin-Grid soll Ihren Vorstellungen entsprechend aufgebaut und gestaltet werden.

Lösung

In der Layout-XML-Datei werden die Blockklassen definiert, die das Grid überhaupt ausmachen. Die Gestaltung des Grids (z.B. welche Spalten angezeigt werden sollen, welche Schaltflächen es gibt usw.) findet dann in den Blockklassen statt.

Diskussion

In Rezept 11.2, »Eine Datentabelle über ein eigenes Admin-Grid bearbeiten«, auf Seite 242, konnten Sie bereits nachlesen, welche Logik hinter der Erstellung eines neuen Admin-Grids steckt. Gegen ein gewisses Maß an Layout zur Darstellung des Grids ist aber sicherlich auch nichts einzuwenden. In diesem Zusammenhang finden Sie – wie so oft bei der Magento-Entwicklung – erste Hinweise in der Konfigurationsdatei *config.xml*:

```
<!-- ... -->
    <adminhtml>
        <layout>
            <updates>
                <lieferant>
                    <file>lieferant.xml</file>
                </lieferant>
            </updates>
```

```
        </layout>
    </adminhtml>
```

Dem neuen Admin-Grid liegt eine eigene Layoutdatei zugrunde, die sich um die Anordnung der Blocks kümmert. Diese finden Sie, wie es der Knoten <adminhtml> schon andeutet, im Verzeichnis *app/design/adminhtml/* statt unter *app/design/frontend* und besteht aus den folgenden Anweisungen:

```xml
<?xml version="1.0" encoding="UTF-8"?>
<layout version="0.1.0">

    <adminhtml_webkochshop_lieferant_index>
        <reference name="content">
            <block type="lieferant/adminhtml_webkochshop_lieferant" name="lieferant" />
        </reference>
    </adminhtml_webkochshop_lieferant_index>

    <adminhtml_webkochshop_lieferant_edit>
        <reference name="left">
            <block type="lieferant/adminhtml_webkochshop_lieferant_edit_tabs"
                name="lieferant_left" />
        </reference>
        <reference name="content">
            <block type="lieferant/adminhtml_webkochshop_lieferant_edit"
                name="lieferant_content" />
        </reference>
    </adminhtml_webkochshop_lieferant_edit>
</layout>
```

Wenn Sie den Erklärungen in Kapitel 4 folgen konnten, wird Ihnen diese Struktur keine schlaflosen Nächte bereiten, handelt es sich dabei doch um nichts anderes als verschiedene neue Update-Handles. Diese werden mit eigenen Blöcken gefüllt, um die neuen Benutzerschnittstellen darstellen zu können. Die Vorgehensweise ist dabei folgende: Das Handle <adminhtml_webkochshop_lieferant_index> enthält ein Update, über das ein neuer Block vom Typ lieferant/adminhtml_webkochshop_lieferant in den Inhaltsblock content eingefügt wird. Es gilt demnach auch hier die Aufteilung *Modul_Controller_Action*:

- Modul: *Adminhtml*
- Controller: *Webkochshop_Lieferant*
- Action: *Index*

Besuchen Sie im Admin-Panel die URL zur Übersicht der Lieferanten, wird das Grid im Hauptinhaltsbereich durch diese Blockklasse aufgebaut. Um dem Geheimnis des Grids noch genauer auf die Spur zu kommen, sehen wir uns diesen Block etwas genauer an:

```php
<?php

class Webkochshop_Lieferant_Block_Adminhtml_Webkochshop_Lieferant
    extends Mage_Adminhtml_Block_Widget_Grid_Container
{
```

```php
public function __construct()
{
    /*
     * Aus _blockGroup und _controller wird der Name der Grid-Klasse erzeugt:
     * $this->getLayout()->createBlock(
     *     $this->_blockGroup . '/' . $this->_controller . '_grid',
     * in diesem Beispiel also lieferant/adminhtml_webkochshop_lieferant_grid
     */
    $this->_blockGroup = 'lieferant';
    $this->_controller = 'adminhtml_webkochshop_lieferant';

    $this->_headerText = Mage::helper('lieferant')
                              ->__('Lieferanten verwalten');
    $this->_addButtonLabel = Mage::helper('lieferant')
                              ->__('Lieferant hinzufügen');

    parent::__construct();
}
}
```

Der Container liefert den Rahmen für das Grid, also auch die Buttons oben und den Seitentitel. Das Grid selbst ist nur die Tabelle. Die eigentliche Formatierung des Grids geschieht in folgender Methode der Klasse Webkochshop_Lieferant_Block_Adminhtml_Webkochshop_Lieferant_Grid:

```php
/**
 * Festlegen der Grid-Spalten und welche Werte dafür verwendet werden sollen
 *
 * @return Webkochshop_Lieferant_Block_Adminhtml_Webkochshop_Lieferant_Grid
 */
protected function _prepareColumns()
{
$this->addColumn('lieferant_id', array(
    'header' => Mage::helper('lieferant')->__('ID'),
    'align' => 'right',
    'width' => '50px',
    'index' => 'entity_id',
));
$this->addColumn('firma', array(
    'header' => Mage::helper('lieferant')->__('Firma'),
    'align' => 'left',
    'index' => 'firma',
));
$this->addColumn('vorname', array(
    'header' => Mage::helper('lieferant')->__('Vorname'),
    'align' => 'left',
    'index' => 'vorname',
));
$this->addColumn('nachname', array(
    'header' => Mage::helper('lieferant')->__('Nachname'),
    'align' => 'left',
    'index' => 'nachname',
));
```

```
$this->addColumn('email', array(
    'header' => Mage::helper('lieferant')->__('Email'),
    'align' => 'left',
    'index' => 'email',
));
$this->addColumn('note', array(
    'header' => Mage::helper('lieferant')->__('Notiz'),
    'align' => 'left',
    'index' => 'note',

    /*
     * Da das Notizfeld sehr lang werden könnte, ist es sinnvoll,
     * die Ausgabe anzupassen.
     */
    'renderer' => 'adminhtml/widget_grid_column_renderer_longtext',
    /*
     * Renderer-Optionen:
     */
    'truncate' => 80,
    'escape' => true,
    'nl2br' => true,
));
$this->addColumn('action', array(
    'header' => Mage::helper('adminhtml')->__('Action'),
    'width' => '100px',
    'type' => 'action',
    'getter' => 'getId',
    'actions' => array(
        array(
            'caption' => Mage::helper('adminhtml')->__('Edit'),
            'url' => array('base' => '*/*/edit'),
            'field' => 'id',
        ),
    ),
    'filter' => false,
    'sortable' => false,
    'index' => 'stores',
    'is_system' => true,
));
parent::_prepareColumns();
return $this;
}
```

Neue Spalten für das Grid werden also über die Methode `$this->addColumn()` hinzugefügt und über ein Array parametrisiert. Damit lassen sich beispielsweise die Ausrichtung
innerhalb der Tabellenzelle und die Spaltenbreite konfigurieren. Beachten Sie in diesem
Zusammenhang, wie die Spaltenüberschriften mithilfe des Unterstrich-Unterstrich-Hel-
pers übersetzt werden.

 Im Notizfeld haben wir einen neuen sogenannten *Renderer* eingefügt, da bei langen Notizen die Standardformatierung zu unschönen Anzeigeergebnissen führen würde. Auf das Anlegen eines neuen Renderes gehen wir in Rezept 11.4, »Einen speziellen Renderer für ein Grid einbinden «, auf Seite 248, ein.

Die letzte Spalte dieses Grids enthält sozusagen seine Systembestandteile, d.h., hier wird die Schnittstelle eingebaut, mit deren Hilfe die Benutzer die einzelnen Datensätze ansehen und bearbeiten können.

Weitere Bestandteile der neuen Benutzerschnittstelle für die *Lieferant*-Extension finden sich in folgenden Klassen:

`Webkochshop_Lieferant_Block_Adminhtml_Webkochshop_Lieferant_Edit_Form`
Stellt eine Art Container dar, in dem die Inhalte der einzelnen Tabs zusammengefasst werden.

`Webkochshop_Lieferant_Block_Adminhtml_Webkochshop_Lieferant_Edit_Tabs`
Hier finden Sie den Container für die Navigation auf der linken Seite (in unserem Beispiel handelt es sich dabei nur um ein Tab).

`Webkochshop_Lieferant_Block_Adminhtml_Webkochshop_Lieferant_Edit_Tab_Form`
Hierbei handelt es sich um den Block für das eigentliche Formular, in dem auch das Drop-down-Menü für die Auswahl des Geltungsbereichs untergebracht ist.

Das fertig konfigurierte Grid sieht aus wie in Abbildung 11-1 dargestellt:

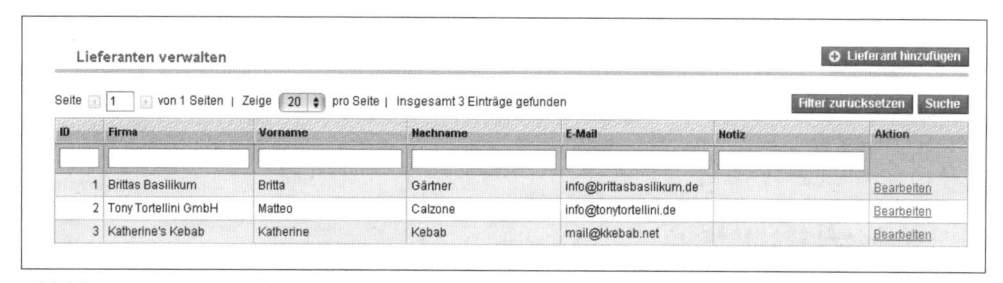

Abbildung 11-1: Das neu konfigurierte Admin-Grid

11.4   Einen speziellen Renderer für ein Grid einbinden

Problem

Wenn Sie den Standard-Renderer zum Anzeigen von Informationen innerhalb eines Admin-Grids verwenden, hat die Ausgabe nicht die von Ihnen gewünschte Form.

Lösung

Binden Sie einen Renderer, der die Ausgabe in die von Ihnen gewünschte Form bringt, in die anzeigende Blockklasse ein.

Diskussion

In Rezept 11.3, »Ein neues Admin-Grid aufbauen und gestalten«, auf Seite 244, haben Sie bereits gesehen, wie Sie die Blockklasse `Webkochshop_Lieferant_Block_Adminhtml_ Webkochshop_Lieferant_Grid` einsetzen, um das neue Grid zu realisieren. Darin haben wir bereits mithilfe des folgenden Codeschnipsels einen neuen Renderer eingesetzt:

```
'renderer' => 'adminhtml/widget_grid_column_renderer_longtext',
/*
 * Renderer-Optionen:
 */
'truncate' => 80,
'escape' => true,
'nl2br' => true,
));
```

Der hier verwendete Renderer ist im Dateisystem unter */app/code/core/Mage/Adminhtml/ Block/Widget/Grid/Column/Renderer/Longtext.php* gespeichert. Im Renderer-Verzeichnis findet sich noch eine ganze Reihe von Renderern, die Sie für Ihr Grid einsetzen können, wie beispielsweise *Checkbox*, *Currency*, *Price*, *Radio* oder *Select*. Sollte Magento keinen für Ihren Anwendungsfall passenden Renderer anbieten, können Sie auch einen eigenen schreiben: Hierzu erstellen Sie für Ihre Extension einen eigenen Block nach dem Muster eines Core-Renderers.

Sie sehen, dass sich der Renderer so parametrisieren lässt, dass er zum Datentyp passt, den Sie mit ihm und durch ihn anzeigen möchten. Im obigen Beispiel konfigurieren Sie ihn so, dass er auf 80 Zeichen gekürzt wird (längere Texte würden Ihr neues Admin-Grid auf die Dauer unbenutzbar machen), dass HTML escaped wird (d.h., HTML-Tags werden ganz normal wiedergegeben) und sämtliche Zeilenumbrüche in `<br>`-Zeilenumbrüche umgewandelt werden.

 Den Renderern in ihrer Funktionsweise sehr ähnlich sind die sogenannten *Spaltenfilter*, die unter */app/code/core/Mage/Adminhtml/Block/Widget/Grid/ Column/Filter/* gespeichert sind. Im Gegensatz zu einem Renderer sorgt ein Filter dabei jedoch nicht für die eigentliche Ausgabe in den Spalten, sondern reichert das Grid mit funktional unterschiedlichen Filtermöglichkeiten an, die über der Spalte im Tabellenkopf angezeigt werden. Bei Texten wird beispielsweise ein Textfeld angezeigt, um nach bestimmten Inhalten zu suchen, bei Datumsfiltern werden ein Von- und ein Bis-Feld als Auswahlfelder benutzt, um die Datensätze im Grid auf einen bestimmten Zeitraum einzuschränken.

11.5 Einen neuen Eintrag in der Navigation des Admin-Panels anlegen

Problem

Sie möchten das Admin-Panel so erweitern, dass in der Menünavigation des Admin-Panels ein neuer Eintrag hinzukommt, der auf Ihr eigenes Modul – oder Ihr eigenes Grid – verweist.

Lösung

Mithilfe einer entsprechenden XML-Konfigurationsdatei für das Admin-Panel können Sie auf einfache Weise den gewünschten Menüpunkt hinzufügen und im gleichen Atemzug die *ACL* (Access Control Lists) so anpassen, dass Ihr Admin-User auch auf diesen Eintrag zugreifen kann.

Diskussion

Im *etc*-Verzeichnis der *Lieferant*-Extension finden Sie eine Datei namens *admin.xml*, die die benötigten Konfigurationsmöglichkeiten enthält.

 Bis zur Magento-Version 1.3 wurde diese Information in den *config.xml*-Dateien gepflegt, deswegen findet man in vielen Modulen auf Magento-Connect diese Konfiguration noch dort.

Zunächst sehen wir uns an, auf welche Weise der eigentliche Menüeintrag erstellt wird:

```xml
<?xml version="1.0" ?>
<config>
    <menu>
        <catalog>
            <children>
                <lieferant translate="title" module="lieferant">
                    <title>Lieferanten verwalten</title>
                    <sort_order>500</sort_order>
                    <action>adminhtml/webkochshop_lieferant</action>
                </lieferant>
            </children>
        </catalog>
    </menu>
<!-- ... -->
```

Wenn Sie schon einige Rezepte dieses Buchs durchgearbeitet haben, wird Ihnen dieser Aufbau grundsätzlich bekannt vorkommen. Analog beispielsweise zur Konfigurationsdatei einer jeden Extension – der oft erwähnten *config.xml* – wird auch hier mithilfe einer hierarchisch aufgebauten XML-Datei die gewünschte Konfiguration dargestellt. In unserem Beispiel besagt der Knoten <catalog>, dass Sie sich einen Eintrag im Katalog-Drop-down-Menü wünschen. Außerdem teilen Sie dem Menü mit dem Knoten <title> unmissverständlich mit, den neuen Eintrag *Lieferanten verwalten* zu nennen und ihn an 500. Stelle im Menü einzuordnen. Die Konfiguration beenden Sie mit der Information darüber, welche <action> beim Klick auf diesen Menüeintrag ausgeführt werden soll; in unserem Beispiel ist das der Router bzw. Controller *adminhtml/webkochshop_lieferant*, auf den wir in Rezept 11.2, »Eine Datentabelle über ein eigenes Admin-Grid bearbeiten«, auf Seite 242, im Detail eingegangen sind.

Der neue Menüeintrag ist erstellt, zum neuen Navigationsglück fehlt lediglich noch eine Erweiterung der ACL, um auf diesen überhaupt zugreifen zu können. Hierzu müssen Sie nicht lange suchen, sondern können das in der gleichen Datei erledigen:

```
<!-- ... -->
<acl>
    <resources>
        <admin>
            <children>
                <catalog>
                    <children>
                        <lieferant translate="title" module="lieferant">
                            <title>Lieferanten verwalten</title>
                            <sort_order>500</sort_order>
                        </lieferant>
                    </children>
                </catalog>
                <system>
                    <children>
                        <config>
                            <children>
                                <lieferant translate="title" module="lieferant">
                                    <title>Lieferanten</title>
                                </lieferant>
                            </children>
                        </config>
                    </children>
                </system>
            </children>
        </admin>
    </resources>
</acl>
```

Möglicherweise fragen Sie sich, warum unter dem Knoten catalog/children/ erneut der Titel und die Sortierreihenfolge eingetragen werden, obwohl Sie in der Datei *admin.xml* bereits einen ganz ähnlichen Schritt erledigt haben. Die Antwort ist einfach: Im oben genannten Beispiel bestimmen Sie, wie der neue Eintrag in der ACL-Ansicht unter *System → Berechtigungen → Gruppenberechtigungen* dargestellt wird (siehe Abbildung 11-2), in der *admin.xml* hingegen tragen Sie die Werte ein, die zum Rendern des Menüs verwendet werden. Der Eintrag unter system/children sorgt dafür, dass die ACL auch das neue Tab in der Systemkonfiguration abdeckt (siehe *system.xml*).

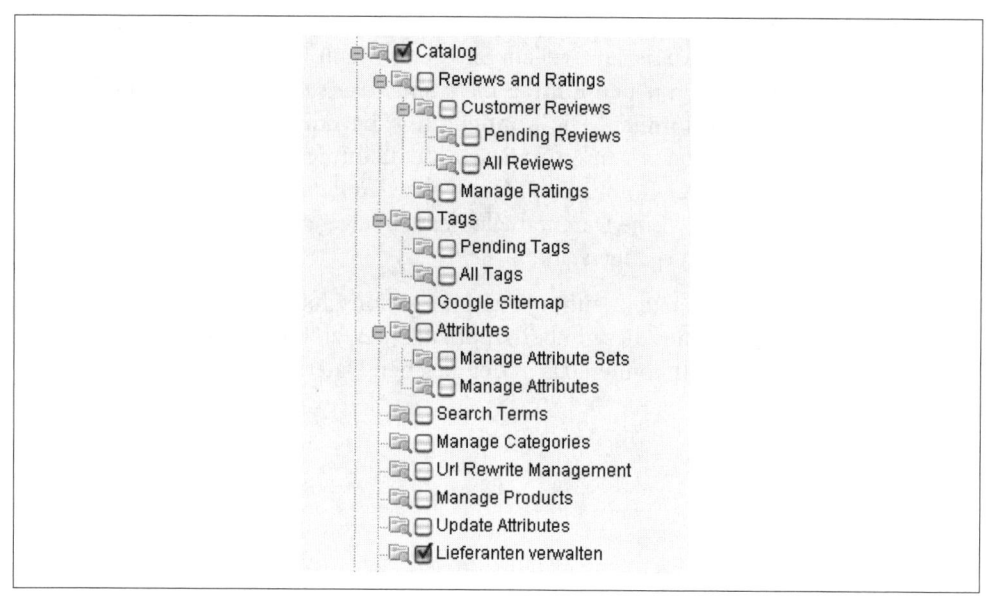

Abbildung 11-2: Verwaltung der ACL im Admin-Panel

Voilà! Mit dieser Konstruktion sorgen Sie dafür, dass ein Benutzer den neuen Menüeintrag – beziehungsweise das, was sich dahinter verbirgt – auch erreichen kann und ein Menü sieht, wie es in Abbildung 11-3 dargestellt ist:

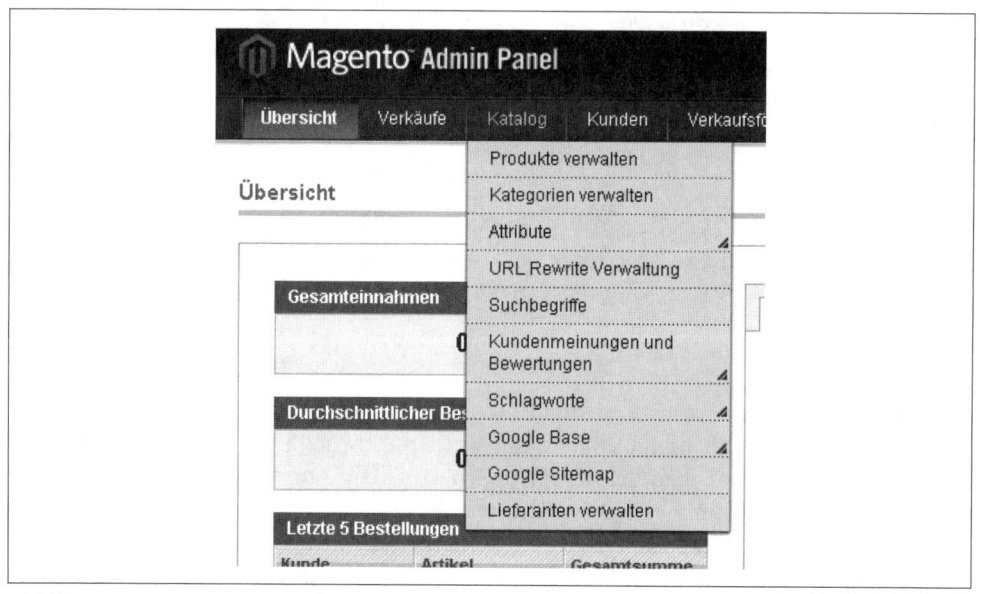

Abbildung 11-3: Mit ein paar Zeilen XML haben Sie einen neuen Menüeintrag erstellt und gleichzeitig die Rechtevergabe angepasst.

11.6 Ein neues Produktattribut über ein Update-Skript anlegen

Problem

Sie möchten den Eintrag eines neuen Datentyps als Attribut an ein Produkt anbinden.

Lösung

Mithilfe eines Update-Skripts wird der Entität *catalog_product* ein neues Attribut zugewiesen.

Diskussion

Im ersten Schritt fügen wir über ein Update-Skript der Entity *catalog_product* ein neues Attribut hinzu, das den Verweis auf die Lieferanten-Entität enthält. Anders ausgedrückt, schaffen wir die Möglichkeit, Produkte und Lieferanten dadurch zu verknüpfen, dass in einem Drop-down-Menü innerhalb der Produktverwaltung alle eingetragenen Lieferanten enthalten sind und die Zuweisung bequem gespeichert werden kann. Das Update-Skript ist unter *sql/lieferant_setup/mysql4-upgrade-0.1.0-0.1.1.php* abgelegt:

```php
<?php

/**
 * @var $installer Mage_Catalog_Model_Resource_Eav_Mysql4_Setup
 */
$installer = Mage::getResourceModel('catalog/setup', 'default_write');

$installer->startSetup();

$installer->addAttribute('catalog_product', 'lieferant', array(
    'type'     => 'int',
    'input'    => 'select',
    'label'    => 'Lieferant',
    'required' => 0,
    'source'   => 'lieferant/entity_attribute_source_lieferant',
));

$installer->endSetup();
```

In diesem kurzen Beispiel fällt Ihnen möglicherweise auf, dass die Setup-Klasse anders als in vergleichbaren Rezepten angewendet wurde. In den anderen Beispielen wurde diese Klasse in der Datei *config.xml* festgelegt. Hier wird allerdings direkt eine Instanz der benötigten Setup-Klasse erzeugt. Diese Vorgehensweise ist in diesem Szenario einfacher zu implementieren, da die Alternative wäre, eine zweite Setup-Resource in der *config.xml* zu definieren, die die benötigte Setup-Klasse verwendet.

Source-Models

Die sogenannten Source-Models liefern vereinfacht gesagt Listen von Optionen für Drop-down- und Multiselect-Eingaben. Ein Beispiel für ein einfaches Source-Model für die Systemkonfiguration ist */app/code/core/Mage/Adminhtml/Model/System/Config/Source/ Enabledisable.php*:

```
class Mage_Adminhtml_Model_System_Config_Source_Enabledisable
{
    public function toOptionArray()
    {
        return array(
            array('value'=>1, 'label'=>Mage::helper('adminhtml')->__('Enable')),
            array('value'=>0, 'label'=>Mage::helper('adminhtml')->__('Disable')),
        );
    }
}
```

Anhand dieses Beispiels können Sie das Format des Rückgabe-Arrays deutlich erkennen. Falls Sie also innerhalb einer neuen Extension eine Konfigurationsmöglichkeit integrieren möchten, die eine Auswahlmöglichkeit *Aktiviert/Deaktiviert* beinhalten soll, greifen Sie auf dieses grundlegende Source-Model zurück. Bei Produkt- und Kategorieattributen (im Unterschied zu den Source-Models der Systemkonfiguration) kommen noch drei Methoden für die Flat-Catalog-Generierung hinzu. Ein Beispiel hierfür ist */app/code/core/Mage/ Eav/Model/Entity/Attribute/Source/Boolean.php*.

Magento liefert eine ganze Reihe von Source-Models mit, einen Überblick darüber können Sie sich verschaffen, indem Sie einen Blick in die Verzeichnisse werfen, in denen die beiden obigen Beispiele liegen. Wenn das nicht ausreicht, ist es einfach, eigene Source-Models auf Basis eines vorhandenen zu erstellen.

Das neue Attribut namens lieferant wird aufgrund des verwendeten Source-Models (siehe dazu den Kasten »Source-Models«) als Drop-down-Menü dargestellt, speist sich aus der ebenfalls gerade angelegten Lieferanten-Entity-Tabelle und ist kein Pflichtfeld, wie Sie in Abbildung 11-4 erkennen können:

Auf diese Weise verknüpfen Sie demnach Produkte und Lieferanten und sind damit der vollständigen Funktionalität der *Lieferant*-Extension einen weiteren Schritt nähergekommen.

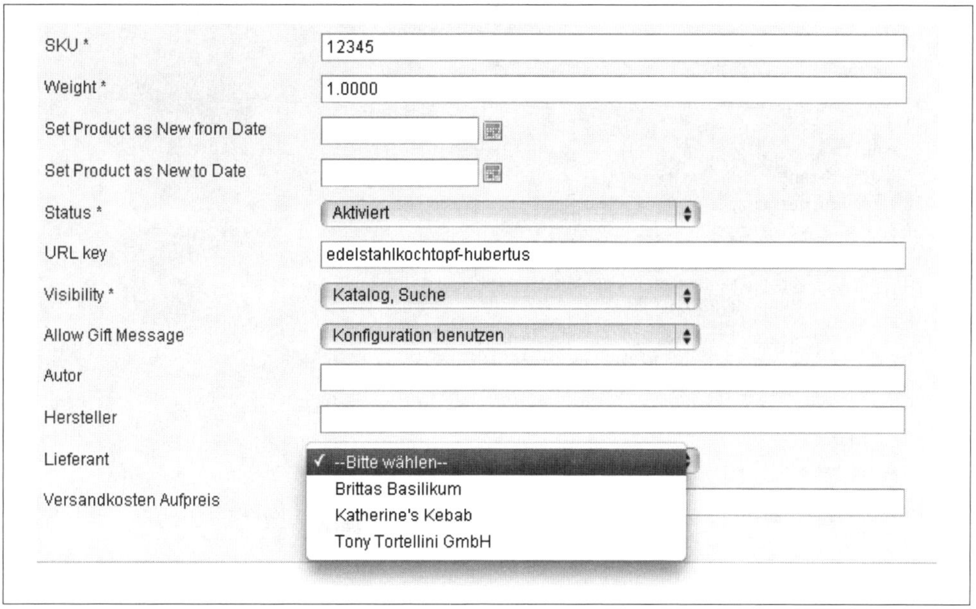

Abbildung 11-4: Wählen Sie einen Lieferanten für ein bestimmtes Produkt aus

11.7 Ein neues E-Mail-Template im Admin-Panel erstellen und pflegen

Problem

Ihre Extension macht es erforderlich, automatisierte E-Mails zu verwenden, die auf einem eigenen E-Mail-Template basieren.

Lösung

Das eigentliche Template wird in *config/global/template/email/lieferant_order_email_template* eingebunden. In *config/default/lieferant* wird die Standardeinstellung für die Systemkonfiguration festgelegt.

Diskussion

Öffnen Sie zunächst die Datei *config.xml*, um die Standardeinstellung festzulegen:

```
<template>
    <email>
        <lieferant_order_email_template translate="label" module="lieferant">
            <label>Lieferant Order Email</label>
            <file>webkochshop/lieferant/order.html</file>
```

```
            <type>html</type>
        </lieferant_order_email_template>
    </email>
</template>
<!-- ... -->
<default>
    <lieferant>
        <order_email>
            <identity></identity>
            <template>lieferant_order_email_template</template>
            <copy_method>bcc</copy_method>
            <copy_to></copy_to>
            <cron_time>18,0,0</cron_time>
            <cron_frequency>D</cron_frequency>
        </order_email>
    </lieferant>
    </default>
<!-- ... -->
```

Die einzelnen Knoten in diesem Beispiel bewirken für unsere *Lieferant*-Extension Folgendes:

identity

Hier legen Sie fest, von welchem Kontakt die neue E-Mail versendet werden soll. Wird der Knoten wie in unserem Beispiel nicht gefüllt, wird der Standardabsender verwendet.

template

Mithilfe dieser Konfigurationsmöglichkeit definieren Sie, welches Template für den Versand der neuen E-Mails verwendet werden soll.

copy_method

Legen Sie fest, mit welcher Methode mehr als ein Empfänger eine E-Mail erhält; in unserem Beispiel ist dies ein unsichtbarer Empfänger (bcc = blind carbon copy).

copy_to

An dieser Stelle ist es möglich, eine (optionale) Liste von E-Mail-Adressen einzutragen, an die jeweils Kopien der E-Mail verschickt werden sollen. Die Adressen müssen dabei durch Kommata voneinander getrennt werden.

cron_time

Dieser Eintrag bestimmt den Standardwert des Cron-gesteuerten Mailversands nach dem Muster Stunde, Minute, Sekunde. In unserem Beispiel werden die E-Mails also um 18 Uhr versendet. Bitte beachten Sie, dass die Konfigurationsschreibweise zwar den Eintrag für Sekunden vorsieht, diese Angabe durch Magentos Cron-Implementierung jedoch nicht ausgewertet wird.

cron_frequency

Last, but not least legen Sie hier fest, in welchen Zeitabständen der Versand geschieht. Hierbei steht D für täglich, es sind aber auch W für den wöchentlichen und M für den monatlichen Versand möglich.

Es ist wichtig, festzuhalten, dass alle diese Angaben in der Datei *config.xml* lediglich Standardwerte sind. Die Konfiguration wird über die Erweiterung der *system.xml* vorgenommen. Dabei kommt u.a. ein Source-Model zur Auswahl eines E-Mail-Templates zur Anwendung (das Source-Model wird durch den Magento-Core zur Verfügung gestellt). In Rezept 11.8, »Einen Cronjob in eine Extension integrieren«, auf Seite 258, werden wir uns noch im Detail mit Cron-gesteuerten Aktionen und ihrer Konfiguration beschäftigen.

Ist das neue Template auf diese Weise eingebunden, kann es auch schon in der Verwaltung der Transaktionsmails bearbeitet werden, wie Sie in Abbildung 11-5 erkennen können:

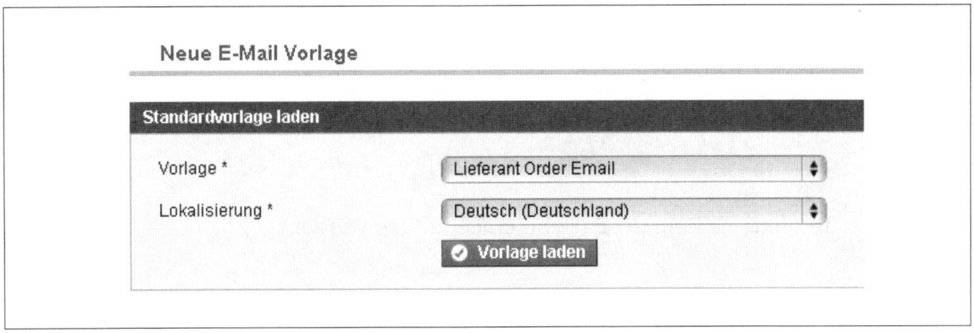

Neue E-Mail Vorlage

Standardvorlage laden

Vorlage * | Lieferant Order Email ⬍
Lokalisierung * | Deutsch (Deutschland) ⬍

✅ Vorlage laden

Abbildung 11-5: Bearbeiten eines neuen E-Mail-Templates im Admin-Panel

Was nun noch fehlt, ist das eigentliche E-Mail-Template, in das Sie bestimmte Formatierungen oder Textbausteine integrieren können. In unserer *Lieferant*-Extension soll dieses Template dazu dienen, an den Lieferanten eines oder mehrerer Produkte im Warenkorb eine Bestellübersicht zu versenden, die unabhängig von Magentos Standard-Bestellmails via Cron verschickt werden. Den zugehörigen Code finden Sie unter */app/design/frontend/ base/default/template/webkochshop/lieferant/email/items.php:*

```
<!-- // items start
<tr>
    <th><?php echo $this->__('Kunde') ?></th>
    <th><?php echo $this->__('Artikel') ?></th>
    <th><?php echo $this->__('SKU') ?></th>
    <th><?php echo $this->__('Anzahl') ?></th>
</tr>
<?php foreach ($this->getItems() as $_item): ?>
<tr>
    <?php if (! isset($_address)): ?>
    <?php $_address = $this->getAddress() ?>
    <td rowspan="<?php echo count($this->getItems())+1 ?>">
        <?php echo $_address ?>
    </td>
    <?php endif; ?>
    <td><?php echo $this->htmlEscape($_item->getName()) ?></td>
    <td><?php echo $this->htmlEscape($_item->getSku()) ?></td>
    <td style="text-align: right;"><?php echo intval($_item->getQty()) ?></td>
```

```
    </tr>
    <?php endforeach; ?>
    <tr>
        <td colspan="4"> </td>
    </tr>
    <!-- // items end -->
```

Sie sehen, wie auf diese Weise eine HTML-Konstruktion aufgebaut wird, die anschließend via E-Mail verschickt wird.

11.8   Einen Cronjob in eine Extension integrieren

Problem

Sie möchten innerhalb Ihre Extension zeitgesteuert ein Skript ausführen lassen.

Lösung

Es müssen Cron-Skripte konfiguriert und eingebunden werden.

Diskussion

Die Programmierarbeit beginnt wie so vieles im Magento-Leben in der Konfigurationsdatei *config.xml* der *Lieferant*-Extension, in der Sie unter anderem folgenden Eintrag finden:

```
<!-- ... -->
<crontab>
    <jobs>
        <lieferant_email>
            <!-- siehe Standardkonfiguration (weiter oben) unter -->
            <!-- default/lieferant/order_email/cron_time u. cron_frequency
            <schedule><cron_expr>18 0 * * *</cron_expr></schedule>
            <run>
                <model>lieferant/observer::scheduledLieferantenEmails</model>
            </run>
        </lieferant_email>
    </jobs>
</crontab>
<!-- ... -->
```

Nachdem Sie diesen Code eingefügt haben, wird in der internen Cron-Tabelle ein neuer Eintrag erstellt, der – so in diesem Beispiel – um 18 Uhr gestartet wird. Genauer gesagt, wird dabei die Methode aufgerufen, die im Knoten <run> eingetragen ist.

 Voraussetzung für die korrekte Ausführung von Cronjobs innerhalb von Magento ist, dass Sie die Crontabs Ihres Webservers so bearbeiten, dass das Haupt-Cron-Skript unter *ihrstore.de/cron.php* in regelmäßigen Abständen aufgerufen wird.

Die Methode `lieferant/observer::scheduledLieferantenEmails` sorgt im Wesentlichen dafür, dass die Lieferanten-E-Mails in regelmäßigen Abständen versendet werden.

Zu guter Letzt sehen wir uns noch gemeinsam die Erweiterung der Datei *system.xml* an. Diese erlaubt uns unter anderem, die Ausführungszeit der Cronjobs über die Systemkonfiguration anzupassen:

```
<order_email>
    <fields>
        <!-- ... -->
        <cron_frequency translate="label">
            <label>Interval zum Verschicken der Lieferanten-Emails</label>
            <frontend_type>select</frontend_type>
            <source_model>adminhtml/system_config_source_cron_frequency</source_model>
            <backend_model>lieferant/system_config_backend_lieferant_cron</backend_model>
            <sort_order>60</sort_order>
            <show_in_default>1</show_in_default>
            <show_in_website>0</show_in_website>
            <show_in_store>0</show_in_store>
        </cron_frequency>
    </fields>
</order_email>
```

Besonders interessant in diesem Codeschnipsel ist der Knoten `<backend_model>`. Wie es der Name schon vermuten lässt, verknüpfen wir auf diese Weise eine Model-Klasse, die uns dabei hilft, Konfigurationswerte über das Admin-Panel anzupassen, wie Sie in Abbildung 11-6 sehen können.

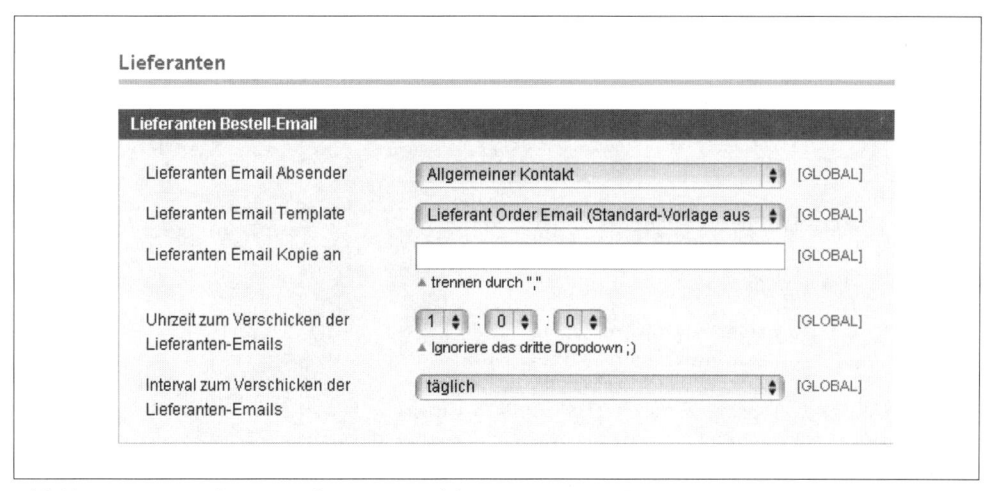

Abbildung 11-6: Konfigurieren der Cron-Ausführungszeiten

```
<?php

class Webkochshop_Lieferant_Model_System_Config_Backend_Lieferant_Cron
    extends Mage_Core_Model_Config_Data
{
```

```php
/**
 * @const string CRON_STRING_PATH Config-Pfad, unter dem der Cron-Ausdruck
 * gespeichert wird (in der Tabelle core_config_data)
 */
const CRON_STRING_PATH = 'crontab/jobs/lieferant_email/schedule/cron_expr';

/**
 * Speichern des konfigurierten Zeitpunkts für den Cronjob.
 */
protected function _afterSave()
{
    /*
     * Holen der unter System > Konfiguration eingestellten Parameter
     */
    $time = $this->getData('groups/order_email/fields/cron_time/value');
    $frequency =
        $this->getData('groups/order_email/fields/cron_frequncy/value');

    /*
     * Aufbau eines Cron-Ausdrucks
     */
    $frequencyDaily =
        Mage_Adminhtml_Model_System_Config_Source_Cron_Frequency::CRON_DAILY;
    $frequencyWeekly =
        Mage_Adminhtml_Model_System_Config_Source_Cron_Frequency::CRON_WEEKLY;
    $frequencyMonthly =
        Mage_Adminhtml_Model_System_Config_Source_Cron_Frequency::CRON_MONTHLY;

    $cronExprArray = array(
        intval($time[1]),                            # Minute
        intval($time[0]),                            # Stunde
        ($frequency == $frequencyMonthly) ? '1' : '*',  # Tag des Monats
        '*',                                         # Monat des Jahres
        ($frequency == $frequencyWeekly) ? '1' : '*',   # Tag der Woche
    );

    $cronExprString = join(' ', $cronExprArray);

    try
    {
        Mage::getModel('core/config_data')
            ->load(self::CRON_STRING_PATH, 'path')
            ->setValue($cronExprString)
            ->setPath(self::CRON_STRING_PATH)
            ->save();
    }
    catch (Exception $e)
    {
        throw new Exception(
            Mage::helper('cron')->__('Unable to save Cron expression')
        );
    }
}
```

```
        }
    }
```

In der _afterSave()-Methode wird der Cron-Ausdruck erstellt, der von Magentos interner Cron-Funktionalität gelesen und ausgeführt werden kann. Möchten Sie demnach die Ausführungszeiten Ihrer Extension verändern, die Sie als Standardwerte mittels der *config.xml* in die Datenbank geschrieben haben, nutzen Sie in der Systemkonfiguration diese Methode des Backend-Models.

Siehe auch

Den Code für das gesamte Lieferanten-Modul finden Sie im Download-Code im Archiv *Webkochshop_Lieferant-0.1.2.zip*.

Dieses Kapitel haben wir dazu genutzt, Ihnen verschiedene Möglichkeiten zu zeigen, wie Sie im und mit dem Admin-Panel arbeiten können. Wir sind hiermit auch am Ende des Rezept-Teils angekommen und hoffen, Ihnen mit unseren Praxisbeispielen einen guten Start in die Entwicklung von eigenen Magento-Funktionalitäten vermittelt zu haben.

Anhang

Dieser Anhang soll als Referenz dienen, um Ihnen die Arbeit mit Magento weiter zu erleichtern. Sie finden hier unter anderem eine Liste der möglichen Eigenschaftsparameter beim Anlegen von Attributen sowie weiterführende Informationen zum Erstellen von Payment-Modulen. Am besten überfliegen Sie dieses Kapitel jetzt nur und kehren zurück, wenn Sie mit einer konkreten Implementation beschäftigt sind.

Liste der Attributeigenschaften

Die möglichen Parameter für die Setup-Methoden `addAttribute()` und `upgradeAttribute()` sind zum Teil abhängig von der zugehörigen Entität. Ein Produktattribut hat zum Beispiel die Eigenschaft `is_searchable`, während Kundenattribute diese Eigenschaft nicht besitzen.

Wenn Sie eine Eigenschaft in einem `upgradeAttribute()`-Aufruf verwenden wollen, benutzen Sie den ganzen Eigenschaftscode (aus der ersten Spalte). In der Methode `addAttribute()` muss die abgekürzte Variante verwendet werden.

Tabelle A-1: Eigenschaftsparameter für addAttribute() und updateAttribute()

Eigenschaft	Parameter für addAttribute()	Beschreibung
Alle Entitäten		
`backend_model`	`backend`	Das Backend-Model ist verantwortlich für das Speichern und Laden der Attributwerte aus der Datenbank. Es stehen eine Reihe von Methoden zur Verfügung, mit denen bei Bedarf die Attributwerte bearbeitet werden können, wie zum Beispiel `beforeSave()` und `afterLoad()`. Alle Backend-Models vererben die Klasse `Mage_Eav_Model_Entity_Attribute_Backend_Abstract`.

Tabelle A-1: Eigenschaftsparameter für addAttribute() und updateAttribute() (Fortsetzung)

Eigenschaft	Parameter für addAttribute()	Beschreibung
backend_type	type	Bestimmt den Datentyp des Attributs. Es stehen die folgenden Typen zur Verfügung: `varchar`, `int`, `datetime`, `text`, `decimal` und `static`. `static` ist zu verwenden, wenn das Attribut in der Entität-Tabelle (im Gegensatz zu einer EAV-Value-Tabelle) gespeichert wird.
backend_table	table	Wenn die Werte des Attributs in eigenen Tabellen gespeichert werden sollen, wird das Präfix des Tabellennamens hier bestimmt.
frontend_model	frontend	Frontend-Models sind verantwortlich für die Formatierung der Ausgabe der Attributwerte. Dazu stehen Methoden zur Verfügung wie beispielsweise `getValue()` und `getLabel()`. Alle Frontend-Models vererben die Klasse `Mage_Eav_Model_Entity_Attribute_Frontend_Abstract`.
frontend_input	input	Eingabemethode für das Attribut. Von Haus aus unterstützt Magento folgende Werte, wobei manche der Eingabetypen nur für bestimmte Entitäten zur Verfügung stehen: `text`, `select`, `date`, `hidden`, `multiline`, `textarea`, `image`, `multiselect`, `price`, `media_image` und `gallery`.
frontend_label	label	Beschriftung des Eingabefelds im Magento-Admin-Panel.
frontend_class	frontend_class	CSS-Klasse, die dem HTML-Eingabefeld hinzugefügt wird. Es handelt sich also nicht um den Namen einer PHP-Klasse.
source_model	source	Ein Source Model liefert die möglichen Optionen für Select und Multiselect Attribute. Die dabei verwendete Methode ist vor allem `getAllOptions()`. Alle Source-Models vererben die Klasse `Mage_Eav_Model_Entity_Attribute_Source_Abstract`. Source-Models werden ausführlich in Kapitel 11 behandelt.
is_required	required	Wenn `is_required` auf den Wert 1 gesetzt wird, erzwingt das Admin-Interface eine Eingabe für das Attribut.
is_user_defined	user_defined	Wenn `is_user_defined` auf 1 gesetzt ist, muss auch die Eigenschaft `group` angegeben werden (s.u.), da ansonsten keine Zuweisung des Attributs zu dem Default-Attributset stattfindet. Bei `catalog_product`-Entitäten können `user_defined`-Attribute aus Attributsets entfernt werden.
default_value	default	Default-Wert für das Attribut.

Tabelle A-1: Eigenschaftsparameter für addAttribute() und updateAttribute() (Fortsetzung)

Eigenschaft	Parameter für addAttribute()	Beschreibung
is_unique	unique	Wenn is_unique auf den Wert 1 gesetzt ist, muss der Wert jeder Entität ein anderer sein (zum Beispiel muss jedes Produkt eine andere Artikelnummer haben).
note	note	Der Wert der note-Eigenschaft wird im Admin-Interface klein neben dem Eingabefeld für das Attribut angezeigt. So können dem Benutzer zusätzliche Information neben dem Attribut-Label angezeigt werden.
group	group	Die Gruppe innerhalb eines Attributsets, der das Attribut zugewiesen werden soll. Wenn is_user_defined (s.o.) auf 1 gesetzt ist, sollte hier eine Attributgruppe angegeben werden, da sonst keine automatische Zuweisung zu einem Attributset stattfindet. Mögliche Attributgruppen sind beispielsweise »General«, »Prices oder auch »Design«.
Customer-Entität		
is_visible	visible	Bestimmt ob das Attribut im Admin Panel in der Kunden-Eingabemaske sichtbar ist.
Product-Entität		
frontend_input_renderer	input_renderer	Bestimmt die Magento-Blockklasse zum Rendern des Eingabefelds im Admin-Panel. Dabei wird die Methode getElementHtml() verwendet.
is_global	global	Bestimmt den Geltungsbereich für die Attributwerte. Die möglichen Geltungsbereiche sind: Global: 1 Website: 2 Store View: 0
is_visible	visible	Bestimmt, ob das Attribut im Admin-Panel angezeigt wird.
is_searchable	searchable	Bestimmt, ob das Attribut von der Produktsuche berücksichtigt wird.
is_filterable	filterable	Bestimmt, ob das Attribut in der Filternavigation angezeigt wird. Dazu ist es notwendig, dass die is_global-Eigenschaft auf 1 gesetzt wird (globaler Geltungsbereich) und die Eigenschaft frontend_input einen der folgenden Werte hat: select, multiselect oder price.
is_comparable	comparable	Bestimmt, ob das Attribut in dem Produktvergleich angezeigt werden soll.
is_visible_on_front	visible_on_front	Bestimmt, ob das Attribut in der Attributliste auf der Produktdetailseite im Frontend angezeigt wird.

Tabelle A-1: Eigenschaftsparameter für addAttribute() und updateAttribute() (Fortsetzung)

Eigenschaft	Parameter für addAttribute()	Beschreibung
`is_wysiwyg_enabled`	`wysiwyg_enabled`	Bestimmt bei Attributen mit dem `frontend_input textarea`, ob der Rich Text Editor im Admin-Panel angezeigt werden soll.
`is_html_allowed_on_front`	`is_html_allowed_on_front`	Bestimmt, ob der Wert des Attributs bei Anzeige im Frontend mit `htmlspecialchars()` behandelt wird.
`is_visible_in_advanced_search`	`visible_in_advanced_search`	Bestimmt, ob das Attribut bei der erweiterten Suche im Frontend angezeigt wird.
`is_filterable_in_search`	`filterable_in_search`	Legt fest, ob das Attribut in der Filternavigation in den Suchergebnissen angezeigt wird. Dazu ist es notwendig, dass die Eigenschaft `is_global` auf 1 gesetzt ist (globaler Geltungsbereich) und `frontend_input` einen der folgenden Werte hat: `select`, `multiselect` oder `price`.
`used_in_product_listing`	`used_in_product_listing`	Bestimmt, ob die Werte des Attributs in der Produktlistenansicht geladen werden.
`used_for_sort_by`	`used_for_sort_by`	Bestimmt, ob Produktlisten im Frontend nach diesem Attribut sortiert werden. Das verwendete Theme muss diese Funktionalität unterstützen.
`apply_to`	`apply_to`	Liste der Produkttypen, bei denen dieses Attribut in der Admin-Panel-Eingabemaske zur Verfügung stehen soll. Wird dieses Attribut leer gelassen, steht es allen Produkttypen zur Verfügung. Die möglichen Produkttypen sind: `simple`, `configurable`, `virtual`, `bundle` und `downloadable`.
`position`	`position`	Bestimmt die Position des Attributs in Attributauflistungen. Dabei wird numerisch aufsteigend sortiert.
`is_configurable`	`is_configurable`	Bestimmt, ob das Attribut zum Anlegen von konfigurierbaren Produkten verwendet werden kann. Dazu muss die Eigenschaft `frontend_input` den Wert `select` haben.
Category-Entität		
`frontend_input_renderer`	`input_renderer`	Bestimmt die Magento-Blockklasse zum Rendern des Eingabefelds im Admin-Panel. Dabei wird die Methode `getElementHtml()` verwendet.
`is_global`	`global`	Bestimmt den Geltungsbereich für die Attributwerte. Die möglichen Geltungsbereiche sind: Global: 1 Website: 2 Store View: 0

Tabelle A-1: Eigenschaftsparameter für addAttribute() und updateAttribute() (Fortsetzung)

Eigenschaft	Parameter für addAttribute()	Beschreibung
is_visible	visible	Bestimmt, ob das Attribut im Admin-Panel angezeigt wird.
is_wysiwyg_enabled	wysiwyg_enabled	Bestimmt bei Attributen mit dem `frontend_input textarea`, ob der Rich Text Editor im Admin-Panel angezeigt werden soll.

Die Magento-Payment-API

Die folgende Referenz soll Ihnen bei der Implementierung von Zahlungsmodulen eine Hilfe sein. Sie baut auf dem kurzen Überblick auf, der in Kapitel 10 gegeben wurde. Zuerst werden hier ein paar Grundlagen behandelt, dann folgt ein Überblick über die verschiedenen Möglichkeiten, wie Payment-Module ihre Arbeit erledigen können. In einem Modul wird dabei in der Regel immer nur ein Verfahren eingesetzt (bzw. vom Zahlungsanbieter unterstützt), sie müssen also nie alle Varianten unterstützen.

Order-State und -Status

Auch erfahrene Payment-Modul-Programmierer anderer Shopsysteme sind anfangs häufig (zu Recht) verwirrt über die Unterscheidung von Order-State und Order-Status. Jede Order hat die Attribute *Status* und *State*. Für jeden möglichen State-Wert sind ein oder mehrere Status-Werte möglich. Diese Verknüpfung zwischen State und Status findet sich in der Konfigurationsdatenstrukur im Ast unter *global/sales/order/states*. In den meisten Fällen sind State und Status identisch. Tabelle A-2 zeigt, welche Kombinationen von State und Status möglich sind.

Tabelle A-2: Mögliche Kombinationen von State und Status

Order-State	Order-Status
STATE_NEW	pending
STATE_PENDING_PAYMENT	pending_payment
STATE_PENDING_PAYMENT	pending_paypal (obsolet) (mittlerweile wird immer der Status pending_payment verwendet, unabhängig von der verwendeten Zahlart)
STATE_PROCESSING	processing
STATE_COMPLETE	complete
STATE_CLOSED	closed
STATE_CANCELED	canceled
STATE_HOLDED	holded
STATE_HOLDED	fraud

Durch das Erweitern der Konfigurationsdatenstruktur lassen sich bei Bedarf einfach eigene States und Status hinzufügen.

In der Klasse `Mage_Sales_Model_Order` sind alle State-Konstanten definiert.

Konstante	Wert
Mage_Sales_Model_Order::STATE_NEW	new
Mage_Sales_Model_Order::STATE_PENDING_PAYMENT	pending_payment
Mage_Sales_Model_Order::STATE_PROCESSING	processing
Mage_Sales_Model_Order::STATE_COMPLETE	complete
Mage_Sales_Model_Order::STATE_CLOSED	closed
Mage_Sales_Model_Order::STATE_CANCELED	canceled
Mage_Sales_Model_Order::STATE_HOLDED	holded

Der Order-State bestimmt neben den möglichen Order-Status auch, ob eine Bestellung dem Kunden in seinem Profil angezeigt wird. Derzeit werden nur Bestellungen im STATE_PENDING_PAYMENT vor dem Kunden versteckt.

Ein Order-Model kann also die verschiedensten States und Status im Laufe seines Daseins annehmen. Dabei erledigt Magento die meisten Änderungen bezüglich State und Status automatisch. Wenn eine Order erzeugt wird, hat sie meistens den State STATE_NEW, möglicherweise auch STATE_PENDING_PAYMENT (abhängig von der Zahlungsmethode). Wird eine Invoice- oder ein Shipping-Instanz für die Order erzeugt, ändert sich der State der Order in STATE_PROCESSING. Ist die Bestellung komplett in Rechnung gestellt und alle Bestellpositionen sind verschickt, wird die Bestellung in den State STATE_COMPLETE gesetzt. Wenn dann auch noch der Gesamtbetrag dem Kunden erstattet wurde, kommt die Bestellung in den State STATECLOSED. Solange eine Bestellung nicht im State STATE_HOLDED, STATE_COMPLETE oder STATE_CLOSED ist, kann sie storniert werden und bekommt somit den State STATE_CANCELED. Eine Order kann in den State STATE_HOLDED gesetzt werden, sofern sie nicht im State STATE_CANCELED, STATE_COMPLETE oder STATE_CLOSED ist.

Diese Regeln lassen sich nur durch ein Überschreiben des Order-Models ändern. Solange eine Bestellung in einem State ist, kann der Status nach Belieben gesetzt werden. Wenn sich der State ändert, wird automatisch auch der Status geändert.

Payment-Method-Modelle

Jede Zahlart wird durch eine Model-Klasse repräsentiert, im Folgenden *Payment-Method-Model* oder *Zahlart-Model* genannt. Ein Zahlart-Model vererbt immer die abstrakte Klasse `Mage_Payment_Model_Method_Abstract`.

Payment-Module in Magento sollen mit den unterschiedlichsten Payment-Anbietern und Bezahlvarianten funktionieren, und entsprechend groß ist die Anzahl der Möglichkeiten.

Unsere Empfehlung ist, dieses Kapitel jetzt nur zu überfliegen. Wenn Sie sich konkret an die Umsetzung eines Bezahlmoduls machen möchten, können Sie zurückkehren und sich die passende Vorgehensweise heraussuchen.

Jedes Payment-Method-Model besitzt einen einzigartigen Code, der durch die Methode getCode() zurückgeliefert wird. In der Regel wird dazu einfach die Eigenschaft $_code auf dem Payment-Method-Model definiert. Der Payment-Method-Code wird zum Auslesen der Modulkonfiguration benutzt. Dazu dient die Methode getConfigData(). Die Konfiguration eines Payment-Moduls findet sich in der Konfigurationsstruktur unter *config/default/payment/[CODE]/*. Ob ein Model aktiv ist oder nicht, wird hinterlegt unter *.../payment/[CODE]/active*. Die Klasse, die die Zahlart repräsentiert, wird in dem Konfigurationsknoten *.../payment/[CODE]/model* erwartet.

Anzeige der Zahlart als Option beim Checkout

Damit eine Zahlart den Kunden im Checkout angezeigt werden kann, wird der Payment-Methode eine Blockklasse und ein dazugehöriges Template zugewiesen. Die Blockklasse zur Anzeige der Zahlart-Option beim Payment-Schritt des Checkouts wird in der Eigenschaft $_formBlockType festgelegt. Das Template für die Ausgabe wird üblicherweise in der _construct()-Methode der Blockklasse mit $this->setTemplate('mein/payment/form.phtml) zugewiesen.

In der Bestellübersicht und in der Progress-Bar beim Onepage-Checkout werden die Informationen zur ausgewählten Zahlart ebenfalls mithilfe einer Blockklasse angezeigt. Analog zu $_formBlockType wird in der Eigenschaftsvariable $_infoBlockType die Blockklasse festgelegt. Die Default-Klasse ist hierbei *payment/info*. Auch hier wird das Template in der _construct()-Methode spezifiziert. Allerdings reicht in diesem Fall meistens das Standard-Template für die Infoanzeige: *payment/info/default.phtml*. Sollte Ihr Bezahlmodul komplexe Daten anzeigen, können Sie natürlich auch ein eigenes Template erstellen.

Methoden und Eigenschaften der Magento-Payment-API

Jedes Payment-Method-Model muss die abstrakte Klasse Mage_Payment_Model_Method_Abstract vererben. Es müssen jeweils nur die Methoden und Eigenschaften implementiert werden, die auch tatsächlich von dem Bezahlmodul unterstützt werden bzw. sich von dem Default unterscheiden. Verwendet ein Payment-Model zum Beispiel die capture()-Methode nicht, kann diese einfach weggelassen werden – die Deklaration aus der abstrakten Klasse wird dann benutzt. Die folgenden Eigenschaften von Payment-Method-Models spezifizieren die unterstützten Features.

Payment-Model-Eigenschaften

Wenn Ihr Modul also beispielsweise die Rückerstattung von Zahlungen unterstützt, setzen Sie die Eigenschaftsvariable $_canRefund des Zahlart-Models auf true. Es müssen nur die Eigenschaften in Ihrer Payment-Klasse überschrieben werden, die sich von den Default-Werten in der Elternklasse unterscheiden. In der folgenden Referenz ist der Default-Wert für die jeweilige Eigenschaft angegeben.

protected $_canAuthorize = false;

Flag-Indikator, der angibt, ob das Zahlart-Model authorize() unterstützt.

protected $_ canCapture = false;

Flag-Indikator, der angibt, ob das Zahlart-Model capture() unterstützt

protected $_ canCapturePartial = false;

Flag-Indikator, der angibt, ob das Zahlart-Model die Zahlung von Teilbeträgen unterstützt.

protected $_canRefund = false;

Flag-Indikator, der angibt, ob das Zahlart-Model refund() unterstützt.

protected $_ canRefundInvoicePartial = false;

Flag-Indikator, der angibt, ob das Zahlart-Model die Rückzahlung von Teilbeträgen unterstützt.

protected $_canUseCheckout = true;

Flag-Indikator, der angibt, ob die Zahlart im Onepage-Checkout dem Kunden angeboten werden soll.

protected $_canUseForMultishipping = true;

Flag-Indikator, der angibt, ob das Zahlart-Model im Multishipping-Checkout verwendet werden kann. Es können nur Payment-Module im Multishipping-Checkout verwendet werden, bei denen der Kunde nicht auf die Seite des Zahlungsanbieters weitergeleitet wird.

protected $_canUseInternal = false;

Flag-Indikator, der angibt, ob das Zahlart-Model bei Bestellungen im Admin-Panel, also ohne dass der Kunde selbst anwesend ist, verwendet werden kann (zum Beispiel für Kreditkartenzahlungen bei Bestellungen über das Telefon).

protected $_canVoid = false;

Flag-Indikator, der angibt, ob das Zahlart-Model void() unterstützt.

protected $_isGateway = false;

Wenn die Zahlung online, also automatisch ausgeführt werden kann, muss das $_isGateway-Flag auf true gestellt werden. Um Payment-Module zu implementieren, bei denen kein automatisches Capture erfolgt, die Invoice aber als bezahlt markiert werden sollen, muss $_isGateway auf false und $_canCapture ebenfalls auf false gesetzt werden.

protected $_isInitializeNeeded = true;

Flag-Indikator, der angibt, ob initialize() auf der Zahlart beim Erstellen der Order aufgerufen werden soll.

Payment-Model-Methoden

public function assignData($data)

Parameter	Array oder Varien_Object, $data
Rückgabe	Mage_Payment_Model_Method_Abstract $this

Zweck dieser Methode ist das Setzen der Payment-Daten des Kunden auf der Payment-Info-Instanz. In der Regel kann die Deklaration der Methode aus der abstrakten Elternklasse verwendet werden.

public function authorize(Varien_Object $payment, $amount)

Parameter	Varien_Object, $payment (meistens vom Typ Mage_Payment_Model_Info) Float, $amount
Rückgabe	Mage_Payment_Model_Method_Abstract, $this

Wird nur aufgerufen, wenn isInitializeNeeded() den Wert false und getConfigPaymentAction() den Wert Mage_Payment_Model_Method_Abstract::ACTION_AUTHORIZE zurückliefert. Meistens genutzt bei Zahlungsarten ohne Redirect des Kunden auf die Seiten des Providers. Genutzt wird `authorize()` zur Autorisierung des übergebenen Betrags. Die eigentliche Zahlung (capture) wird jedoch noch nicht durchgeführt.

public function cancel(Varien_Object $payment) und public function void(Varien_Object $payment)

Parameter	`Varien_Object, $payment` (meistens vom Typ `Mage_Payment_Model_Info`)
Rückgabe	`Mage_Payment_Model_Method_Abstract, $this`

Die Methoden `cancel()` und `void()` werden bei den meisten Payment-Modulen synonym behandelt. Häufig ist nur eine der beiden Methoden implementiert, und die andere gibt den Aufruf einfach an die implementierte weiter. Wenn ein funktionaler Unterschied zwischen den beiden besteht, ist dieser aus dem Magento-Quellcode nicht eindeutig ersichtlich.

Werden `cancel()` oder `void()` aufgerufen, soll, wenn möglich, der komplette Bezahlvorgang (bzw. die Autorisierung wenn noch keine Zahlung vorgenommen wurde) rückgängig gemacht werden.

public function canUseForCountry($country)

Parameter	String, zweistelliger ISO-Ländercode, `$country`, z.B. DE
Rückgabe	Boolean

In der Regel wird diese Funktionalität durch die Methode in der abstrakten Payment-Method-Klasse abgedeckt, welche die Systemkonfigurations-Knoten des Moduls *allowspecific* und *specificcountry* auswertet.

public function canUseForCurrency($currencyCode)

Parameter	String, dreistelliger Währungscode `$currencyCode`, z.B. EUR
Rückgabe	Boolean

Wenn eine Bezahlmethode nur mit ausgewählten Währungen erlaubt ist, kann in dieser Methode eine entsprechende Einschränkung erfolgen.

public function capture(Varien_Object $payment, $amount)

Parameter	`Varien_Object, $payment` (meistens vom Typ `Mage_Payment_Model_Info`) Float, `$amount`
Rückgabe	`Mage_Payment_Model_Method_Abstract, $this`

Wird nur aufgerufen, wenn `isInitializeNeeded()` den Wert false und `getConfigPaymentAction()` den Wert `Mage_Payment_Model_Method_Abstract::ACTION_AUTHORIZE_CAPTURE` zurückliefert. In der Regel genutzt bei Bezahlarten ohne Redirect des Kunden auf die Seiten des Providers. Die capture()-Methode dient dazu, die Zahlung des übergebenen Betrags durchzuführen. Je nach Zahlungsanbieter muss das Payment-Method-Modul vorher die Autorisierung durch authorize() durchführen.

public function getCheckoutRedirectUrl()

Rückgabe   String, Redirect-URL oder
               Boolean, false

Gibt diese Methode einen Wert zurück, wird der Kunde direkt nach der Auswahl der Zahlart im Onepage-Checkout an diese URL weitergeleitet (in der Methode savePayment()). Genutzt wird diese Funktion im Magento-Core nur von dem PayPal-Express-Modul. Im Multishipping-Checkout wird die Methode nicht verwendet.

public function getConfigPaymentAction()

Rückgabe   Boolean oder
               String, Mage_Payment_Model_Method_Abstract::ACTION_AUTHORIZE oder
               String, Mage_Payment_Model_Method_Abstract::ACTION_AUTHORIZE_CAPTURE

Der Rückgabewert der Methode wird in der abstrakten Payment-Klasse aus dem Konfigurationsknoten payment/[CODE]/payment_action ausgelesen. Nur wenn ein Wert ungleich false zurückgegeben wird, erfolgt der Aufruf von initialize(), authorize() oder capture() aus dem PaymentInfo-Model. Welche Methode aufgerufen wird, bestimmt sich wie folgt:

Wenn isInitializeNeeded() den Wert true zurückgibt, wird, wie der Name schon sagt, initialize() aufgerufen. Ansonsten gilt: Wird Mage_Payment_Model_Method_Abstract::ACTION_AUTHO-RIZE zurückgegeben, erfolgt der Aufruf von authorize(). Wird jedoch Mage_Payment_Model_Method_Abstract::ACTION_AUTHORIZE_CAPTURE als Rückgabewert verwendet, erfolgt der Aufruf von capture().

public function initialize($paymentAction, $stateObject)

Parameter   String, $paymentAction, siehe getConfigPaymentAction()
               Varien_Object, $state-Object-Rückgabewert Container

Rückgabe   Mage_Payment_Model_Method_Abstract, $this

Die Methode initialize() wird nur aufgerufen, wenn isInitializeNeeded() den Booleschen Wert true und getConfigPaymentAction() ebenfalls einen wahren Wert zurückliefert. Aufgabe von initialize() ist das Vorbereiten der PaymentAction. In dieser Methode können auf dem als zweiten Parameter übergebenen Containerobjekt die Eigenschaften is_transaction_pending und transaction_pending_status gesetzt werden. Diese Werte werden dann als Anfangs-State und -Status für das Order-Model verwendet.

public function isInitializeNeeded()

Rückgabe   Boolean

Wird true zurückgegeben, wird initialize() auf der Payment-Method-Instanz aufgerufen. Im Fall von false wird in Abhängigkeit der PaymentAction authorize() oder capture() aufgerufen (siehe getConfigPaymentAction()). Die Methode isInitializeNeeded() wird nur aufgerufen, wenn zuvor getConfigPaymentAction() einen wahren Wert zurückgeliefert hat.

public function prepareSave()

Rückgabe   Mage_Payment_Model_Method_Abstract, $this

Falls nötig, können in prepareSave() Vorbereitungen zum Speichern der Payment-Daten erfolgen. Das CC-Payment-Modul verschlüsselt hier zum Beispiel die Kreditkartennummer, damit sie nicht im Klartext in die Datenbank geschrieben wird.

public function refund(Varien_Object $payment, $amount)

Parameter   Varien_Object, $payment (meistens vom Typ Mage_Payment_Model_Info)
                 Float, $amount

Rückgabe   Mage_Payment_Model_Method_Abstract, $this

Sinn der Methode ist das Veranlassen einer Rückzahlung. Der Betrag wird als Parameter übergeben und kann möglicherweise nur einen Teil der gesamten Bestellsumme betragen.

Ablauf von Zahlungsvorgängen im Onepage-Checkout

Der folgende Abschnitt soll einen groben Überblick über den Ablauf eines Zahlungsvorgangs aus Sicht eines Modulprogrammierers geben. Meistens ist es nicht notwendig, alles im Kopf zu haben, es hilft jedoch sehr beim Entwickeln, wenn das Schema ungefähr bekannt ist. Bei Bedarf kann dann während der Fehlersuche oder bei der Planung eines Payment-Moduls auf diesen Überblick zurückgegriffen werden.

Direkt beim Laden der Seite *checkout/onepage/index* werden die verfügbaren Zahlarten gerendert, auch wenn der Payment-Schritt dem Kunden noch nicht angezeigt wird. Um die Auswahl der verfügbaren Bezahlarten zu ermitteln, wird auf jedem Payment-Method-Model die Methode isAvailable() aufgerufen. Dort wird auch ein Event payment_method_is_active getriggert, dessen Rückgabe über die Eigenschaft isAvailable auf einem Containerobjekt bestimmt, ob die Zahlart dem Kunden angeboten wird.

Ein Payment-Method-Model kommt danach zum ersten Mal richtig ins Spiel beim Speichern der gewünschten Bezahlart. Dies passiert in der Methode savePaymentAction() des Mage_Checkout_OnepageController-Controllers. Über diverse Umwege erfolgt der Aufruf der Methode `assignData()` auf dem Payment-Method-Model, mit dem Daten aus dem Payment-Formular als Argument an die PaymentInfo-Instanz übergeben werden.

Die Namen der Formularelemente sollten mit »[payment]...« beginnen, sodass PHP die Daten als Array übernimmt. Meistens erfolgt in diesem Schritt allerdings nur die Übergabe der gewählten Zahlart. Die genauen Payment-Parameter werden erst später nach dem `saveOrder()`-Schritt übermittelt.

Nun erfolgt der Aufruf der Methode `getCheckoutRedirectUrl()` auf der Payment-Method-Instanz. Wenn ein Wert zurückgeliefert wird, wird der Onepage-Checkout an dieser Stelle abgebrochen und der Kunde via JavaScript-Redirect an die angegebene URL weitergeleitet. In diesem seltenen Fall (im Core nur von PayPal-Express), muss alles, vom Konvertieren des Quote-Models in ein Order-Model über das Setzen von Order-State und Order-Status und ggf. auch das Erstellen eines Invoice-Models, in Ihrem Zahlart-Modul erledigt werden, wenn der Kunde (mit dem Ergebnis der Zahlung) wieder an Magento weitergeleitet wird.

Die meisten Payment-Module werden jedoch erst wieder im Schritt `Mage_Checkout_OnepageController::saveOrder()` angesprochen. Wurden beim `saveOrder()`-Schritt ebenfalls Payment-Daten gepostet, erfolgt nun erneut das Zuweisen der Daten an die Payment-Info-Instanz durch Aufruf der bereits bekannten Methode `assignData()` auf dem Zahlart-Model.

Der weitere Ablauf sieht wie folgt aus: Mithilfe von `$quote->reserveOrderId()` wird eine Order-ID erstellt. Ab diesem Zeitpunkt kann die zukünftige Order-ID mit `$quote->getReservedOrderId()` ausgelesen werden. Anschließend wird das Bestellobjekt `Mage_Sales_Model_Order $order` erzeugt und die Methode `place()` aufgerufen. Interessant wird dann Aufruf der Methode `Mage_Sales_Model_Order_Payment::place()`.

Ihr Zahlart-Modul kommt jetzt stärker ins Spiel: Mit `validate()` wird geprüft, ob die Zahlart für die Währung und das Land der Rechnungsadresse verwendet werden kann. Dann folgt der Aufruf der Methode `getConfigPaymentAction()` der Payment-Method-Model-Instanz.

Die möglichen Rückgabewerte bestimmen den weiteren Verlauf des Programmflusses: Liefert `getConfigPaymentAction()` den Wert `false`, erfolgt keine weitere Aktion bis `getOrderPlaceRedirectUrl()`.

Liefert `getConfigPaymentAction()` den Wert `true` oder eine der beiden gleich folgenden Konstanten, wird `isInitializeNeeded()` auf dem Payment-Method-Model aufgerufen:

- Sollte eine Initialisierung nötig sein, wird `initialize()` auf dem Zahlart-Model aufgerufen. Der `initialize()`-Methode wird der `payment_action`-Konfigurationswert und ein Containerobjekt übergeben. Auf dem Containerobjekt kann nun bei Bedarf ein Order-State- und ein Order-Status-Wert gesetzt werden. Mit diesen so spezifizierten State und Status wird das Order-Model dann zunächst gespeichert.

- Wird kein State und Status explizit gesetzt, wird `Mage_Sales_Model_Order::STATE_NEW` verwendet.

- Wird keine Initialisierung benötigt (gibt also `isInitializeNeeded()` false zurück), wird die Bestellung im State `Mage_Sales_Model_Order::STATE_PROCESSING` begonnen, und der weitere Vorgang kommt auf den Rückgabewert von `getConfigPaymentAction()` an:

  - Wird als PaymentAction `Mage_Payment_Model_Method_Abstract::ACTION_AUTHORIZE` angegeben, wird direkt `authorize()` auf dem Payment-Method-Model aufgerufen. Als erster Parameter wird das PaymentInfo-Objekt übergeben, als zweiter Parameter der zu autorisierende Betrag.

    In dieser Methode wird der Zahlungsbetrag autorisiert, die eigentliche Zahlung aber noch nicht durchgeführt. Ob die Autorisierung erfolgreich war oder nicht, wird durch das Setzen von Werten auf dem PaymentInfo-Objekt bekannt gegeben. Wird in der `authorize()`-Methode die Eigenschaft `is_transaction_pending` auf dem PaymentInfo-Objekt auf `true` gesetzt (durch `setTransactionPending(true)`), wird der Order-Status `Mage_Sales_Model_Order::STATE_HOLDED` verwendet.

  - Der andere mögliche Wert als PaymentAction ist `Mage_Payment_Model_Method_Abstract::ACTION_AUTHORIZE_CAPTURE`. Gibt `getConfigPaymentAction()` diesen Wert zurück, soll die Buchung des Betrags möglichst direkt ausgeführt werden. Zuerst wird ein Rechnungsobjekt vom Typ `Mage_Sales_Model_Order_Invoice` erzeugt. Schlägt die Zahlung fehl, müssen Sie sich also auch darum kümmern, dass dieses Invoice-Model richtig versorgt wird. Zunächst wird aber die `capture()`-Methode auf der Invoice-Instanz aufgerufen. Diese wiederum ruft `capture()` auf dem PaymentInfo-Objekt auf, die den Aufruf dann endlich an die `capture()`-Methode Ihres Payment-Method-Models weitergibt. Der erste Parameter ist wie bei `authorize()` das PaymentInfo-Objekt, der zweite Parameter ist der Betrag.

Das Ergebnis der Zahlungsanfrage wird wieder durch das Setzen von Attributen auf dem PaymentInfo-Objekt erledigt. Ist die Zahlung erfolgreich, wird nichts weiter gesetzt. Kommt es jedoch zu einem Fehler, wird `is_transaction_pending` auf `true` gesetzt, wodurch schließlich wieder der Order-State auf `Mage_Sales_Model_Order::STATE_HOLDED` gesetzt wird. Auf dem Invoice-Objekt wird im Fehlerfall das Attribut `is_paid` auf `false` gesetzt.

Ist der `capture()`-Aufruf erfolgreich, wird die Bestellung also in den State `Mage_Sales_Model_Order::STATE_PROCESSING` gesetzt, und auf dem Invoice-Objekt wird entsprechend `is_paid` auf `true` gesetzt.

Nachdem die PaymentAction abgearbeitet wurde, wird geprüft, ob für die Bezahlart eine Weiterleitungs-URL verwendet wird. Wenn nicht, wird die Zahlung als vollständig angesehen, und die Bestellbestätigungs-E-Mail wird via `sendNewOrderEmail()`-Aufruf auf dem

Order-Model verschickt. Gibt ein Zahlart-Model mittels der Methode `getOrderPlaceRedirectUrl()` eine Weiterleitungs-URL zurück, muss das Modul nach Abschluss der Zahlung selbst dafür sorgen, dass die Order-E-Mail verschickt wird.

Bevor der Kunde nun zu der Checkout-Success oder der Redirect-URL geschickt wird, werden noch einige Werte in der Checkout-Session gespeichert:

- `last_quote_id` (die interne ID des Quote-Models)
- `last_order_id` (die interne Order-ID)
- `last_real_order_id` (die für Kunden sichtbare Inkrement-ID)
- `redirect_url`
- `last_success_quote_id` (identisch mit `last_quote_id`)

Diese Daten stehen dem Payment-Modul gegebenenfalls auf einer Folgeseite zur Verfügung. Schließlich wird der Kunde an die von `getOrderPlaceRedirectUrl()` zurückgelieferte URL weitergeleitet. Wurde keine URL zurückgegeben, wird der Kunde zu *checkout/onepage/success* geschickt. Der Redirect erfolgt via JavaScript-Weiterleitung durch `window.location = 'redirect-url'`.

Zahlung via Payment-Provider-Seiten

Seit PCI-DSS (Payment Card Industries Data Security Standard) immer mehr an Bedeutung gewinnt, wird bei den meisten Payment-Modulen der Kunde zur Vervollständigung seiner Zahlung zur Eingabe der Zahlungsdaten auf die Website des Zahlungsanbieters weitergeleitet.

In diesem Fall veranlasst das Zahlungsmodul die Weiterleitung des Kunden an die entsprechende URL des Payment-Anbieters. Hierbei gibt es in Magento verschiedene Vorgehensweisen:

Der Kunde wird direkt an eine Seite des externen Zahlungsanbieters weitergeleitet. Die benötigten Daten (z.B. der Betrag, die gewählte Zahlart usw.) werden als GET-Parameter übergeben. Die vollständige URL wird von der Payment-Method-Methode `getOrderPlaceRedirectUrl()` zurückgegeben. Das bedeutet, der Kunde kommt direkt nach dem Onepage-Checkout auf die Seite des Payment-Anbieters – ohne den Umweg über eine zwischengeschaltete Magento-Seite.

Der Kunde wird an eine Magento-Seite, genauer eine Controller-Action aus dem Payment-Modul, weitergeleitet, d.h,. `getOrderPlaceRedirectUrl()` liefert eine interne URL zurück. Auf dieser Seite kann nun zum Beispiel ein iFrame mit der Seite des Payment-Gateways angezeigt werden. Wieder erfolgt die Übergabe der vom Kunden angegebenen Daten über HTTP-GET-Parameter.

Wenn die Parameter via HTTP-Post an den Zahlungsanbieter übergeben werden sollen, bietet Magento von Haus aus keine einfache Möglichkeit an, das zu realisieren. Einige Payment-Module behelfen sich, indem sie wie unter 2.) den Kunden zuerst via getOrder-

`PlaceRedirectUrl()` auf eine interne Magento-Seite umleiten und dann auf dieser Seite ein Formular mit allen benötigten Parametern als Hidden-Input-Felder aufbauen. Dieses Formular wird dann automatisch per JavaScript abgeschickt, und der Kunde wird so auf die Seite des Payment-Anbieters geführt.

Nachdem der Kunde die Zahlung auf den Seiten des Zahlungsanbieters durchgeführt hat, übermittelt der Zahlungsanbieter den Erfolg oder Misserfolg der Zahlung an Magento bzw. das Payment-Modul.
Manche Anbieter rufen dazu eine spezielle Benachrichtigungs-URL des Payment-Moduls auf (wie beispielsweise PayPal IPN). Andere geben das Ergebnis der Zahlung dem Kunden als GET-Parameter mit, wenn er wieder zum Shop zurückgeleitet wird.

In jedem Fall ist es Sache des Payment-Moduls, das Ergebnis entgegenzunehmen und die weitere Verarbeitung der Bestellung entsprechend den Rückgabewerten durchzuführen. Um die Ergebnisse der Zahlung vom Payment-Anbieter zu empfangen, wird eine Controller-Action benötigt, die die Rückgabewerte auswertet. Der erste Schritt in der Auswertung besteht in der Regel darin, die Rückgabewerte durch den Aufruf einer URL bei dem Payment-Provider zu kontrollieren. Liegt ein Fehler vor, sollte die Bestellung in den State `HOLDED` mit dem Status `FRAUD` gesetzt werden, dem Kunden sollte eine Fehlermeldung angezeigt werden, und er sollte zurück auf den Warenkorb geleitet werden.

War die Zahlung erfolgreich, müssen folgende Fälle unterschieden werden:

Capture Action mit virtuellen Gütern

Im Warenkorb waren nur virtuelle Produkte, der Auslieferungsschritt entfällt also. Die Zahlung wurde direkt durchgeführt. Es werden die folgenden Attributwerte gesetzt:

- Invoice Model: is_paid = true (mit `$invoice->setIsPaid(true)`)
- Order Model: State = `STATE_COMPLETE`
- Order Model: Status = `complete`

Zum Setzen kann die Methode `$order->setState(Mage_Sales_Model_Order::STATE_COMPLETE, true, 'Zahlung erfolgreich')` genutzt werden.

Capture Action mit auszuliefernden Gütern

Im Warenkorb befindet sich zumindest ein normales Produkt, das noch auf Auslieferung wartet. Die Zahlung wurde direkt durchgeführt. Da die Lieferung noch aussteht, wird der Status `PROCESSING` auf der Order gesetzt:

- Invoice Model: is_paid = true (mit `$invoice->setIsPaid(true)`)
- Order Model: State = `STATE_PROCESSING`
- Order Model: Status = `processing`

Zum Setzen kann die Methode `$order->setState(Mage_Sales_Model_Order::STATE_PROCESSING, true, 'Zahlung erfolgreich')` genutzt werden.

Authorize Action

Die Zahlung wurde vom Payment-Anbieter autorisiert, die eigentliche Buchung steht noch aus. Die folgenden Attributwerte müssen auf dem Order Model gesetzt werden:

- Order Model: State = STATE_PROCESSING
- Order Model: Status = processing

Zum Setzen kann die Methode `$order->setState(Mage_Sales_Model_Order::STATE_PROCESSING, true, 'Zahlung autorisiert')` genutzt werden.

Des Weiteren muss im Erfolgsfall die Bestellbestätigung per E-Mail an den Kunden verschickt werden, indem die `$order->sendNewOrderEmail()`-Methode des Order-Models aufgerufen wird.

Damit ist es fast geschafft. Letztendlich muss nur noch der Warenkorb des Kunden mit `Mage::getSingleton('Checkout/session')->getQuote()->setIsActive(false)` deaktiviert werden, und der Kunde muss auf die *checkout/onepage/success*-Seite weitergeleitet werden.

Im Fehlerfall, wenn die Zahlung nicht durchgeführt werden konnte, muss der Order State auf STATE_HOLDED gesetzt werden und der Order-Status entsprechend den Rückgabewerten des Zahlungsvorgangs auf HOLDED oder auf FRAUD.

```
$order->setState(
    Mage_Sales_Model_Order::STATE_HOLDED,
    'fraud', // oder true zum Setzen des Status holded
    'Zahlung fehlgeschlagen'
);
```

Der Kunde sollte mit einer entsprechenden Fehlermeldung zurück auf den Warenkorb geleitet werden.

Payment im Multishipping-Checkout

Der Multishipping-Checkout in Magento unterstützt keine Payment-Module, die einen Redirect zum Payment-Provider durchführen. Lediglich die `place()`-Methode auf dem Order-Model wird aufgerufen, die ihrerseits eine der folgenden Methoden auf dem Payment-Method-Model aufruft: `initialize()`, `authorize()` oder `capture()`.

Diese drei Methoden werden je ein Mal für jede Lieferadresse beim Multishipping-Checkout aufgerufen. Es werden keine Redirect-URLs ausgewertet. Damit stehen dieser Checkout-Variante deutlich weniger Möglichkeiten und Bezahlmodule zur Verfügung.

Der vermutliche Grund dafür, dass keine Zahlungen über externe Seiten implementiert wurden, ist wohl, dass die Zahlung für jeden der Lieferungen gesondert durchgeführt wird. Das Resultat ist, dass nur Payment-Methoden unterstützt werden, die die Transaktion über eine Server-zu-Server-API abwickeln oder bei denen der authorize/capture-Vorgang asynchron abläuft.

Abbruch der Bestellung beim Zahlungsanbieter

Fast alle Zahlungsanbieter bieten Kunden die Möglichkeit, den Bezahlvorgang abzubrechen. In dem Fall wird dem Shop diese Entscheidung des Kunden ebenfalls durch den Aufruf einer Controller-Action mitgeteilt. Die Art und Weise unterscheidet sich wieder von Anbieter zu Anbieter, sei es über eine spezielle Benachrichtigungs-URL oder als GET-Parameter, wenn der Kunde zu Magento zurückgeführt wird.

Bevor der Kunde zum Warenkorb weitergeleitet wird, muss in diesem Fall die Action des Payment-Moduls die cancel()-Methode des Order-Objekts aufrufen. Diese wiederum ruft die cancel()-Methode des PaymentInfo-Models auf, die auf der Payment-Method-Instanz void() ausführt.

Praktische Events während des Checkout-Vorgangs

Diese Liste der Events ist nicht vollständig, bietet jedoch eine gute Übersicht über die Fülle an Ansatzmöglichkeiten, während des Checkouts und des Bezahlungsvorgangs in den Ablauf einzugreifen. Da nicht alle Events in beiden Checkout-Varianten zur Verfügung stehen, sind sie mit opc markiert, wenn sie für den Onepage-Checkout zur Verfügung stehen, und mit msc, wenn sie während des Multishipping-Checkouts verfügbar sind.

---

payment_method_is_active

Parameter   `Mage_Payment_Model_Method_Abstract method_instance,`
`Mage_Sales_Model_Quote quote, Varien_Object result`

Verfügbarkeit   `opc` und `msc`

Dieser Event kann verwendet werden zum Setzen der `->isAvailable`-Eigenschaft auf dem result-Objekt. Wird die Eigenschaft auf `false` gesetzt, wird die Zahlart dem Kunden beim Checkout nicht angeboten.

---

checkout_type_onepage_save_order

Parameter   `Mage_Sales_Model_Order order,`
`Mage_Sales_Model_Quote quote`

Verfügbarkeit   `opc`

---

checkout_type_onepage_save_order_after

Parameter   `Mage_Sales_Model_Order order,`
`Mage_Sales_Model_Quote quote`

Verfügbarkeit   `opc`

---

sales_convert_quote_address_to_order

Parameter   Mage_Sales_Model_Quote_Address address,
Mage_Sales_Model_Order order

Verfügbarkeit   opc und msc

sales_convert_quote_item_to_order_item

Parameter   Mage_Sales_Model_Quote_Item_Abstract item,
Mage_Sales_Model_Order_Item order_item

Verfügbarkeit   opc und msc

sales_convert_quote_to_order

Parameter   Mage_Sales_Model_Quote quote,
Mage_Sales_Model_Order order

Verfügbarkeit   opc und msc

sales_model_service_quote_submit_after

Parameter   Mage_Sales_Model_Order order,
Mage_Sales_Model_Quote quote

Verfügbarkeit   opc

sales_model_service_quote_submit_before

Parameter   Mage_Sales_Model_Order order,
Mage_Sales_Model_Quote quote

Verfügbarkeit   opc

sales_order_payment_capture

Parameter   Mage_Sales_Model_Order_Payment payment,
Mage_Sales_Model_Order_Invoice invoice

Verfügbarkeit   opc und msc

Dieser Event wird nur getriggert, wenn isInitializeNeeded() den Wert false und getConfigPaymentAction() den Wert Mage_Payment_Model_Method_Abstract::ACTION_AUTHORIZE_CAPTURE zurückliefert.

sales_order_payment_place_end (opc und msc)

Parameter   `Mage_Sales_Model_Order_Payment payment`

Verfügbarkeit   opc und msc

sales_order_payment_place_start

Parameter   `Mage_Sales_Model_Order_Payment payment`

Verfügbarkeit   opc und msc

sales_order_place_after

Parameter   `Mage_Sales_Model_Order order`

Verfügbarkeit   opc und msc

sales_order_place_before

Parameter   `Mage_Sales_Model_Order order`

Verfügbarkeit   opc und msc

sales_order_save_after

Parameter   `Mage_Sales_Model_Order order`

Verfügbarkeit   opc und msc

sales_order_save_before

Parameter   `Mage_Sales_Model_Order order`

Verfügbarkeit   opc und msc

sales_save_commit_after

Parameter   `Mage_Sales_Model_Order order`

Verfügbarkeit   opc

Index

Whole Page Caching 192, 208
Widget 130
Wiederverwertbarkeit 17

X

XML 10

Y

yklus 15

Z

Zahlart-Model 237, 268
Zend Framework XI, 1, 2
Zugriffsrechte 38

Über die Autoren

Roman Zenner arbeitet seit 2004 als freiberuflicher Berater, Programmierer und Autor und konzentriert sich dabei vor allem auf die Themen E-Commerce und Onlinemarketing. Auf *www.romanzenner.com* bloggt er regelmäßig über aktuelle Neuigkeiten in diesem Bereich und hat in diesem Zusammenhang die Entwicklung von Magento seit Sommer 2007 regelmäßig mitverfolgt.

Während eines Studentenaustauschs mit der University of Western Australia in Perth im Jahr 2000 begann er, eine Informationsseite für diesen Austausch zu erstellen, und kam so zum ersten Mal mit der technischen Seite des Internets in Berührung. Die Faszination für dieses Medium hat ihn seit diesem Zeitpunkt nicht mehr losgelassen.

So kam es auch, dass er sich in seiner Promotion in Anglistischer Literaturwissenschaft mit der sogenannten Hyperfiction im Internet auseinandergesetzt hat; dies ist eine Form von Literatur, die man nicht wie üblich linear von vorne nach hinten liest, vielmehr erschließt man sich diese mittels Verlinkungen selbst und bahnt sich dadurch einen eigenen Weg durch das Werk.

In den seltenen Momenten, in denen er nicht online ist, widmet er sich seiner E-Gitarre und kann ab und an joggend oder Fahrrad fahrend rund um Aachen gesichtet werden. Am besten erreicht man ihn per E-Mail unter *roman@romanzenner.com*.

Vinai Kopp ist seit 1997 als freier Entwickler tätig. Nachdem er sich zunächst mit HTML und Macromedia Director's Lingo beschäftigt hatte, entdeckte er schnell seine Leidenschaft für komplexere Sprachen. Zuerst kam Perl und dann etwas später auch PHP. Nach zehn Jahren Beschäftigung mit allen möglichen Webtechnologien fand er es an der Zeit sich zu spezialisieren. Seitdem beschäftigt er sich mit Magento, das damals gerade kurz vor dem Final Release stand. Seitdem arbeitet er als freier Magento-Entwickler, Berater und Mitglied des CAB. Wegen der starken Nachfrage nach Magento-Know-how hat sich seit Anfang 2010 der Schwerpunkt seiner Tätigkeiten auf die Schulung von Entwicklern verlagert.

In seiner Freizeit genießt Vinai am liebsten die Zeit mit seiner Familie, baut sein eigenes Gemüse an und reist gerne durch Deutschland und die Welt (seiner Meinung nach aber zu selten).

Zu erreichen ist er über seine Website *http://netzarbeiter.de* oder per E-Mail an *vinai@netzarbeiter.com*.

Visions ist eine führende E-Commerce und Magento-Agentur in Deutschland. Die hier genannten Autoren sind Visions in verschiedenen Funktionen verbunden: **Claus Nortmann** als Chief Visionary Officer, **Dimitri Gatowski** als CTO, **Daniel Brylla** ist Creative Director und **Sebastian »DJ« Heuer** Senior Developer. Mit ihrem Team haben sie an den größten Magento-Projekten weltweit gearbeitet. Sie verstehen sich als Web People, die innovative Lösungen feiern.

Kolophon

Auf dem Cover von *Magento - Das Handbuch für Entwickler* ist ein Baummarder (*Martes martes*) zu sehen. Der Baummarder ist ein ausgesprochenes Waldtier, er lebt in den Wipfeln der Bäume, wo er auf der Suche nach Nahrung und Unterschlupf behände von Ast zu Ast springt. Dieser Vertreter der Marderartigen, zu denen auch Iltis, Wiesel, Otter und Dachs gehören, ernährt sich als Allesfresser von kleinen Säugetieren (vorzugsweise von Eichhörnchen), Vögeln, Insekten, Reptilien und von Früchten und Nüssen. Sein braunes Fell ist besonders im Winter sehr lang und weich. In früheren Zeiten war es sehr begehrt, die Tiere erhielten deswegen auch den Namen »Edelmarder«. Die Brust ziert ein rundlich-gelblicher Fleck, der, anders als bei seinem nahen Verwandten, dem Steinmarder, nicht nach unten hin gegabelt ist. Die gelblichen Haare finden sich auch an den Rändern der großen, dreieckigen, nach vorne gerichteten Ohren wieder. Die Nasenspitze ist schwarz, ebenso die knopfartigen Augen. Mit seinem kräftigen Gebiss tötet er seine Beute mit einem einzigen Nackenbiss.

Dieses 60 bis 80 Zentimeter große Raubtier lebt als Einzelgänger in den Laub- und Mischwäldern Europas. Von den Britischen Inseln bis ins westliche Sibirien und von Skandinavien bis in die Mittelmeerregion ist er aber nur noch selten anzutreffen, da sein Bestand durch jahrhundertelange Jagd und die Zerstörung seines Lebensraums in den letzten Jahrzehnten stark abgenommen hat.

Der Umschlagentwurf dieses Buchs basiert auf dem Reihenlayout von Edie Freedman und stammt von Michael Oreal, der hierfür einen Stich aus dem Dover Pictorial Archive aus dem 19. Jahrhundert verwendet hat. Das Coverlayout wurde ebenfalls von Michael Oreal unter Verwendung der Schriftart ITC Garamond von Adobe erstellt. Als Textschrift verwenden wir die Linotype Birka, die Überschriftenschrift ist die Adobe Myriad Condensed, und die Nichtproportionalschrift für Codes ist LucasFont's TheSans Mono Condensed.

PHP & MySQL

PHP Design Patterns, 2. Auflage

Stephan Schmidt
512 Seiten, 2009, 39,90 €
gebundene Ausgabe
ISBN 978-3-89721-864-2

PHP Design Patterns zeigt Ihnen, wie Sie Software mit Entwurfmustern so konzipieren, dass sie modernen Standards entspricht, zukunftssicher ist und sich problemlos erweitern lässt, wenn sich die Anforderungen ändern.
Stephan Schmidt erläutert zunächst einige allgemeine Regeln des guten Software-Designs, um dann alle wichtigen Design Patterns detailliert vorzustellen und anhand von Praxisbeispielen gut nachvollziehbar zu implementieren. Da PHP häufig für die Entwicklung von Webanwendungen eingesetzt wird, liegt ein Schwerpunkt des Buchs auf Design Patterns in diesem Umfeld: Der Autor zeigt, wie Websites anhand des Schichtenmodells sinnvoll aufgebaut werden und in welcher Form hier Enterprise-Patterns zum Einsatz kommen.

Programmieren mit PHP, 2. Auflage

Kevin Tatroe, Rasmus Lerdorf & Peter MacIntyre, 592 Seiten, 2007, 44,90 €
gebundene Ausgabe
ISBN 978-3-89721-473-6

Als Erfinder von PHP bringt der Autor Rasmus Lerdorf natürlich eine besondere Perspektive und viel Spezialwissen mit, das PHP-Programmierer in keinem anderen Buch finden werden. In *Programmieren mit PHP* erläutern Lerdorf und seine Koautoren – beide ausgewiesene PHP-Experten – klar und kompakt Sprachsyntax und Programmiertechniken von PHP anhand zahlreicher praxisorientierter Beispiele. PHP-Programmierer finden hier alles, was sie über die Generierung dynamischer Webinhalte mit PHP wissen müssen, fortgeschrittene Entwickler können ihr Wissen durch Insidertipps und -techniken von Rasmus Lerdorf erweitern.

PHP 5 Kochbuch, 3. Auflage

Sklar, Trachtenberg, Lucke, Brusdeylins, Speidel & Schmidt
912 Seiten, 2009, 49,90 €
gebundene Ausgabe
ISBN 978-3-89721-904-5

Das beliebte *PHP 5 Kochbuch* in vollständig aktualisierter und erweiterter Neuauflage zu PHP 5.3: Gesammeltes Wissen von amerikanischen und deutschen PHP-Experten! PHP-Programmierer finden in diesem Buch hunderte von erprobten »Rezepten« zur aktuellen PHP-Version 5.3 inklusive Erläuterungen zu den neuen Features. Dieses Kochbuch bietet mehr als nur Cut-and-Paste-Codestücke: Die Rezepte erläutern umfassend, wie der Code funktioniert und warum der vorgestellte Ansatz gewählt wurde. Anstatt mühsam Mailing-Listen oder Online-Dokumentationen durchforsten zu müssen, können sich Entwickler auf dieses Buch verlassen, das sie schnell mit Lösungen für zahlreiche Probleme versorgt.

Webentwicklung mit CakePHP

Dirk Ammelburger & Robert Scherer
432 Seiten, 2008, 34,90 €
gebundene Ausgabe
ISBN 978-3-89721-863-5

CakePHP ist der schmackhafte Senkrechtstarter unter den Rapid-Development-Frameworks für PHP, mit ihm lässt sich die Entwicklungszeit von PHP-Applikationen extrem beschleunigen. CakePHP adaptiert die Konzepte des erfolgreichen Frameworks Ruby On Rails auf PHP, bietet darüber hinaus aber auch zahlreiche nützliche eigene Funktionalitäten. Dieses Buch zeigt Ihnen, wie CakePHP genau funktioniert und wie Sie Ihre Arbeit mithilfe des Frameworks von Ballast befreien können. Es deckt ein breites Themenspektrum ab: Ein Crashkurs lässt Sie direkt mit der Webentwicklung starten, danach lernen Sie das MVC-Modell als Basis für die CakePHP-Programmierung kennen. Schritt für Schritt werden dann alle Elemente der Erstellung einer Webapplikation mit CakePHP erläutert. Fortgeschrittene Techniken wie Ajax oder Internationalisierung runden das Tutorial ab und machen es zum maßgeblichen Handbuch zu CakePHP.

High Performance MySQL, 2. Auflage

Baron Schwartz, Peter Zaitsev, Vadim Tkachenko, Jeremy D. Zawodny, Arjen Lentz & Derek J. Balling, 768 Seiten, 2009 49,90 €
gebundene Ausgabe, ISBN 978-3-89721-889-5

High Performance MySQL ist das maßgebliche Handbuch, um schnelle, verlässliche MySQL-Systeme aufzusetzen. Anerkannte Experten mit langjähriger Erfahrung auf großen Systemem beschreiben alle Stellschrauben, an den MySQL-Admins drehen können, um Sicherheit, Performance, Datenintegrität und Robustheit zu erhöhen. Die zweite Auflage wurde komplett überarbeitet, stark erweitert und vertieft.

PHP & MySQL von Kopf bis Fuß

Lynn Beighley & Michael Morrison
816 Seiten, 2009, 44,90 €
ISBN 978-3-89721-903-8

PHP & MySQL von Kopf bis Fuß zu lesen ist wie Unterricht bei einem coolen Lehrer: Das Lernen macht plötzlich Spaß und Sie freuen sich tatsächlich auf die nächste Stunde. In diesem abwechslungsreichen und visuell ansprechenden Arbeitsbuch erfahren Sie ganz praktisch, wie Sie mit PHP und MySQL schnell eine datenbankbasierte Website auf die Beine stellen. Machen Sie sich die Hände schmutzig und bauen Sie sofort echte Anwendungen wie eine High-Score-Liste für ein Computerspiel oder eine Online-Dating-Site. Wenn Sie dieses Buch durchgearbeitet haben, sind Sie gut gerüstet und wissen, wie man Formulare validiert, mit Sitzungs-IDs und Cookies arbeitet, Datenabfragen und Joins durchführt, Dateioperationen vornimmt und vieles mehr.

O'REILLY®

anfragen@oreilly.de • http://www.oreilly.de • +49 (0)221-97 31 60-0

Job & Business

slide:ology oder die Kunst, brillante Präsentationen zu entwickeln

Nancy Duarte
296 Seiten, 2009, 34,90 €
ISBN 978-3-89721-939-7

Dieses Buch beschäftigt sich mit der visuellen Seite der Kommunikation und vermittelt, wie Sie Ihre Ideen kondensieren und in informative Folien einfließen lassen. Verständliche Diagramme und Infografiken, die Unterstützung der Aussagen durch Farben, Bilder und prägnanten Text und nicht zuletzt der lebendige Vortrag selbst sorgen dafür, dass Sie den Fokus auf das lenken können, worauf es wirklich ankommt: Ihre Ideen und Visionen.

Social Media Marketing – Strategien für Twitter, Facebook & Co

Tamar Weinberg
408 Seiten, 2010, 29,90 €
ISBN 978-3-89721-969-4

Dieses Buch bietet einen exzellenten Überblick über die verschiedenen Plattformen des Social Web und zeigt anhand konkreter Szenarios und Fallstudien, welche Möglichkeiten sie Unternehmen und Organisationen eröffnen. Die deutsche Ausgabe wurde von der Social Media Marketing-Expertin Corina Lange um Beschreibungen von Trends und Angeboten ergänzt, die hierzulande eine große Rolle spielen – von XING bis hin zu den VZ-Netzwerken.

Bekenntnisse eines Redners. Oder die Kunst, gehört zu werden

Scott Berkun
256 Seiten, 2010, 24,90 €
gebundene Ausgabe
ISBN 978-3-89721-993-9

Das Reden vor Publikum zählt zu den Dingen, vor denen sich Menschen am meisten fürchten. Gleichzeitig steht fast jeder eines Tages vor der Herausforderung, einen Vortrag halten zu müssen. Dieses unterhaltsam geschriebene Buch setzt alles daran, Ihnen die Angst zu nehmen. Bestseller-Autor Scott Berkun hat dafür seine 15-jährigen Erfahrungen als Redner auf Konferenzen kondensiert und lässt Sie an seinen Erfolgen, aber auch an den Pannen teilhaben. Praktische Tipps zur Überwindung schwieriger Situationen runden das Buch ab.

Die Kunst des IT-Projektmanagements, 2. Aufl.

Scott Berkun
464 Seiten, 2009, 39,90 €
ISBN 978-3-89721-921-2

Softwareprojekte zu managen ist eine echte Herausforderung: Termine, Kosten und Qualität muss ein Projektmanager im Blick haben, und gleichzeitig das Projektteam von den ersten Planungen bis hin zum Projektabschluss motivieren, koordinieren und leiten. Hier setzt Scott Berkun an: Praxisorientiert und witzig beleuchtet der erfahrene Autor und Projektmanager die klassischen Aufgaben, Facetten und Mechanismen des Projektmanagements. Die 2. Auflage wurde komplett überarbeitet und um einen praktischen Übungsteil an jedem Kapitelende ergänzt.

Das IT-Karrierehandbuch, 2. Auflage

Martina Diel
320 Seiten, 2009, 24,90 €
ISBN 978-3-89721-923-6

Das IT-Karrierehandbuch ist ein unerlässlicher Ratgeber für diejenigen, die am Anfang ihrer beruflichen IT-Laufbahn stehen. Die Autorin regt zu Beginn zu einer strukturierten Selbsterforschung an, um zum bestmöglichen Berufswunsch zu gelangen. Anschließend werden wirksame Strategien dargelegt, um den Traumjob zu ergattern. Gespickt mit unzähligen wertvollen Tipps, Erfahrungsberichten, Interviews mit Entscheidern, Adressen und wichtigen internen IT-Brancheninfos. Die 2. Auflage wurde komplett überarbeitet und aktualisiert. Ein Kapitel zu Online-Reputation wurde ergänzt.

Zeitmanagement für Webentwickler

Thomas Steglich
240 Seiten, 2009, 24,90 €
gebundene Ausgabe
ISBN 978-3-89721-882-6

Webprojekte nehmen häufig eine dynamische Entwicklung, die nicht von Anfang an abzusehen ist. Dabei den Überblick zu behalten, ist nicht immer leicht. Dieses Buch stellt Ihnen verschiedene Techniken der Selbstorganisation und des Zeitmanagements vor, die Ihnen dabei helfen, Ihren Arbeitsalltag flexibel und solide zu planen. Sie erfahren, wie Sie Akquise, Projektplanung und -umsetzung besser organisieren und mit einer guten Auswahl an Tools mehr System in Ihre Arbeitsweise bringen.